# 雅各布森六因素新论

## Exploration of Jakobson's Six-Factor Model

2018年度教育部人文社会科学研究规划基金项目「基于动态系统理论的二语词汇能力测评体系研究」（项目编号：18YJA740051）阶段性成果。

王新朋 著

四川大学出版社
Sichuan University Press

## 图书在版编目（CIP）数据

雅各布森六因素新论 / 王新朋著． — 2 版． — 成都：四川大学出版社，2024.4
ISBN 978-7-5690-6604-3

Ⅰ．①雅… Ⅱ．①王… Ⅲ．①结构主义语言学－研究 Ⅳ．① H0

中国国家版本馆 CIP 数据核字（2024）第 051224 号

| | |
|---|---|
| 书　　名： | 雅各布森六因素新论 |
| | Yagebusen Liu Yinsu Xinlun |
| 著　　者： | 王新朋 |

---

| | |
|---|---|
| 选题策划： | 吴近宇 |
| 责任编辑： | 吴近宇 |
| 责任校对： | 刘一畅 |
| 装帧设计： | 墨创文化 |
| 责任印制： | 王　炜 |

---

| | |
|---|---|
| 出版发行： | 四川大学出版社有限责任公司 |
| 地　　址： | 成都市一环路南一段 24 号（610065） |
| 电　　话： | （028）85408311（发行部）、85400276（总编室） |
| 电子邮箱： | scupress@vip.163.com |
| 网　　址： | https://press.scu.edu.cn |
| 印前制作： | 四川胜翔数码印务设计有限公司 |
| 印刷装订： | 四川省平轩印务有限公司 |

---

| | |
|---|---|
| 成品尺寸： | 148mm×210mm |
| 印　　张： | 9 |
| 字　　数： | 255 千字 |

---

| | |
|---|---|
| 版　　次： | 2020 年 12 月 第 1 版 |
| | 2024 年 4 月 第 2 版 |
| 印　　次： | 2024 年 4 月 第 1 次印刷 |
| 定　　价： | 55.00 元 |

---

本社图书如有印装质量问题，请联系发行部调换

版权所有 ◆ 侵权必究

扫码获取数字资源

四川大学出版社
微信公众号

# 序

获悉王新朋博士著作《雅各布森六因素新论》即将付梓出版，我非常高兴。他请我作序，我欣然应允。

王新朋于2016—2019年期间在我的指导下攻读博士学位。在读博之前，王新朋的研究背景是应用语言学，但读博期间选择了符号学研究方向，其间他发表了多篇较高质量的学术论文，顺利完成了学业。王新朋博士给我的印象是：勤读、勤思、勤写。作为一位在职博士生，他能处理好工作、家庭和学习的关系，大量阅读文献，他积累丰富，思想活跃，在短时间内即对符号学领域有了一定的了解，并尝试进行了相关的研究。他与我就研究方向进行过多次商讨，最终确定以雅各布森的理论为突破口，对其言语交际理论中的六因素六功能模式进行深入研究。

王新朋博士在书中对雅各布森言语交际理论的学术源流和六因素的交互关系进行了深入的解读，提出六因素六功能模式已不仅仅是一个语言学模式，更是一个符号学模式，不是语言符号所独有，而是言语符号和非言语符号所共有，适用范围从语言学领域拓展至社会文化的大范畴。具体如下：（1）雅各布森的言语交际理论不是横空出世，而是基于几位先行者的研究，尤其是布拉格学派的语言功能研究和申农信息通讯理论的影响。具体来说，比勒的语言三功能论、施佩特的语言三功能说、马泰修斯的语言功能说、穆卡洛夫斯基的美学功能、马林诺夫斯基的寒暄功能以及申农信息通讯理论中对代码和接触等通讯要素的强调，为雅各布森言语交际理论提供了前期铺垫和理论奠基。雅各布森在上述基础上，增加了两个因素：接触（contact）和代码（code），并提出了元语言功能，元语言功能的提出为表面化和浅平化的言语和非言语交际行为提供了深度的理论阐释。和前人相比，雅各布森的六因素和六功能在因素和功能方面增加虽然有限，然而，这一新的言语交际模式在其系统性、完备性乃至主导理论下的诠释力方面达到了新的高度，直到现在依然具有强大的诠释力和活力。（2）语言是一个以主导成分为主的多功能等级序列，各社会因素同时存在于语言系统之中，彼此间是一种密切联系并相互制约的交互关系。在语言的多功能中，主导趋势始终存在，语言多功能的等级序列随主导属性的变化而变化。六因素、六功能的交互关系既有情感性和意动性、诗性和指称性以及交际性和元语言性的两两对立，也有代码、信息和语境围绕文本意义而展开的意指活动，更有接触、发送者和接受者以关系为主导而建立的交流渠道。新的因素和功能使言语交际模式更加系统完备，也使六因素、六功能之间充满了对话性。言语交际过程的六个因素，构成一种复杂的动态平衡，决定整个表意活动和言语功能的趋向。小至一段话语，大至整个文化，随着主导因素的更迭、两两对立的此消彼长、交互关系的变动不居，而呈现出迷人的魅力，形成动感的历史画卷。

尤为重要的是，该书对元语言性（对应的交际因素为代码）和交际性（对应的交际因素为接触）进行了较为深入的当代符指拓展，并探讨了两者在语言教学领域的可能应用与推广：（1）从逻辑学和哲学领域发展而来的"元"和"元语言"概念，在语言学和符号学领域也得到了飞速的发展。前者在区分对象语言和元语言的基础上用来解决悖论、探寻真理，后者用来指导语言教学词典释义和人工智能信息处理等，而在符号学领域，元语言的阐释作用被发挥至极致，在面对解释漩涡和评价漩涡时，元语言能够发挥良好的模塑、诠释和指导作用，这一符指拓展已远远超出雅各布森交际解说元语言功能的范畴。（2）马林诺夫斯基的"寒暄语"概念随着当代互联网技术的发展，已拓展至"寒暄技术"

概念，主要用于创建维系人际关系，既非指称事物，也非传递信息，能够跨越时空距离，以虚拟社区的形式将现代人"脱域"的社交生活和情感需求重新置入，凸显知识和经验的"反思性获取"。人类不是被迫使用寒暄技术，而是乐在其中，随之发展出网络表情符，呈现文字向图像的转向，指称的明确和信息的交流愈发被忽视，保持接触和互动以维系关系才是重要的，将原本以指称性为主的表意模式，通过重复和再现，切换成以诗性和接触性为主的表意模式。人类从使用符号的动物升级为使用元符号的动物，在接触性主导的当代，更是依靠符号互相接触的动物，不再追求元语言的深度交流，而是以交际功能为导向，追逐接触性自带的娱乐化、浅平化和同质化。(3) "元语言"和"寒暄语"概念在语言教学领域也有广泛的应用空间，相对于学界对交际教学法的普遍重视，应有意识培养学生的元语言意识，使其"知其然并知其所以然"，不仅能够使用对象语言表达思想和情感，而且能够用元语言来分析言语行为和文本篇章，在语篇层面、言语行为分析和交流的深度上得以提升；在语言教学环节对寒暄语的重视也能避免交际过程中"直奔主题"的尬聊和过于"一本正经"的交谈，给交谈双方的言语互动增加一些融洽、趣味和活力。为了避免寒暄语成为学习者语言交际能力发展的障碍和绊脚石，对寒暄语的掌握和在交际中恰当运用语言的寒暄功能理应得到师生的充分重视。

我衷心希望王新朋博士在雅各布森言语交际理论的研究方面以及相关研究领域取得新的突破和进展，希望王新朋博士肩负使命，在今后的科学研究中锐意进取，不断创新；我相信，在不久的未来，王新朋博士一定能在语言学和符号学领域焕发绚丽的光彩！

**南京师范大学　王永祥**
2020 年 10 月于秦淮河畔小屋

# 导　言

　　本书属于外国语言学及应用语言学专业诗学及文化符号学方向的跨学科理论研究成果，旨在对雅各布森言语交际理论的六因素六功能模式开展当代文化语境下的符指拓展和应用，使这一语言学模式成为一个符号学模式，将其应用范围从语言学领域拓展至社会文化的大范畴，并对当代文化现状中的典型特征进行理论阐释。

　　罗曼·雅各布森（Roman Jakobson[①]，1896—1982）是20世纪著名的美籍俄裔语言学家、文艺理论家和符号学家。作为俄国形式主义、布拉格学派和纽约语言学小组的奠基人与领袖之一，他为20世纪人文科学的发展做出了巨大贡献，尤其在语言学和诗学领域取得了突出的成绩。

　　雅各布森认为，语言的变化无论多么复杂，都是出于某种目的，为了实现某种功能（function）。他在继承和发展前人成果的基础上，提出了自己的言语交际理论，即六因素六功能模式。所有的言语交际行为都由六个要素组成，即说话者、受话者、语境、信息、接触和代码。当言语交际行为倾向于某一因素时，六功能之一成为主导，即情感功能、意动功能、指称功能、诗性功能、交际功能和元语言功能。雅各布森言语交际理论中的六因素六功能模式成为其语言学诗学的核心思想，在语言学、诗学、文

---

[①] 学界有"罗曼·雅可布逊""罗曼·雅各布逊""罗曼·雅柯布逊"等译法，本书统译为"罗曼·雅各布森"。

学、哲学和符号学等领域均得到广泛应用,然而,学界对言语交际理论中的"六因素"及其相应的"六功能"本身缺乏足够的研究,这一语言功能模式本身的学术渊源、理论内涵和当代价值亟待梳理和研究。

鉴于言语交际理论本身在雅氏学术思想体系中的核心地位和当代学术价值,本书从雅各布森的言语交际理论本身出发,拟考察以下三个基本问题:(1)言语交际理论的学理基础和学术溯源:雅各布森言语交际理论的学理基础如何,六因素六功能模式的学术发展历程如何,以往研究者的学术贡献有哪些,雅各布森在前人研究基础上的创新体现在何处?(2)符号学视域下言语交际理论的理论内涵:主导功能的界定和六因素的交互关系如何,符号学视域下六因素和六功能在当代的符指拓展和应用表现在何处?这些也是本书的研究重点所在。(3)言语交际理论的当代价值:六因素六功能模式的当代价值表现在哪些方面,对当代文化现状的理论诠释力如何?

在研究方法上,本书主要通过文献阅读、分析综合、理论思辨的方式展开研究,取得如下研究发现和结论:

(1)从柏拉图、洛克、索绪尔和皮尔斯,再到理查兹、莱昂斯和韩礼德,学界关注的言语交际过程因素一直只有三个:说话者、受话者和言语的指称。与此对应,布拉格学派在此有较大突破,除了马泰修斯和施佩特对言语功能的阐述,在比勒三因素和三功能的基础上,穆卡洛夫斯基提出了诗性功能,强调了语言本身的形式美,马林诺夫斯基提出了寒暄功能,雅各布森在上述基础上,受美国传播通讯理论的影响,增加了两个因素——接触(contact)和代码(code),并提出了元语言功能。和前人相比,雅各布森的六因素六功能模式在因素和功能方面的增加虽然有限,但这一新的言语交际模式在其系统性、完备性乃至主导理论下的诠释力方面达到了新的高度,直到现在依然具有强大的诠释力和活力（参见第二章）。

（2）任何言语交际活动均蕴含着必不可少的六因素，任一因素均可实现言语交际活动中的一种功能，且语言具有多功能性，各项功能组成一定的等级序列，其中一项功能占据支配性地位，成为主导功能，决定整个言语活动的外显趋势和类型。在彼此关系上，六因素六功能之间存在着较为复杂的交互关系，在当代文化语境下展现出三对较为明显的互为消长的对立关系，如情感性和意动性、指称性和诗性、元语言性和交际性，当某一因素上升为主导，不可避免地，与其对立的另一因素的重要性则下降。[①] 尤为重要的是，符号学视域下的雅各布森六因素六功能模式已不仅仅是一个语言学模式，更是一个符号学模式，具有强大的诠释力，适用于任何交际事件，包括"我一我"对话、人机耦合，不再局限于言语符号（参见第三章）。

对于符号学视域下的情感性和意动性（参见第四章），从语言学上的祈使句、奥斯汀的言语行为乃至当代无处不在的意动类叙述，在当前日益频繁的交际事件中，情感功能逐渐退居次要位置，意动也许成为人类交流的基本模式，甚至可以说整个文化进入了普遍意动性的时代——以在接受者身上产生的效果为主导的时代。对于符号学视域下的指称性和诗性（参见第五章），从语境论、对话性、互文性、跨文本理论，再到当代的伴随文本理论，"我们在读到一个文本之前，已经理解这个文本；也只有理解了的文本，才能被我们理解"[②]；从文学性、陌生化、前推论、双轴关系以及展面与刺点理论，不同的诗学理论侧重点不同，诗性功能的实现路径因而呈现一种多元化的趋势，体现出当代文化

---

① 赵毅衡. 哲学符号学：意义世界的形成 [M]. 成都：四川大学出版社，2017：236.
② 赵毅衡. 符号学：原理与推演 [M]. 南京：南京大学出版社，2016：151.

的标出性和泛艺术化。对于符号学视域下的元语言性和交际性（参见第六章），不同于对象语言的元语言，其层控关系历经逻辑学、语言学和符号学的阐释，在当代文化解释漩涡和评价漩涡的背景下凸显元语言阐释的复杂和多元；从以交际功能为主导的寒暄语，到以当代图像转向和多模态呈现为特征的寒暄技术（微信和 QQ），当代文化进入了以重复和再现为特征的超接触性时代，接触性成为"主导中的主导"。

（3）在外语教学中，培养学生的元语言意识并恰当运用寒暄语是不可忽视的一个方面；在游戏理论视域下，超接触性使我们主动沉浸于寒暄技术而不愿脱身；作为符号学模式的言语交际理论，能够阐释当代不同主导趋向的礼物形态、沉默类型和儿童语言功能习得（参见第七章）。

本书的贡献主要体现在以下三个方面：（1）在学术思想上，雅各布森言语交际理论的六因素六功能模式已不仅仅是一个语言学模式，更是一个符号学模式，不是语言符号所独有，而是言语符号和非言语符号所共有，适用范围从语言学领域拓展至社会文化的大范畴；（2）在学术观点上，言语交际理论是一个基于主导因素的功能等级序列，强调语言的多功能性、主导因素的重要性和交互关系的复杂性，凸显当代文化语境下意动性、诗性和交际性的主导性；（3）在研究成果的时效性上，符号学模式下的言语交际理论能够对当代文化现状中的典型特征，如弹幕和微信、多模态表情符、文化标出性和泛艺术化、解释漩涡和评价漩涡、意动性构筑路径等，展现出理论诠释力和现实指导意义，具有当代价值。

# 目 录

**绪 论**……………………………………………（1）
 一、研究背景…………………………………（2）
 二、研究目标…………………………………（3）
 三、研究问题…………………………………（4）
 四、研究方法…………………………………（4）
 五、本书框架…………………………………（5）

**第一章　文献综述**…………………………………（8）
 一、引言………………………………………（8）
 二、国外研究述评……………………………（9）
 三、国内研究述评……………………………（21）
 四、对话精神和多功能语言观………………（36）
 五、结语………………………………………（38）

**第二章　言语交际理论的学理基础和学术渊源**……（40）
 一、引言………………………………………（40）

二、语言与话语：两种语言哲学视角 …………………（41）
三、言语交际理论的学理基础 ……………………………（44）
四、言语交际理论的学术溯源 ……………………………（57）
五、信息通讯理论 …………………………………………（75）
六、结语 ……………………………………………………（78）

**第三章　六因素和六功能** …………………………………（80）
一、引言 ……………………………………………………（80）
二、元语言功能主义 ………………………………………（81）
三、六因素、六功能的内涵解读 …………………………（85）
四、六因素、六功能的主导与交互 ………………………（96）
五、结语 ……………………………………………………（102）

**第四章　情感性与意动性** …………………………………（104）
一、引言 ……………………………………………………（104）
二、发送者与情感功能 ……………………………………（105）
三、接受者与意动功能 ……………………………………（114）
四、对立与共存：意动主导 ………………………………（125）
五、结语 ……………………………………………………（130）

**第五章　指称性与诗性** ……………………………………（132）
一、引言 ……………………………………………………（132）
二、语境与指称功能 ………………………………………（133）
三、信息与诗性功能 ………………………………………（149）
四、文化标出性与泛艺术化 ………………………………（170）
五、结语 ……………………………………………………（175）

**第六章　元语言性与交际性** (177)
　　一、引言 (177)
　　二、代码与元语言功能 (178)
　　三、接触与交际功能 (196)
　　四、语言教学中的元语言和寒暄语 (212)
　　五、结语 (215)

**第七章　言语交际理论的当代价值和具体应用** (217)
　　一、引言 (217)
　　二、超接触性——主导中的主导 (218)
　　三、六因素、六功能的具体运用 (230)
　　四、结语 (241)

**结　论** (243)
　　一、主要发现 (243)
　　二、启示意义 (246)
　　三、问题与展望 (247)

**参考文献** (249)
**后　记** (269)

# 绪　论

　　本书属于外国语言学及应用语言学专业中"诗学及文化符号学"方向的跨学科理论研究成果，旨在对罗曼·雅各布森言语交际理论的六因素六功能模式展开当代文化语境下的符指拓展和具体应用，从而使这一语言学模式成为一个符号学模式。

　　通过这一研究，将言语交际理论的适用范围从语言学领域拓展至社会文化的大范畴，强调语言的多功能性、主导因素的重要性和交互关系的复杂性，凸显当代语境下意动性、诗性和交际性的主导特征，并对当代文化中的典型现象与规律，如弹幕和微信、多模态表情符、文化标出性和泛艺术化，以及解释漩涡和评价漩涡、意动性构筑路径等具有理论阐释力和现实意义。

　　本书侧重理论探讨，故未按严格的实证研究方法采集数据，行文中实例分析占据一定的篇幅。除了各章节理论分析中的实例探讨，在主体部分的第四、五、六章中的每一个主要部分后也专列了"实例分析"章节进行实例探讨，以方便读者对六因素六功能模式准确理解和把握。

　　在行文框架上，本书作者为每个章节专门设置了"本章提要""引言"和"结语"，以凸显"他者"意识和"元语言"作用，便于读者把握全文论证逻辑和每个章节的主要内容。

　　接下来，笔者将依次阐述本书的研究背景、目标、问题、方法及框架，是对本书的整体阐述。

## 一、 研究背景

罗曼·雅各布森（Roman Jakobson，1896—1982）是 20 世纪著名的美籍俄裔语言学家、文艺理论家和符号学家。作为俄国形式主义、布拉格学派和纽约语言学小组的奠基人与领袖之一，他为 20 世纪人文学科的发展做出了巨大贡献，尤其在语言学和诗学领域取得了突出的成绩。

雅各布森认为，语言的变化无论多么复杂，都是出于某种目的，为了实现某种功能（function）。他在继承和发展前人成果的基础上，提出了自己的语言结构功能模式，即著名的语言六要素和六功能说：所有的交际行为都由六个要素组成，即说话者、受话者、语境、信息、接触手段和代码，对应六功能，即情感功能、意动功能、指称功能、诗性功能、交际功能和元语言功能，而当言语交际行为倾向于某一因素时，六功能之一成为主导。从符号学视角而言，它们则分别为发送者、接受者、对象、文本、媒介和符号，依次展现出完全不同的品质，如情感性、意动性、指称性、诗性、交际性和元语言性。语言的各功能要素构成了客观存在的系统，各要素之间相互制约，互为条件。系统的性质取决于在结构功能体系中占据主导地位、支配并规定其他功能的主导功能。据此，功能成为语言内部的动态构造。

作为与索绪尔、乔姆斯基齐名的语言学大家，在乔姆斯基生成语法备受欢迎的 20 世纪，雅各布森依然坚守自己的学术立场，从功能主义角度对语言展开研究，对其言语交际理论的系统研究必然会给其他领域带来重要的参考价值。我国学界对雅各布森的理论思想及其贡献做了不少开拓性的工作，但缺乏关于其学术理论思想的系统论述，零星的梳理与介绍也大多偏重于他对语言学诗学的贡献，相对忽视了对其语言六因素和六功能的系统深入研究，而这恰恰是作为语言学大家的雅各布森最突出的贡献之一，是其语言学诗学的核心理论基础，这不能不说是一种很大的缺憾。

虽然雅各布森的言语交际模式是国内关于雅各布森理论引用最多的内容之一，然而，这一模式的学术溯源、理论内涵尚有待深入挖掘，在当代文化语境下，六因素六功能模式在符号学视域下的符指拓展和应用也有待深入。尤为重要的是，雅各布森言语交际理论对当代典型社会文化特征和趋势的理论诠释力和指导意义值得深入探究。

## 二、 研究目标

本书旨在对雅各布森言语交际理论的学术思想，即六因素六功能理论进行溯源分析，研究其学术发展脉络，在符号学视域下深度剖析其理论内涵和当代符指拓展，并探究其当代文化语境下的理论诠释力和现实意义。研究目标具体如下：

以雅各布森言语交际理论为研究对象，首先论述该理论的学术渊源及理论内涵，然后围绕雅各布森言语交际理论的六因素和六功能，从符号学视域下探讨其具体内涵、主导因素和交互关系。在此基础上，为行文方便，将六因素和六功能分作三组，依次展开符指拓展和具体应用，从情感性和意动性，到诗性和指称性，再到元语言性和交际性，将六因素和六功能模式从言语符号拓展至非言语符号。最后，本书尝试用雅各布森的言语交际理论来阐释当代文化现象，试图挖掘雅各布森言语交际理论对当代文化的理论诠释力和现实意义。

## 三、 研究问题

本书致力于解决如下三个问题：
（1）言语交际理论的学理基础和学术渊源如何？
（2）符号学视域下言语交际理论的理论内涵如何解读，能否从言语符号扩展至非言语符号？六因素和六功能中的情感性和意动性、指称性和诗性、元语言性和交际性在当代的符指拓展和应用如何，主导因素和交互关系如何？
（3）言语交际理论的当代价值和具体应用如何体现？

其中，六因素、六功能的形成基于主导因素的多功能等级序列，六因素、六功能彼此之间的主导和交互关系复杂，大体可以组成三对互为消长的对立关系，某一因素上升为主导，不可避免地以与其对立的另一因素的重要性下降为代价。为行文方便，研究问题（2）将言语交际理论的六因素和六功能遵循彼此关系两两一组（大体分作三组）依次展开符号学视域下的符指拓展和应用，但六因素、六功能之间存在着更为复杂的交互关系。

## 四、 研究方法

本书主要通过查阅文献、分析综合、内省和理论思辨的方式展开研究。因本书侧重理论探讨，未按严格的实证研究方法采集数据，行文中实例分析占据一定的篇幅，具体方法如下。

1. 符号学分析法

在解读言语交际过程六因素和六功能时，从符指过程分析入手，借助文化符号学和哲学符号学视角，探析言语交际理论的意义再生机制和符号学内涵。从意指过程和无限衍义入手，确定六因素、六功能的符指边界和当代符指拓展；从结构主义符号学的系统功能观出发，演绎六因素、六功能的交互关系与主导属性；运用文化符号学的社会符号表意集合以及哲学符号学的意义生成机制，探究符指拓展的深层符号内涵。

2. 文献分析法

在对言语交际理论进行学术溯源时，依托掌握的大量文献资料，进行分类检索，细化研读，仔细分析。运用纵向分析和横向对比，从历时和共时的角度梳理言语交际理论的学术渊源，把握其渊源流变，符号学思想发展特征及其对其他符号学派的继承与发展。

3. 案例分析法

在分析言语交际理论的当代价值和具体应用时，选取当代文化语境下的典型案例，如弹幕和微信、多模态表情符、文化标出性和泛艺术化、解释漩涡和评价漩涡、意动性构筑路径，运用言语交际理论的六因素六功能模式进行分析。

五、 本书框架

本书紧紧围绕罗曼·雅各布森的言语交际理论，依次探析其学术渊源、六因素和六功能之间的主导与交互关系，然后分作三组，两两一组进一步探讨其当代的符指拓展并举实例分析。在此基础上，结合当代中国文化现状，选取典型案例，展现其在时代变迁和文化主流趋势上的当代价值和具体应用。为避免引发可能的误解，需要说明的是，六因素、六功能彼此之间交互关系较为复杂，三组两两对立的划分主要考虑全书行文方便而非指向六因素、六功能之间简单的交互关系。具体见下图：

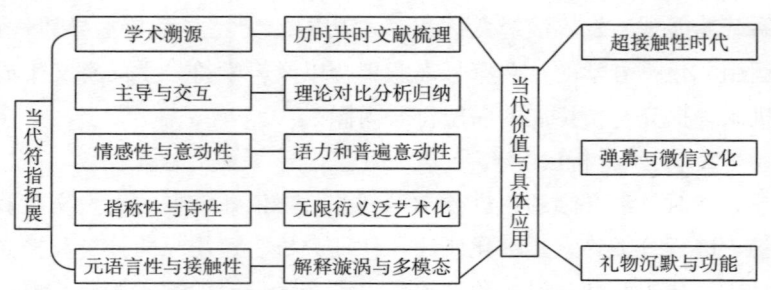

本书以罗曼·雅各布森言语交际理论的六因素、六功能为研究对象，探讨其学术渊源、符指拓展、当代诠释力和现实意义。具体框架如下：

全书共分九个部分。

绪论部分，阐述了本书的研究背景、目标、问题、方法及框架，是对本书的整体阐述。

第一章文献综述，先阐述了雅各布森的学术生涯和经典著述，随后梳理了国内外对雅各布森言语交际理论的相关研究，既肯定了现有研究的贡献，也指出了其不足和有待深入之处。

第二章追溯了雅各布森言语交际理论的学术渊源，既有对语言功能学理上的整体探讨（从柏拉图、洛克、索绪尔和皮尔斯，再到理查兹、莱昂斯和韩礼德），也有对雅各布森言语交际理论本身的学术溯源，主要集中于布拉格学派的语言功能思想及其代表人物，如马泰修斯、施佩特、比勒、穆卡洛夫斯基和马林诺夫斯基等，此外，还阐释了申农的信息通讯理论对雅各布森言语交际理论的学术影响。

第三章深入解读言语交际理论的核心——六因素、六功能的理论内涵与主导因素的界定，以及六因素、六功能之间交互关系的复杂性，为行文方便，大体形成两两对立的三组，分别从后面的四、五、六章依次详细展开。

第四章专门探讨六因素、六功能中的情感性和意动性，从语言学上的意动和语力拓展至符号学视域下的意动类叙述，强调当代文化生活中的意动性主导：情感性的不断下降，意动性的不断攀升，我们进入了一个"普遍意动性"的时代。

第五章围绕指称性和诗性，从语境论、文本间性、跨文本和伴随文本的视角深入拓展了雅各布森指称功能的符指内涵，从文学性、双轴关系、陌生化、前推论以及断面/刺点等维度展现了诗性功能实现的不同路径和手法，强调了当代社会指称性下降，诗性功能成为主导的特点，并探讨了当代社会的文化标出性和泛艺术化现象。

第六章集中于元语言性和交际性，从逻辑学的元语言到语言学的元语言再到符号学视域下的元语言概念，强调了元语言的诠释功能。对于交际性，从语言学的寒暄语到寒暄技术的发展，当代社会已经进入了一个超接触性的社会，接触性超越意动性和诗性，成为"主导中的主导"。

第七章运用言语交际理论的六因素六功能模式尝试对当代文化现象，如游戏理论、礼物类型划分、沉默解读和婴儿语言功能习得顺序等，进行诠释和分析，以凸显言语交际理论在当代文化语境下的理论阐释力和现实意义。

结论部分概括了本书的主要发现和启示意义，并指出现有研究的不足和后续研究的可拓展空间。

此外，为方便读者把握全书脉络，本书作者为每个章节也专门设置了"引言"和"结语"，以凸显"他者"意识和"元语言"作用，便于读者把握全书论证逻辑和每个章节的主要内容。

本书属于外国语言学及应用语言学专业中"诗学及文化符号学"方向下的跨学科式的理论探讨，除了各章节理论分析中的实例探讨，在主体部分的第四、五、六章中的主要部分后也专列"实例分析"进行实例探讨，便于读者对六因素、六功能的准确理解和把握。

# 第一章
# 文献综述

本章从国外研究、国内研究、对话精神和多功能语言观三个层面对国内外雅各布森的研究现状进行了系统的回顾和综述。国外研究在阐述了雅各布森的主要学术生涯和经典著述后，从语言学、语言学诗学和言语交际理论三个方面梳理了当前文献；国内研究从语言学诗学、语言符号学和言语交际理论三个方面进行了梳理；随后专列一节阐述了雅各布森的对话精神和多功能语言观。

## 一、引言

作为一项研究，文献综述的意义在于系统梳理当前的研究现状，明确现有研究的不足之处，凸显当前选题的学术价值和意义。

本章在梳理关于雅各布森的国内外研究现状时，先从雅各布森的语言学贡献入手，再进入语言学诗学部分，最后是言语交际理论部分。

三者之间的逻辑关系是依次递进的：雅各布森的语言学理论和贡献是当前学界研究最充分的部分，也是雅各布森其他理论的基础；语言学诗学涉及雅各布森用语言学的方法来研究文学作品，尤其是诗歌，是雅各布森融合语言学和诗学而创立的形式主义诗学；雅各布森的言语交际理论包括六因素和六功能，雅各布森只是对其中的诗性功能进行了较为深入的理论研究和诗学实践，最终创立了语言学诗学，在学界引发广泛反响。因此，言语交际理论是雅各布森语言学诗学的核心和理论出发点，这也是本书的中心论题。

## 二、 国外研究述评

作为形式主义的领袖、布拉格学派的重要成员和结构主义的先驱，雅氏的学术影响力覆盖欧洲及美国大部分地区，而其长期颠沛流离的生活和学术环境反而促使他有机会不断接触新思想，创建新的学术圈，如莫斯科语言学小组、布拉格学派和纽约语言学小组，通过深度的学术互动与交流，将自己的理论影响播撒至新的学术领域。

### （一）学术生涯

雅各布森博学多才，涉猎甚广，研究领域包含艺术、文学、语言学、符号学、传媒学、翻译学等。其学术生涯按照时间和地点可大致分为三个阶段。第一个阶段为俄国时期，从 20 世纪初到俄国十月革命（1917 年），他发表了《无意义的书》《未来派》《俄国现代诗歌》等著述，强调诗歌和语言学的联系，提出"文学性"（literariness）概念，成为俄国形式主义的领袖人物。第二个阶段是欧洲时期，时间跨度从俄国十月革命到第二次世界大战爆发（1917—1939 年），十月革命之后，雅各布森来到布拉格，于 1926 年创立布拉格学派，第二次世界大战爆发之后，他在挪威和瑞典做过短暂停留。在这一阶段，雅各布森尝试从交际的角度考察语言的功能及相互关系，推动了语言学从形式主义向功能主义的转变，首创20世纪人文社会科学最为流行的术语——结构主义（structuralism），其结构功能观在学界的影响持久而深远，"历史音位学原理"和著作《儿童语言、失语症和语音普遍现象》也是在这一阶段提出和写成的。第三个阶段是美国时期，雅各布森最终于1941年定居美国，这是其学术生涯的最后阶段，更是其学术积淀大放异彩的阶段，结出了丰硕的学术成果，如写作了《言语初步分析》《语言的基础》，并提出了"语言学与诗学"和"语法的诗歌和诗歌的语法"理论，其著名的言语交际理论也是在这一阶段酝酿、完善并最终成形的。

（二）经典著述

不容置疑，相对于欧洲学界对雅各布森学术思想的重视，作为雅各布森学术生涯最后定居之地的美国也一直是雅各布森研究当之无愧的重镇，雅各布森生前和逝世之后的众多著述都是在这里出版和整理汇编的。雅各布森一生著述甚丰，接下来，本书将分类列举其代表作品。

在语音学著述方面，雅各布森与Halle合著的《语言的基础》（*Fundamentals of Language*）[1] 探讨了基于区别性特征的语音研究和失语症；雅各布森在麻省理工学院出版社出版的《声音与意义六讲》（*Six Lectures on Sound and Meaning*）[2] 是基于1942年他在纽约的6场关于普通语言学中的语音学讲座写成的，书名中的"声音和意义"恰恰指向索绪尔提出的能指和所指——音响形象和概念。在语言学诗学方面，雅各布森的系列著述有《对

---

[1] JAKOBSON R, HALLE M. Fundamentals of Language [M]. The Hague: Mouton Press, 1956.

[2] JAKOBSON R. Six Lectures on Sound and Meaning [M]. MEPHAM J. Cambridge: The MIT Press, 1976.

话》(Dialogues)①、《语言艺术，语言符号，语言时间》(Verbal Art, Verbal Sign, Verbal Time)、《文学中的语言》(Language in Literature)②、《论语言》(On Language)③ 和《我的未来主义岁月》(My Futurist Years)④ 也得以整理汇总并出版，雅各布森的《主导》《语言学与诗学》《诗歌的语言与语法的诗歌》等文也被收录，言语交际理论的六因素和六功能得到详细的理论阐述，并通过对普希金、叶芝和莎士比亚等人的名篇进行分析来展示诗学功能在文学作品中的语言学实现路径。

不可否认，在雅各布森文献资料的完整度方面，Rudy 做出了巨大贡献，将雅各布森的所有著述整理出版《1896—1982 罗曼·雅各布森著述总目》(Roman Jakobson, 1896－1982: A Complete Biography of His Writings)，为雅各布森的学术研究提供了详细完备的资料清单。同样，Toman 汇编的《1912—1945 年莫斯科和布拉格语言学小组的信件和其他材料》(Letters and Other Materials from the Moscow and Prague Linguistic Circle, 1912－1945) 也为雅各布森的研究提供了大量原始文献。尤为重要的是，堪称学术史诗式的《雅各布森选集》十卷本 (Selected Writings of Roman Jakobson) 也分别由 Mouton 出版社历时多年结集出版，为雅各布森研究的开展提供了翔实齐备的文献。

相对于欧美学界对雅各布森著述出版的热潮，作为雅各布森诞生之地的俄罗斯，呈现的却是另一幅画面。虽然雅各布森学术

---

① JAKOBSON R, POMORSKA K. Dialogues [M]. Cambridge: The MIT Press, 1983.
② JAKOBSON R. Language in Literature [M]. ed. POMORSKA K, RUDY S. London: The Belknap Press, 1987.
③ JAKOBSON R. On Language [M]. WAUGH L, BURSTON M M. Cambridge: Harvard University Press, 1990.
④ JAKOBSON R. My Futurist Years [M]. JANGFELDT B, RUDY S. New York: Marsilio Publishers, 1997.

生涯的大部分阶段都在国外度过，但却始终坚守自己俄罗斯学者的身份，即便在逝世后，墓碑上镌刻的墓志铭也是"俄罗斯语文学家"的字样，然而，由于政治原因，雅各布森的著述相当长一段时期内在俄罗斯并不受欢迎，也未能发挥与其国际学术地位相媲美的学术影响力。这一现象背后的具体原因可以追溯至 1930 年，当俄罗斯著名诗人马雅可夫斯基自杀身亡时，身在布拉格的雅各布森悲愤之余提笔写下悼文《论荒废了诗人的一代》（"On a Generation that Squandered Its Poets"），称其为时代的牺牲品，引发当局的极度不满。其后直至 1956 年，雅各布森才能够以美国学者的身份访问故土，与洛特曼等俄罗斯学者在符号学方面交往甚密，学术影响力逐渐恢复。冲破重重阻碍，1985 年，雅各布森的《语言学选集》（*Izbrannye Raboty*）得以在苏联出版，1987 年，雅各布森的《诗学选集》（*Raboty Po Poetike*）也顺利出版，1992 年 Bengt Jangfeldt 编辑出版了 *Jakobson-Budetljanin*，推介雅各布森的早期著述。值得一提的是，1996 年，雅各布森百年诞辰之际，莫斯科专门为此举行国际会议予以纪念，与会学者从各个方面探讨雅各布森的学术贡献，这一事件标志着雅各布森在俄罗斯的学术地位得以正式确立。然而，相对于欧美学界对雅各布森的全方位研究和诸多著述，俄罗斯国内对雅各布森的研究尚谈不上系统与完善。

（三）综述与评价

1. 语言学理论

在学界对雅各布森学术思想的评价方面，早期著述大多集中于雅各布森的语言学思想，如区别性特征、标记、系统、结构、功能、符号、时间、空间、变量与不变量等普通语言学基本理论和概念，还有音位系统理论、语音研究、失语症和语法研究。

例如，海牙的 Mouton 出版社出版了 Halle 主编的论文集

《献给罗曼·雅各布森》(For Roman Jakobson: Essays on the Occasion of His Sixtieth Birthday),纪念雅各布森六十周年诞辰,十年之后,该出版社出版了另一系列论文集《纪念罗曼·雅各布森》(To Honor Roman Jakobson: Essays on the Occasion of His Seventieth Birthday),依主题不同共计六本,纪念雅各布森七十周年诞辰,充分拓展了雅各布森在欧洲的学术影响力。同样,在荷兰,Waugh 出版了其专著《罗曼·雅各布森的语言科学》(Roman Jakobson's Science of Language)阐述雅各布森的语言学理论,纪念雅各布森八十周年诞辰。一年之后,Armstrong 等主编论文集《罗曼·雅各布森:学术之声》(Roman Jakobson: Echoes of His Scholarship)[①],从诸多领域如语音学、语法、诗歌、符号学、俄罗斯与斯拉夫文学研究等方面对雅各布森的语言学思想进行了系统研究和评价。

此外,Holenstein 在瑞士出版的专著《罗曼·雅各布森的语言学方法:现象学结构主义》(Roman Jakobson's Approach to Language: Phenomenological Structuralism)从哲学层面剖析雅各布森语言学诗学的渊源,研究领域涉及胡塞尔现象学、黑格尔辩证法和实证主义,Sangster 在柏林的 Mouton 出版社出版了专著《超越罗曼·雅各布森:作为符号系统的语言——对语言永恒不变量的追寻》(Roman Jakobson and Beyond: Language as a System of Signs—The Quest for the Ultimate Invariants in Language),除了阐述雅各布森的普通语言学思想,尤为关注其音位学与标记理论。两者都对雅各布森的学术思想尤其是语言学理论的系统推介和全面传播做出了不可忽视的贡献。

1982 年雅各布森逝世后,美国学界更是掀起一股研究和评

---

① ARMSTRONG D, VAN. SCHOONEVELD C H. Roman Jakobson: Echoes of His Scholarship [M]. Lisse, Holland: P. de Ridder Press, 1977.

论雅各布森的学术浪潮，语言学家 Halle，也是雅各布森多年的学术合作者，主编了论文集《罗曼·雅各布森：他教给我们什么》(Roman Jakobson: What he Taught Us)[①]，汇集了学界对雅各布森在不同学术领域所做贡献的评价，主要集中于语言学诗学领域，堪称雅各布森研究的里程碑式著作。同时，雅各布森的夫人 Pomorska 等主编出版的会议论文集《语言、诗歌和诗学：生于19世纪90年代的一代人——雅各布森、特鲁别兹科伊和马雅可夫斯基》(Language, Poetry and Poetics: The Generation of the 1890s, Jakobson, Trubetzkoy, Majakovskij)[②]，凸显雅各布森所属的时代精神，也有部分篇幅探讨了雅各布森在音位学、语法和诗歌等领域做出的学术贡献。在随后的1990年至1997年，Schooneveld 先后主编了《雅各布森语言学与诗学系列丛书》四卷本，分别对雅各布森的标记理论、诗学与斯拉夫叙事学、语音的诗学模式、音位系统理论与病理应用等四个方面进行了深度解读。

在雅各布森的语言学思想研究方面，另外两本值得关注的书籍，其一是 Toman 出版的专著《普通语言的魔力：雅各布森、马泰休斯、特鲁别兹科伊和布拉格学派》(The Magic of a Common Language: Jakobson, Mathesius, Trubetzkoy, and the Prague Linguistic Circle)[③]，从不为人知的学术史料入手，以布拉格学派的学术发展史为背景阐释了雅各布森、特鲁别兹科伊和马泰修斯等人的语言学思想，尤其是语音学理论；而 Weber 主编的《文

---

① HALLE, M. Roman Jakobson: What He Taught Us [M]. Ohio: Slavica Publishers, 1983.

② POMORSKA K, Chodakowska E, McLean H. Language, Poetry and Poetics: The Generation of the 1890s, Jakobson, Trubetzkoy, Majakovskij [M]. New York: Mouton de Gruyter, 1987.

③ TOMAN J. The Magic of a Common Language: Jakobson, Mathesius, Trubetzkoy, and the Prague Linguistic Circle [M]. Cambridge: The MIT Press, 1995.

体学读本:雅各布森至今》(*The Stylistic Reader: from Roman Jakobson to the Present*)[1] 则将雅各布森的语言学思想置于形式文体学的学术背景下进行分析。

2. 语言学诗学

相对于上述欧美学界对雅各布森语言学思想的推崇和推介,对雅各布森诗学思想的研究则相对滞后一些,原因可能在于雅各布森的两篇举世名作《语言学与诗学》[2] 和《语法的诗歌和诗歌的语法》的问世时间稍迟一些。这两篇文章系统阐述了雅各布森的语言学诗学思想,随即引发学界的广泛关注和讨论,在随后一段时间里,雅各布森也开始尝试分析多国诗歌作品,从实践层面验证自己的语言学诗学理论,并不断撰文与持不同学术观点的学者探讨商榷。

在对文学作品"文学性"(literariness)的分析上,相对于雅各布森对文本自身的语言结构和语法分析的倚重,同属结构主义文论家阵营的里法泰尔[3]和卡勒[4]则撰文指责雅各布森的语言学诗学研究方法过于微观且空洞无用,均不认可"语言学和诗学的联姻"。针对雅各布森的语言学诗学文本分析法,里法泰尔更多地强调通过"读者反应"来诠释文学作品效果,而卡勒则从乔姆斯基的"语言能力"(linguistic competence)出发,提出"文学能力"(literary competence)的概念,将文学作品阐释的主动权交与读者,两人都以"读者"的名义来对抗雅各布森对"语言学和诗学的联姻"。可以说,里法泰尔和卡勒两人与雅各布森争

---

[1] WEBER J J. The Stylistic Reader: From Roman Jakobson to the Present [M]. London: Edward Arnold, 1996.

[2] JAKOBSON R. Linguistics and Poetics [M] // JAKOBSON R. Language in Literature. London: The Belknap Press, 1987: 62—94.

[3] RIFFATERRE M. Describing Poetic Structures: Two Approaches to Baudelaire's les Chats [J]. Structuralism, 1966, 36/37: 200—242.

[4] 卡勒. 结构主义诗学 [M]. 盛宁,译. 北京:中国社会科学出版社,1991.

论的焦点在于"读者阐释和语言阐释在文学意义生成过程中孰先孰后，孰轻孰重"[1]的问题。三人虽然争执不休，但都秉持结构主义诗学的立场，在许多方面具有共性，现在看来，解决争议的最好途径莫过于"运用雅各布森的语言诗学理论来培养读者的'文学能力'，提高'读者反应'水平"[2]，将代表社会文化因素的"读者意识"引入文本自给自足的场域。

Holenstein[3]撰文讨论了聚合轴和组合轴、选择与组合、隐喻与转喻以及在失语症和诗歌作品中的运用；Lodge[4]在专著《现代写作模式：隐喻、转喻和现代文学类型学》（*The Modes of Modern Writing: Metaphor, Metonymy, and the Typology of Modern Literature*）中，辟出专门章节阐述了雅各布森的隐喻和转喻理论及其在文学艺术上的运用和表现；Waugh[5]从雅各布森的六因素六功能模式出发撰文分析了其诗性功能的理论内涵和实现路径：对等原则从选择轴向组合轴的投射；Bradford[6]出版了专著《罗曼·雅各布森：生活、语言、艺术》（*Roman Jakobson: Life, Language, Art*），该书隶属于《二十世纪批评家》丛书，也是专门讨论雅各布森诗学的第一部著作，作者在实际展示诗性功能实现路径的基础上，立足于结构主义和后结构主义的学术背

---

[1] 江飞.文学意义的生成：重审雅各布森与里法泰尔、卡勒之争[J].文艺理论研究，2016（5）：173.

[2] 江飞.文学意义的生成：重审雅各布森与里法泰尔、卡勒之争[J].文艺理论研究，2016（5）：155.

[3] HOLENSTEIN E. A New Essay Concerning the Basic Relations of Language [J]. Semiotica, 1974, 12 (2):97-128.

[4] LODGE D. The Modes of Modern Writing: Metaphor, Metonymy, and the Typology of Modern Literature [M]. London: Edward Arnold, 1977.

[5] WAUGH L. The Poetic Function in the Theory of Roman Jakobson [J]. Poetics Today, 1980, 2 (1):57-82.

[6] BRADFORD R. Roman Jakobson: Life, Language, Art [M]. London: Routledge, 1994.

景对雅各布森的语言学诗学思想进行了较为全面中肯的评价，肯定了其诗学理论价值，强调了诗学与语言学的关联，并探讨了雅各布森诗学、文学史和现代性之间的复杂关系。托多罗夫[①]撰文分析了诗学思想上雅各布森的独白模式和巴赫金的对话模式，指出现实生活中两人的实际表现恰与其诗学思想形成鲜明的对立与互补。

在雅各布森的名作《语言学与诗学》发表三十年后，临近20世纪末，学界才不断尝试对雅各布森的著作和学术贡献进行重新评价和解读，如 Caton 的《罗曼·雅各布森的贡献》("Contributions of Roman Jakobson")[②]，Nuttall 的《论罗曼·雅各布森》("On Roman Jakobson")[③]，McLean 的《罗曼·雅各布森之回归》("Roman Jakobson Repatriated")[④]，Anderson 撰文《过去有未来吗？雅各布森遗产反思》("Does the Past Have a Future? Reflections on the Jakobson Heritage")[⑤]，Kock 的《生活中诗歌的功能：雅各布森的遗产和对诗学的挑战》("The Function of Poetry in our Lives: Roman Jakobson's Legacy and Challenge to Poetics")[⑥]，以及 Cureton 的《雅各布

---

① 托多罗夫.对话与独白:巴赫金与雅各布森[J].史忠义，译.西安外国语大学学报，2007（4）:1-5.

② CATON S. Contributions of Roman Jakobson [J]. Annual Review of Anthropology, 1985 (16):223-260.

③ NUTTALL A D. On Roman Jakobson [J]. Rariton, 1993 (4):143-147.

④ MCLEAN H. 1996. Roman Jakobson Repatriated [J]. Slavonica (2):61-67.

⑤ ANDERSON H. Does the Past Have a Future? Reflections on the Jakobson Heritage [J]. Acta Linguistica Hafniensia: International Journal of Linguistics, 1997 (1):149-177.

⑥ KOCK C. The Function of Poetry in Our Lives: Roman Jakobson's Legacy and Challenge to Poetics [J]. Acta Linguistica Hafniensia: International Journal of Linguistics, 1997 (1): 305-319.

森再探》("Jakobson revisted")[1]等。

尽管雅各布森的《语言学与诗学》一文轰动一时，其创立的语言学诗学在学界的影响力和接受度却远远比不上其在语言学领域的影响力和接受度。虽然雅各布森本人也身体力行地对多国诗歌进行了语言学诗学分析方法的验证，也有为数不多的几位学者，如 Strzetelski[2]和 Fowler[3]相仿而行，但其语言学诗学分析方法终究过于阳春白雪、曲高和寡，知之者甚众，会之者寥寥，精之者几近于无。一方面，也许是因为雅各布森虽然呈现了自身实践的语言学诗学的分析结果，但却未详细地展现其分析路径，读者阅读时感觉其分析十分到位，等到自己实地分析时却往往不得法，正如数学运算，只告知结果却不明确运算步骤[4]。另一方面，随着后结构主义日渐兴起并成为学界热点，结构主义诗学的学术地位渐渐式微，同时，卡勒和里法代尔等学者对雅各布森的诗学研究方法一直颇有微词，也影响了学界的认同感。

3. 言语交际理论

进入 21 世纪，学界对雅各布森的研究热点发生了相应变化，在其语言学理论魅力不减的情况下，从对其语言学诗学的执着和迷茫中转向分析其语言学诗学的核心和基础——言语交际理论。雅各布森的言语交际理论凸显了言语行为中的六因素和六功能，诗性功能则是其中一员，在当代对言语交际理论的深入探析有利

---

[1] CURETON R D. Jakobson Revisited [J]. Journal of English Linguistics, 2000(4): 354-392.

[2] STRZETELSKI J. The English Sonnet: Syntax and Style [M]. Cracow: Jagiell University Press, 1970.

[3] FOWLER R. Style and Structure in Literature: Essays in the New Stylistics [M]. Oxford: Basil Blackwell, 1975.

[4] KIPARSKY P. Roman Jakobson and the Grammar of Poetry [M] // GRAY P E, HALLE M. A Tribute to Roman Jakobson 1896 – 1982. Amsterdam: Mouton, 1983: 27.

于更好地把握和理解雅各布森的语言学和诗学思想,并凸显其当代学术价值。

学界对雅各布森言语交际理论的研究既有对单项功能的专注,又有对六因素六功能的整体分析和运用,更有从其他维度切入言语交际理论本身的分析。下文列举其部分代表性文献予以说明。

在单一功能方面,Kockelman[1]从日常生活中的感叹词(interjections)入手,在分析其情感功能的同时,提及了其交际和语用功能;Serban[2]从大众传播(mass communication)和传媒符号学(media semiotics)的视角分析了雅各布森言语交际理论中的意动功能,强调接受者(addressee)不再是对信息机械反应式的被动接纳,而是对信息的主动阐释;Ljung[3]从跨文化的视角对诅咒语(swearing)进行功能分析;部分学者对网络时代以寒暄技术(phatic technology)为载体的寒暄功能进行了深入的探讨[4];Kulkarni[5]从网络环境中的即时信息交流(instant messaging interactions)探讨雅各布森的寒暄功能,缺乏面对面

---

[1] KOCKELMAN P. The Meanings of Interjections in Q'eqchi' Maya from Emotive Reaction to Social and Discursive Action [J]. Current Anthropology, 2003 (4): 467—490.

[2] SERBAN S. The Conative Function of Language and Media Semiotics [J]. Contemporary Readings in Law and Social Justice, 2012 (2): 838—847.

[3] LJUNG M. Swearing: A Cross-Cultural Linguistic Study [M]. New York: Palgrave Macmillan, 2011.

[4] WANG V, TUCKER J V, RIHLL T E. On Phatic Technologies for Creating and Maintaining Human Relationships [J]. Technology in Society, 2011 (1-2): 44—51.
WANG V., J. V. TUCKER & K. HAINES. Phatic Technologies in Modern Society [J]. Technology in Society, 2012 (1): 84—93. WANG V, TUCKER J. Phatic Systems in Digital Society [J]. Technology in Society, 2016 (6): 140—148.

[5] KULKARNI D. Exploring Jakobson's "Phatic Function" in Instant Messaging Interactions [J]. Discourse & Communication, 2014 (2): 1—20.

交流中的非言语信息，网络交流中的多模态强化了寒暄中的三个要素：注意力、兴趣和共识。

在整体运用方面，White[1]运用言语交际理论的六功能来分析文学作品，并对诗性功能和元语言功能的关联与异同提出了自己的看法，强调了文本的互文性和元文本特点；Ephratt[2]运用雅各布森的交际模式对六大功能进行了细致入微的分析和展示，当然，这里的沉默是有丰富内涵的，不是正常人际交往中聊天时的自然停顿；Parl[3]将雅各布森的言语交际模式运用到了一个新的领域——MACS（Management Accounting and Control Systems，管理会计控制系统），相对于经济领域以往对组织内部信息传递和翻译的结构化思考，言语交际模式的符号学视角展现了更好的理论诠释力。

在其他维度方面，Wyman[4]运用雅各布森的言语交际理论从诗歌的角度来评析绘画，"诗中有画，画中有诗"，符号载体的变化如何影响符号的阐释；Lanigan[5]将雅各布森的言语交际模式运用到传播领域（communicology chiasm），构建了新的模型。

综上所述，雅各布森的言语交际理论不再局限于以往的语言学诗学领域，在当代多个领域，如传播学、经济学领域，均得到运用和展示，并回应了当代的网络交际特征和多模态呈现，凸显

---

[1] WHITE G. "YOU ARE HERE" Reading and Representation in Christine Brooke-Rose's Thru [J]. Poetics Today, 2002 (4)：611-631.

[2] EPHRATT M. The Functions of Silence [J]. Journal of Pragmatics, 2008 (11)：1909-1938.

[3] PARL U. Modelling Communication Processes in Management Accounting and Control Systems [J]. Int. J. Critical Accounting, 2012 (1)：92-110.

[4] WYMAN S. The Poem in the Painting：Roman Jakobson and the Pictorial Language of Paul Klee [J]. Word & Image：A Journal of Verbal/Visual Enquiry, 2004 (2)：138-154.

[5] LANIGAN R L. Communicology Chiasm：The Play of Tropic Logic in Bateson and Jakobson [J]. Language and Semiotic Studies, 2018 (2)：67-92.

了当代学术价值，具有强大的理论诠释力和现实意义。

然而，不可否认，西方学界对雅各布森的研究呈现如下特征：文献以论文集居多，介绍评价多于深度解读；研究领域以语言学和诗学为主，对雅各布森学术生涯后期的重要学术成果——言语交际理论本身的着墨并不多，尚未形成体系和深度解读。

### 三、 国内研究述评

国内对雅各布森的研究肇始于 20 世纪 80 年代，进入 21 世纪后，雅氏的学术思想引发学界越来越多的关注和思考，主要是针对雅各布森语言学诗学的研究，对语言符号学和言语交际理论的研究方兴未艾，有待深入探索。下面从语言学诗学、语言符号学和言语交际理论三个方面逐一阐述。

（一）语言学诗学研究

受国外学界学术热点的影响，国内雅各布森的研究最早是从雅氏的语言学诗学开始的，比较早期的文献大多集中于雅各布森的诗学研究和结构主义文论，这也成为国内雅各布森研究的主要内容。

1. 期刊论文

在期刊论文方面，学界对雅各布森的语言学诗学进行了积极的引述和评价，既有正面的肯定和推介，也有负面的批评与驳斥，更有在原有基础上的进一步发展和运用。

查培德[①]从雅各布森言语交际的六因素、六功能入手，分析了雅各布森的投射说和诗歌文体的等价现象，指出从艺术欣赏角

---

① 查培德. 诗歌文体的等价现象：雅各布逊的"投射说"与文体分析法述评[J]. 外国语（上海外国语大学学报），1988（4）：32-39.

度而言，其文体分析方法同意义阐释和评论结合起来会更好，也是国内最早谈论雅各布森语言学诗学的文章。张冰[①]在雅各布森百年诞辰之际对他的语言学诗学进行了综合全面的评价，指出其用诗学来检验其语言学思想，尝试寻找不同艺术和学科的异质同构规律，并深入探讨了雅各布森辩证动态的语言多功能观和基于黑格尔、胡塞尔和皮尔斯的哲学方法论。蓝露怡[②]通过梳理雅各布森的诗学，尝试还原索绪尔对雅各布森语言学诗学的贡献。陈本益[③]探讨了雅各布森基于索绪尔的语言学思想对结构主义诗学和结构主义叙事学的贡献。周流溪[④]介绍了雅各布森的普通语言学、音位学、语言功能理论和诗学思想，从语言研究和文学研究相结合的角度阐述了雅各布森的治学之道。

赵晓彬、韩巍[⑤]分析了雅各布森的神话诗学思想，指出雅各布森的语言学诗学将原本用于小说分析的神话学拓展至诗歌分析，并兼顾诗歌创作神话与诗人生平之间的关系，开辟了独特的神话学批评路径。岑雪苇[⑥]指出雅各布森的诗性功能理论体系存在循环论证和逆偶然的逻辑错误，原因在于，其形式主义方法和语言学立场和查培德的主张共同构成了国内众多对雅各布森诗学

---

① 张冰.罗曼·雅各逊和他的语言学诗学［J］.文艺理论与批评，1997（5）：130—139.

② 蓝露怡.还原索绪尔——雅各布森诗学的复杂性［J］.外国文学，1998（3）：45—49.

③ 陈本益.雅各布森对结构主义文论的两个贡献［J］.四川外语学院学报，2002（3）：8—10.

④ 周流溪.谈语言研究和文学研究的结合——语言学巨匠雅柯布逊的治学一瞥［J］.外语与外语教学，2003（1）：28—30.

⑤ 赵晓彬，韩巍.雅可布逊的神话诗学研究管窥［J］.俄罗斯文艺，2010（4）：86—89.

⑥ 岑雪苇.诗性功能理论的逻辑问题——罗曼·雅柯布森诗学指谬［J］.浙江工业大学学报（社会科学版），2011（4）：373—378.

推崇声音中的两个不同面向。张汉良[①]对"文学性"概念从历时和共时两个层面进行溯源分析,指出"文学性"的语言形式主义脉络和生理科学脉络,提出比较诗学研究的新的可能,并进一步指出当前以神经语言学为基础的认知科学对"文学性"的新诠释,也源自这一脉络。周启超[②]以雅各布森的文论思想为中心,阐述了当代斯拉夫文论在跨文化跨学科的语境中开启自己生存与发展的"理论旅行"及其对当代外国文论发展的借鉴意义。江飞[③]则在近几年集中研究雅各布森,研究范围涉及雅各布森的诗学思想、"文学性"概念梳理以及审美文化符号学,指出其理论基础来自索绪尔语言学、布拉格学派以及皮尔斯符号学的基本原理,凸显了"审美"在当下中国文化研究和文化诗学中的特殊地位和价值,强调雅各布森的隐喻和转喻模式是其文化符号学中的成功范式,并从多个层面展开学术对比研究,将雅各布森的诗学思想与巴赫金的语境模式、胡塞尔的现象学哲学和英美新批评进行对比分析。张进[④]指出雅各布森的"文学性"概念、隐喻转喻

---

① 张汉良. "文学性"与"比较诗学"——一项知识的考掘 [J]. 中国比较文学, 2012 (1):19—34.

② 周启超. 当代外国文论:在跨学科中发育. 在跨文化中旅行 [J]. 学习与探索, 2012 (3):124—127.

③ 江飞. 雅各布森语言诗学与俄国先锋艺术 [J]. 美育学刊, 2013, 4 (2):56—62. 江飞. "第四种符号":雅各布森审美文化符号学理论探析 [J]. 符号与传媒, 2014 (2):172—182. 江飞. 雅各布森诗性模式与巴赫金语境模式之比较 [J]. 俄罗斯文艺, 2015 (2):28—35. 江飞. 隐喻与转喻——雅各布森文化符号学的两种基本模式 [J]. 俄罗斯文艺, 2016 (2):83—91. 江飞. 诗歌语法的"深层语法"——雅各布森"对等"与"平行"诗学思想论 [J]. 石家庄学院学报, 2016, 18 (2):93—100. 江飞. 流动的"文学性"——雅各布森"主导"诗学思想论 [J]. 北京第二外国语学院学报, 2016 (3):84—98. 江飞. 文学意义的生成:重审雅各布森与里法泰尔、卡勒之争 [J]. 文艺理论研究, 2016 (5):171—179. 江飞. "文学性"的两副面孔——雅各布森与英美新批评的语言诗学比较 [J]. 南京社会科学, 2017 (2):136—142.

④ 张进. 雅各布森诗学的"他化"及其范式论意义 [J]. 兰州学刊, 2017 (9):5—12.

两极理论，以及基于六要素、六功能的诗性功能说已成为一种诗学理论范式，基于当前语境，重在揭示其诗学范式"他化"和"理论旅行"的机制和原理，以擘画新世纪的宏大诗学图景。张冰[①]从语言学诗学的视角探讨了俄罗斯汉学民间文化，展示了中国民间文化在"异质"语境中的独特表现，这里的语言学诗学包括三类：形式主义、历史比较和超语言。

2. 对比分析

部分学者的文章也尝试对雅各布森和其他学者的诗学思想进行了对比分析，有比较才有深入理解，对比分析使学术概念的内涵更为清晰，具体如下。

张旭春[②]指出了雅各布森对索绪尔的继承和发展，从句段/联想模式到隐喻/转喻模式，再到相邻与组合以及对等原则，将语言理论拓展至诗学领域。韩巍、赵晓彬[③]对雅各布森的诗学范式进行溯源分析，指出雅各布森对霍普金斯的继承和超越：在声音和意义的关联、平行结构的拓展方面的继承以及对等原则构建方面的超越。杨燕[④]对比了什克洛夫斯基和雅各布森的形式主义诗学思想，两人最初都强调从语言学视角研究诗学，在后期的理论构建中，前者偏向人文主义，后者侧重科学主义，分歧日益明显，学术之路渐行渐远。韩巍[⑤]梳理回顾了雅各布森形式主义文

---

① 张冰. "语言学诗学"视野中的俄罗斯汉学民间文化问题［J］. 社会科学战线，2018（2）：181-187.

② 张旭春. 从语言结构到诗性结构——索绪尔语言理论及雅各布森结构主义诗学［J］. 四川外语学院学报，1993（3）：102-108.

③ 韩巍，赵晓彬. 继承与超越：雅可布逊和霍普金斯——雅可布逊诗学范式的来源［J］. 西安外国语大学学报，2010（2）：19-22.

④ 杨燕. 俄国形式主义诗学中人文主义与科学主义的双峰对峙——什克洛夫斯基与雅各布森诗学之比较［J］. 俄罗斯文艺，2014（2）：57-63.

⑤ 韩巍. 雅柯布逊和里法代尔——形式主义文本理论和语境主义读者理论的交锋［J］. 外语学刊，2014（4）：145-148.

本理论和里法代尔语境主义读者理论之间的争锋，阐明两种文学理论的异同和相互关系。江飞[1]比较了雅各布森的语言学诗学和巴赫金的社会学诗学，指出雅各布森的诗性模式追求文本自治和去语境化，巴赫金的语境模式强调超语言层面的社会意识形态，在此基础上，指出雅各布森的语言交际六功能既有独白式的诗性自我指涉，又蕴含着发送者和接受者之间（主体间）的内在对话性。王新朋、王永祥[2]则尝试对施佩特和雅各布森的学术渊源进行比较研究，指出两人在诗性功能思想和言语交际理论上拥有学术共鸣，但在对待"作者的声音"上存在分歧。

3. 学术专著

在研究形式主义和诗学的学术专著中，也能常常见到对雅各布森诗学思想的阐述，具体如下：

方珊[3]的专著《形式主义文论》列专章探讨雅各布森的文学性、语言学诗学、极性和对等概念。张杰、汪介之[4]合著的《20世纪俄罗斯文学批评史》介绍了雅氏的"文学性"研究，张杰[5]的著作《20世纪俄苏文学批评理论史》专列章节解读雅各布森的语言学诗学思想。张冰[6]的专著《陌生化诗学：俄国形式主义研究》和译作《俄国形式主义：历史与学说》则从形式主义美学的发展中论及雅各布森的学术贡献。黄玫[7]的专著《韵律与意

---

[1] 江飞.雅各布森诗性模式与巴赫金语境模式之比较 [J].俄罗斯文艺，2015(2):28—35.

[2] 王新朋，王永祥.施佩特和雅柯布森学术渊源之对比研究 [J].俄罗斯文艺，2018(2):127—134.

[3] 方珊.形式主义文论 [M].济南:山东教育出版社，1999.

[4] 张杰，汪介之.20世纪俄罗斯文学批评史 [M].南京:译林出版社，2000.

[5] 张杰.20世纪俄苏文学批评理论史 [M].北京:北京大学出版社，2017.

[6] 张冰.陌生化诗学:俄国形式主义研究 [M].北京:北京师范大学出版社，2000.厄利希.俄国形式主义:历史与学说 [M].张冰，译.北京:商务印书馆，2017.

[7] 黄玫.韵律与意义:20世纪俄罗斯诗学理论研究 [M].北京:人民出版社，2005.

义：20世纪俄罗斯诗学理论研究》在探讨形式主义诗学的基础上，列专章阐述雅各布森的诗学理论。杨向荣[1]在其专著《诗学话语中的陌生化》中梳理了俄国陌生化诗学的发展流变和美学内涵，并与中国古典诗学中的"新奇"诗论进行对比研究，展开学术对话；他在2016年出版的专著《西方诗学话语中的陌生化》则对诗学中的陌生化理论展开更为系统完备的梳理。

王生滋等在《俄罗斯文学修辞理论研究》[2]一书中用超过三分之一的篇幅系统阐述了雅各布森语言学诗学的理论内涵、结构分析以及对中国诗学的启示意义，是国内首部用较大篇幅对雅各布森诗学进行专门研究的著作。

值得一提的是，赵晓彬出版了专著《雅可布逊的诗学研究》[3]，以雅各布森的诗学理论为切入点，探讨其理论来源、诗学范式以及在诗歌和散文中的具体表现，既有理论阐述，又有实证研究，是雅各布森诗学研究的经典之作。

4. 学位论文

在学位论文方面，截至2019年，专门研究雅各布森的博士有论文四篇，硕士论文有八篇，研究内容大部分集中于雅各布森的语言学诗学。

田星[4]从雅各布森的语言多功能性出发，探讨了雅各布森诗性功能理论的内涵、实现路径及在中国语境下的运用，揭示了"诗之为诗"的内在生成机制，拓宽了我们对语法的诗歌和诗歌的语法的理解，深化了我们对语言和艺术动态关系的理解。周瑞

---

[1] 杨向荣.诗学话语中的陌生化［M］.湘潭:湘潭大学出版社，2009.杨向荣.西方诗学话语中的陌生化［M］.北京:中国社会科学出版社，2016.

[2] 王加兴，王生滋，陈代文.俄罗斯文学修辞理论研究［M］.哈尔滨:黑龙江人民出版社，2009.

[3] 赵晓彬.雅可布逊的诗学研究［M］.北京:人民文学出版社，2014.

[4] 田星.罗曼·雅各布森诗性功能理论研究［D］.南京:南京师范大学，2007.

敏[1]从语言学视角探讨诗歌含义的生成，对雅各布森的诗学等价原则和平行结构进行深度解读并探讨其在诗歌文本中的具体应用。江久文[2]基于雅各布森的语言交际六因素和六功能模式，对雅各布森语言学诗学思想的学术发展脉络进行溯源研究，分析其历史语境和学术影响，并回应了部分学者对雅各布森诗学的批评。杨建国[3]从审美现代性视野出发，从结构、功能、文本和隐喻四个方面，描述雅各布森诗学思想的具体呈现，窥探20世纪西方现代性之发展同雅各布森诗学思想的内在关联，并在功能部分列专节探讨雅各布森的语言功能观。

傅丹莉[4]、谢春艳[5]、张建梅[6]、刘璐璐[7]、刘博超[8]和刘月[9]等在硕士论文中主要集中探讨了雅各布森的语言学与诗学，谷文文[10]从雅各布森的理论出发对艺术象征展开语言学诠释，李静[11]则从雅各布森的符际翻译理论出发诠释了语法翻译教学法，这也

---

[1] 周瑞敏.诗歌含义生成的语言学研究［D］.武汉:华中师范大学，2008.
[2] 江久文.雅各布森语言学诗学研究［D］.成都:四川大学，2011.
[3] 杨建国.审美现代性视野中的雅各布森诗学［D］.南京:南京大学，2011.
[4] 傅丹莉.罗曼·雅各布森"语言学诗学观"试论［D］.福州:福建师范大学，2007.
[5] 谢春艳.罗曼·雅各逊诗性功能理论阐释［D］.上海:华东师范大学，2009.
[6] 张建梅.论诗性功能——从雅各布森的角度看诗歌［D］.上海:复旦大学，2012.
[7] 刘璐璐.雅各布森的语言符号学和诗学研究［D］.南昌:江西师范大学，2013.
[8] 刘博超.罗曼·雅各布森诗学与语言学关系探究［D］.济南:山东大学，2015.
[9] 刘月.从雅各布逊理论解读诗性文本的情感主观性［D］.哈尔滨:哈尔滨师范大学，2016.
[10] 谷文文.有关艺术象征的语言学阐释——索绪尔和雅各布森语言结构图示的启示［D］.济南:山东师范大学，2008.
[11] 李静.雅柯布森的符号学视角下语法翻译教学法的重释研究［D］.南京:南京师范大学，2015.

是目前学位论文中仅有的两篇没有从语言学诗学视角对雅各布森展开研究的文献。

总体而言，国内雅各布森的研究，无论是期刊论文、专著还是学位论文，探究的重点依然是雅各布森语言学与诗学的关联，而对雅各布森语言学和诗学的核心理论体系，即言语交际理论的六因素和六功能，只是浅尝辄止，仅是在谈论语言学诗学时顺便提及，缺乏系统而深入的研究，更缺乏对其在当代文化背景下的理论诠释力和具有现实意义的思考。

（二）语言符号学研究

雅各布森在语言学方面的学术贡献和影响力无论是在国内还是国外都已得到全面认可，因此国内对雅各布森语言学方面的研究以推介和梳理为主，而在符号学方面的研究则是方兴未艾，充满开拓潜力，具有良好的发展态势。

1. 期刊论文

国内最早对雅各布森进行推介的学者当属伍铁平[1]，他翻译推介了雅各布森的经典之作《儿童语言、失语症和语音普遍现象》，引起了国内对失语症和儿童语言发展的关注。岑麒祥[2]和朱伟华[3]紧随其后，前者总结了雅各布森在语言学上的四点主要学术贡献：音位区别性特征、共时和历时研究的融合、儿童语言与失语症，以及语言的功能研究，后者对前者的研究做了补充，指出雅各布森受信息论影响，用"代码"（code）和"信息"（message）来类比索绪尔的"语言"（langue）和"言语"（parole）概念。

---

[1] 伍铁平.雅可布逊：儿童语言，失语症和语音普遍现象[J].国外语言学，1981（3）：56-59.

[2] 岑麒祥.雅各布逊和他对语言学的贡献[J].国外语言学，1983（2）：55-59.

[3] 朱伟华.对岑麒祥介绍雅各布逊一文的补充[J].国外语言学，1983（4）：49.

罗选民[①]从音位学、语言功能和诗歌语法三个方面阐述了雅各布森在语言学上的贡献,指出相对于狭义的信息传递三功能而言,雅各布森的六功能理论将语言的功能扩展到文化、信息、交际和诗学层面,远远超出了语言学的范围,这一点与岑麒祥对雅各布森语言功能论的看法相似。李伟荣等[②]探讨了皮尔斯符号学思想对雅各布森言语交际理论、失语症、相似符与指示符、符号翻译理论等符号学思想发展的重要影响。赵晓彬、韩巍[③]以六因素、六功能理论中的诗性功能为切入点,探讨雅各布森的美学符号学思想,揭示雅各布森审美符号的内向符指过程及其对审美符号的文化阐释及应用。韩巍、赵晓彬[④]针对语境论者对雅各布森诗性模式中文本的自我指涉、独立于语境的批评,指出雅各布森的结构符号学强调文本与语境的共存,其诗学视域下的文本与语境是对立统一的。

倪传斌[⑤]从失语症、儿童语言发展和神经语言学学科发展三个方面系统梳理了雅各布森对神经语言学研究领域做出的贡献,也是国内从神经语言学领域研究雅各布森的为数不多的文献之一。江飞[⑥]指出雅各布森在艺术符号的自我指涉性基础上创建了审美艺术符号学和审美文化符号学,语言艺术和非语言艺术均可

---

① 罗选民.传统与革新:语言学家罗曼·雅各布逊——纪念罗曼·雅各布逊诞辰100周年[J].湘潭师范学院学报(社会科学版),1997(1):3-8.

② 李伟荣,贺川生,曾凡桂.皮尔士对雅柯布森的影响[J].海南大学学报(社会科学版),2007(2):109-113.

③ 赵晓彬,韩巍.雅可布逊的美学符号学思想初探[J].外语与外语教学,2011(3):27-35.

④ 韩巍,赵晓彬.雅可布逊诗学视野下的文本—语境关系论[J].解放军外国语学院学报,2011(5):113-117.

⑤ 倪传斌.雅柯布逊对神经语言学的贡献[J].外国语文,2013(6):66-73.

⑥ 江飞."第四种符号":雅各布森审美文化符号学理论探析[J].符号与传媒,2014(2):172-182.

在符号学的整体语境中得到诠释。常巍[①]从符号美学角度解析了雅各布森的翻译理论，阐释符号美学如何影响雅各布森的翻译思想。

杨翕然、钱军[②]通过赵元任与雅各布森的通信等资料，探讨两人在音系学、儿童语言、形态学、方言学等语言学领域学术思想中的异同，以完善语言学史。陈勇[③]阐述了雅各布森和巴赫金在过渡期的俄罗斯符号学发展史中的承上启下作用和表现，其中，雅各布森从交际的角度区分了语言学、符号学和一般交际学的相互关系并提出语言通讯理论。菅娜娜[④]运用雅各布森的主导理论和巴特的展面/刺点等符号学概念剖析了余秀华的一首当代诗歌《我爱你》，展现了符号学视阈下诗歌独特的美学张力。

此外，也有部分学者对雅各布森的符号翻译理论、结构主义翻译观以及翻译理论中的关联理论思想等进行了探讨。[⑤]

2. 学术专著

除了期刊论文，国内学者也在语言学和符号学专著中探讨了雅各布森的学术思想。

---

[①] 常巍.雅各布森论诗歌翻译与符号美学[J].外语学刊，2014（4）：106-108.

[②] 杨翕然，钱军.赵元任与罗曼·雅柯布森——变与恒[J].语言学研究，2015（2）：55-68.

[③] 陈勇.过渡期的俄罗斯符号学研究概览——以雅各布森和巴赫金的研究为代表[J].解放军外国语学院学报，2017（5）：63-72.

[④] 菅娜娜.罗曼·雅各布森的"主导"理论视野下的余秀华：一颗稗子提心吊胆的春天[J].重庆文理学院学报（社会科学版），2018（2）：46-52.

[⑤] 白莹.翻译的语言学问题——评雅各布森的翻译理论[J].长春理工大学学报（社会科学版），2005（1）：77-78.曾冬梅.从皮尔士符号学角度看雅克布森的翻译理论[J].邵阳学院学报（社会科学版），2005（6）：128-129.徐岚.略论符号学的翻译对等观[J].四川教育学院学报，2007（5）：60-62.贾洪伟.雅可布森三重译域之翻译符号学剖析[J].解放军外国语学院学报，2016（5）：11-18.蔡新乐，徐艳利.同一的神话与翻译的缺席：论想象力在翻译中的作用——雅各布森的结构主义翻译观的反思[J].东方翻译，2009（2）：25-31.陈益华.罗曼·雅各布森翻译理论中的关联理论思想[J].长春师范学院学报（人文社会科学版），2006（3）：87-89.

胡壮麟[1]在《语言系统与功能》中介绍了雅各布森的语言功能思想。刘润清[2]在《西方语言学流派》对布拉格学派进行评介时阐述了雅各布森的结构功能语言观和音位学区别性特征。钱军[3]著有《结构功能语言学——布拉格学派》一书，在对布拉格学派的学术思想进行系统阐述的同时，对雅各布森的语言学思想也进行了深度解读。同时，钱军和王力[4]编译出版了《雅柯布森文集》，收入雅各布森语言学论文23篇，2012年6月该文集的第2版出版，其中没有收录难度较大的《语音分析初探》等内容，该书系统展示了雅各布森的普通语言学理论和其在语音和语法等具体语言层面上的运用，为国内专门系统介绍雅各布森学术思想的首部著作。李增[5]的《结构主义在美国的本土化过程研究》介绍了雅各布森在美国结构主义发展进程中发挥的作用和产生的影响。王铭玉[6]的《语言符号学》和《现代语言符号学》从通讯理论视角介绍了雅氏的语言交际六功能说和他的符号学思想。赵爱国[7]出版了《20世纪俄罗斯语言学遗产：理论、方法及流派》，列出专门章节介绍雅可布森的符号学理论和思想。赵毅衡[8]在其《符号学文学论文集》中收录了雅各布森的《语言学与

---

[1] 胡壮麟.语言系统与功能[M].北京:北京大学出版社，1990.
[2] 刘润清.西方语言学流派[M].北京:外语教学与研究出版社，1995.
[3] 钱军.结构功能语言学——布拉格学派[M].长春:吉林教育出版社，1998.
[4] 钱军，王力.雅柯布森文集[M].长沙:湖南教育出版社，2001.钱军.雅柯布森文集[M].北京:商务印书馆，2012.
[5] 李增.结构主义在美国的本土化过程研究[M].长春:东北师范大学出版社，2002.
[6] 王铭玉.语言符号学[M].北京:高等教育出版社，2004.王铭玉.现代语言符号学[M].北京:商务印书馆，2013.
[7] 赵爱国.20世纪俄罗斯语言学遗产:理论，方法及流派[M].北京:北京大学出版社，2012.
[8] 赵毅衡.符号学文学论文集[M].天津:百花文艺出版社，2004.赵毅衡.符号学:原理与推演[M].南京:南京大学出版社，2016.赵毅衡.哲学符号学:意义世界的形成[M].成都:四川大学出版社，2017.

诗学》《主导》和《文学与语言研究诸问题》等经典文献；在其专著《符号学：原理与推演》中阐述了雅各布森的符号六因素与六性质、双轴关系以及元语言；在其专著《哲学符号学：意义世界的形成》中进一步探讨了雅各布森的双轴理论、文本自携元语言与文本主导更替并尝试分析了雅各布森言语交际理论对当代文化的理论诠释力，在雅各布森符号学思想的梳理和发展方面进行了开拓和创新。

总之，雅各布森对语言学的影响和学术贡献是全方位的，语言学普遍使用而又习以为常的许多概念都来自他的学术思想，国内对其语言学的研究已趋向平稳。在符号学领域，对雅各布森的研究方兴未艾，其学术贡献和当代价值尚未真正凸显出来，仍值得深入探讨和挖掘。

（三）言语交际理论

国内近年来对雅各布森的研究逐渐转向其结构功能观和言语交际理论，接下来将从理论方面、单一功能和整体运用方面依次展开说明。

1. 理论方面

朱永生[①]从一元论、二元论和多元论的分类出发，指出语言的多功能性和与之相关的社会因素的复杂性，并对多元论的主要功能观，包括比勒、雅各布森、理查兹、莱昂斯、韩礼德等，进行汇集和比较分析，这是国内学界对语言多功能观进行比较梳理的最早文献。田星[②]强调雅各布森的语言艺术功能观，不是封闭

---

① 朱永生.语言学中的多元论[M]// 胡壮麟.语言系统与功能.北京：北京大学出版社，1990：43-52.

② 田星.论雅各布森的语言艺术功能观[J].外语与外语教学，2007（6）：13-16.田星.论雅各布森功能观对索绪尔"对立"原则的继承与发展[J].四川外语学院学报，2007，23（2）：98-102.

的单功能态度，而是开放的多功能性；不是艺术语言的独立性，而是诗性功能的主导地位；指出雅各布森以动态共时的系统功能观继承和发展了索绪尔的二元对立原则。李静和王永祥[1]从雅各布森语言交际六功能体现的语符功能观入手，强调意义存在于全部交流行为之中，信息本身不能承载交流活动的全部意义，言语交际行为是一个动态的意义获得过程，有相当一部分来自语境、代码和接触手段。陆正兰和赵毅衡[2]从文本的主导因素论尝试解释当代文化的一系列重大演变，将六因素、六功能分成三组对立项，强调"超接触性"时代的到来。

2. 单一功能

步朝霞[3]把雅各布森的自我指涉性，即诗性功能，与罗兰·巴特的自我指涉性进行对比，前者指向文本自身，后者指向超语言层面的社会意识形态，但殊途同归，两者最终目的都在于陌生化处理或更新意识。谢梅[4]探讨了雅各布森"主导理论"与中国新闻娱乐化现象的关系，指出艺术的演变是新的主导代替旧的主导的结果，力图运用主导理论在当下的历史语境中去重新认识新闻的本质。田星[5]尝试运用雅各布森的诗性功能理论中的对等原则和平行结构分析中国古典诗歌，从语言层面揭示了诗歌的魅力，给予中国传统诗学有益的启发，也是国内学者在实践层面对

---

[1] 李静，王永祥.表达的意义与意义的表达——雅柯布森的语符功能观[J].俄罗斯文艺，2015（3）:133-139.

[2] 陆正兰，赵毅衡."超接触性"时代到来:文本主导更替与文化变迁[J].文艺研究，2017（5）:18-25.

[3] 步朝霞.自我指涉性:从雅各布森到罗兰·巴特[J].外国文学，2006（6）:73-79.

[4] 谢梅.雅格布森"主导"理论与中国新闻娱乐化[J].西南民族大学学报（人文社科版），2008（4）:105-109.

[5] 田星.雅各布森的"诗性功能"理论与中国古典诗歌[J].俄罗斯文艺，2009（3）:88-94.

雅各布森诗性功能理论的首次尝试和验证。王正中[①]运用雅各布森的元语言理论分析了元小说的"坦诚性"这一独有特征,即元语言功能。卢康[②]运用雅各布森交际六因素对电影艺术片进行分类,从诗性功能理论出发,依据双轴关系、投射等概念,从观众不同于商业影片的感知结构上来凸显艺术片的诗性形式特征和陌生化处理手法。冯巍[③]从雅各布森动态共时的语言六功能观出发分析"文学性"的内涵,指出文学性是以诗性功能为主导,其参数不仅有诗学、艺术和审美的维度,还有社会、历史和文化的维度。

3. 整体运用

武建国[④]运用雅各布森的言语交际理论六因素探讨了文体分析的多维性和动态化,指出原有文体分析方法的单一和片面。方汉泉和何广铿[⑤]探讨了雅各布森的语言功能说和语言学诗学对现代文体学的贡献和当代价值。江久文[⑥]用雅各布森的言语交际理论,即六要素和六功能,来分析其传播模式,超越了形式主义的禁锢,赋予交际行为本身一定的现实、社会和文化意义。祝秀丽[⑦]则从雅各布森的言语交际理论视角出发,重新审视民间故事

---

[①] 王正中. "元"的敞开——雅各布逊元语言理论视角下的元小说分析[J]. 温州大学学报(社会科学版), 2011, 24(6):75—79.

[②] 卢康. 艺术片的感知结构——基于雅各布森诗性功能理论的探讨[J]. 天府新论, 2017(6):104—111.

[③] 冯巍. 回到雅各布森:关于"文学性"范畴的语言学溯源[J]. 文艺理论研究, 2018(3):88—97.

[④] 武建国. 从Jakobson的语言交际理论看文体分析的多维性[J]. 现代外语, 2003, 26(3):259—265.

[⑤] 方汉泉, 何广铿. 布拉格学派对现代文体学发展的贡献[J]. 外语教学与研究, 2005, 37(5):383—386.

[⑥] 江久文. 雅各布森传播思想探微[J]. 当代传播, 2009(6):33—34.

[⑦] 祝秀丽. 解析故事构成要素:雅各布森的理论视角[J]. 民俗研究, 2013(1):57—64.

讲述行为的构成要素。赵星植[①]则用雅各布森的"符号意指过程六因素"探讨礼物符号的归类问题，指出礼物符号应该按其内部主导功能的偏倚性进行重新分类，如自我礼物、关系礼物、虚拟礼物、仪式性礼物、言语礼物和诗性礼物等，使礼物不仅仅体现在物物交换上，而是成了整个人类社会意义交流的实践性问题。赵星植[②]还探讨了数字媒介技术主导的元媒介时代下的再媒介化现象，运用雅各布森的符号"六因素论"，探寻元媒介符号传播的基本特性及其规律，指出其在人类社会文化与传播方式上引发的巨大变革。

显然，对雅各布森言语交际理论进行研究的文献数量虽然有限，但在研究内容上具有一定的开拓性，涉及符号学、传播学、文化和新闻娱乐等领域，凸显了雅各布森言语交际理论六因素、六功能的时代意义和现实意义，虽然在研究内容和领域分布上依然较为分散，缺乏系统性和体系性。

总体而言，国内雅各布森的研究在语言学诗学方面的研究呈现主导性趋势，以理论探讨居多，仅个别学者尝试运用语言学诗学分析中国诗歌作品；对雅各布森符号学思想的解读方兴未艾，具有良好的发展态势和较大的拓展空间；言语交际理论的具体运用方面，既有单一功能分析，又有整体运用，已有学者初步尝试，值得深入发展，以凸显时代价值。然而，作为雅各布森语言学诗学的核心和符号学思想的集中体现——言语交际理论，国内学界在其理论研究、单一功能、整体运用方面虽有一定的覆盖，但整体研究力度、系统完备程度方面与该理论的学术价值和地位仍不相匹配，具有较大的研究空间。

---

① 赵星植.礼物作为社会交流符号的诸种类型［J］.江苏社会科学，2013（6）：162—167.

② 赵星植.论元媒介时代的符号传播及其特性［J］.四川大学学报（哲学社会科学版），2017（3）:82—88.

## 四、对话精神和多功能语言观

在托多罗夫[①]看来,巴赫金以对话理论闻名于世,雅各布森则致力于独白,然而,从目前来看,雅各布森的一生却是充满对话精神的一生,绝非封闭的独白。[②]

雅各布森颠沛流离的一生反而使他以开放、包容、对话的精神看待一切,从莫斯科到布拉格,再到纽约,每到一处,身边总有一个以他为中心的学术团队:莫斯科语言学小组、奥波亚兹、布拉格学派和纽约语言学小组。在学术素养上,雅各布森总是以兼收并蓄的态度看待科学,能够与各种学科背景的学者对话,涉足的领域极广:语言学诗学、失语症研究、信息论、符号学,在雅各布森看来,学术跨界、他化、理论旅行都是司空见惯之事。能够用语言学的方法来研究诗学,将语言学和诗学融合起来,创立语言学诗学,对雅各布森而言也就不是一件奇怪的事了。

雅各布森言语交际理论本身的多因素和多功能性也是充满了对话精神:言者(addresser)和说者(adreesee)通过接触(contact)得以对话,语境(context)和信息(information)通过代码(code)得以诠释。正如江飞所说,雅各布森的言语交际六功能既有独白式的诗性自我指涉,也蕴含着发送者和接受者之间(主体间)的内在对话性。[③] 又如,韩巍和赵晓彬指出,雅各布森的结构符号学强调文本与语境的共存,其诗学视域下的文本

---

[①] 托多罗夫.对话与独白:巴赫金与雅各布森[J].史忠义,译.西安外国语大学学报,2007,15(4):1-5.

[②] WAUGH L. Roman Jakobson's Work as a Dialogue: The Dialogue as the Basis of Language, the Dialogue as the Basis of Scientific Work [J]. Acta Linguistica Hafniensia: International Journal of Linguistics, 1997, 29(1): 101-120.

[③] 江飞.雅各布森诗性模式与巴赫金语境模式之比较[J].俄罗斯文艺,2015(2):28-35.

与语境是对立统一的。① 同样，基于充满对话精神的言语交际理论的语言学诗学也绝非仅仅是形式主义的诗学，其内涵值得深入挖掘。

《语言学和诗学》一文中提出的言语交际理论体现了雅各布森的多功能语言观，是其结构功能观的具体体现，其背后其实有着较长时间的学术背景渊源和发展历程。早在1923年，布拉格学派时期，雅各布森在《论捷克诗歌》（"On Czech Verse"）一文中基于语言的功能对诗歌语言和情感语言进行了区分，1935年的《主导》（"The Dominant"）一文强调语言多功能的序列性和更迭性，新的主导代替旧的主导，诗歌是诗性功能主导的文体。② 移居美国后，受美国数学家、信息论的创始人克劳德·埃尔伍德·申农（Claude Elwood Shannon，1916—2001）的影响，雅各布森将传播通讯理论融入语言多功能观，经过多年的思考和凝练③，最终将言语交际过程切分为六因素——说话者、受话者、语境、信息、接触和代码，依次对应六功能——情感功能、意动功能、指称功能、诗性功能、交际功能和元语言功能。

雅各布森是在1958年美国印第安纳大学召开的文体研究大会上，作为闭幕式报告的《结束语：语言学与诗学》中以浓缩的语言提出言语交际理论的六要素和六功能概念，强调诗性功能是言语交际行为"趋向信息本身，以信息本身之故关注信息"，并指出诗性功能的实现路径是将对等原则从选择轴投射到组合轴

---

① 韩巍，赵晓彬. 雅可布逊诗学视野下的文本—语境关系论 [J]. 解放军外国语学院学报，2011，34 (5)：113—117.

② JAKOBSON R. The Dominant [M]. JAKOBSON R. Language in Literature. London: The Belknap Press, 1987: 41—46.

③ 1952年，在一篇名为《语言学和人类学研究成果联系报告》的会议报告中，雅各布森提出言语交际五因素：信息、受话者、受话者、信息主体、代码，1956年，在美国语言学协会年会的主席致辞中，他在言语交际五要素中加了一个新的要素——渠道，提出言语交际的六功能示意图。

上，该报告于 1960 年被收入托马斯·西比奥克（Thomas Sebeok）主编的《语言中的文体》一书。

雅各布森言语交际理论这一语言功能模式在学界的提出，在学界尤其是文论界引发了巨大反响。每一位对雅各布森语言学诗学进行探讨的学者，无论赞成与否，总是从言语交际理论的六功能出发探讨其中的诗性功能，雅各布森的言语交际理论已成为其语言学诗学理论的理论起始点和参照体系。因为诗性功能属于雅各布森言语交际理论中六功能的一种，是雅各布森运用语言学方法进行的文学研究路径，因此，言语交际理论是雅各布森语言学诗学的核心和理论基础。

当前学界的研究侧重点是雅各布森言语交际理论六因素和六功能中的诗性功能，缺乏对六因素和六功能的整体思考和理论阐释。在研究范式不断更迭的当代，本书尝试从符号学视域对言语交际理论的六因素和六功能进行理论上的整体阐释和解读，尝试将言语交际理论的适用范围从言语符号拓展至非言语符号（文化），并对当代文化中的文本变迁和基于多模态的文本呈现进行深度解析，具有一定的理论价值和现实意义。同时，对言语交际理论的整体研究也能为其他领域的研究带来有益的启发和借鉴。

## 五、结语

本章梳理了雅各布森语言学、语言学诗学和言语交际理论的国内外研究现状，总结如下。

从语言学研究现状来看，无论是国内还是国外，雅各布森对语言学的学术贡献和地位都是有目共睹的，如区别性特征、标记、系统、结构、功能、符号、时间、空间、变量与不变量等普通语言学的基本理论和概念，还有音位系统理论、语音研究、失语症和语法研究，都是大家耳熟能详的内容。

在语言学诗学方面，国内外的研究趋势和特点有所不同，国外研究中，语言学诗学虽然因其新颖的视角和独特的艺术实践手法轰动一时，但其在学界的影响力和接受度远远比不上其在语言学领域的影响力。原因有三：一是语言学诗学理论过于阳春白雪，学界很难掌握其诗学分析方法，在理论具体运用方面的实例很少；二是卡勒和里法代尔对雅各布森的语言学诗学一直持不同看法，也影响了学界的认同；三是后结构主义理论日渐兴起，结构主义诗学逐渐式微。与国外研究不同的是，雅各布森语言学诗学在国内的影响力超乎寻常，学界对语言学诗学的研究呈井喷态势，但具体的运用实例较少，而以理论推介和探讨为主。这一学术热情的背后反映了国内学界对雅各布森语言学诗学新颖独特的诗学分析手法的推崇，对言语交际理论的整体研究更有助于学界对语言学诗学的深度理解。

在言语交际理论方面，无论在国内还是国外，无论是针对理论探讨层面还是单一功能或整体运用的实践层面，均方兴未艾，显示着言语交际理论自身在当代语境下的学术活力。不可否认的是，当前学界对雅各布森言语交际理论的研究覆盖度和深度还有待加强，多数研究只是在谈论雅各布森的语言学诗学时才提及言语交际理论，与其作为雅各布森语言学诗学理论核心的学术地位不相匹配，研究的体系性尚不足，研究深度也有待加强。

此外，从符号学视角对言语交际理论的探讨也呈现一种充满活力的多样化趋势，涵盖美学符号学、文化符号学、结构主义符号学和哲学符号学等，显示符号学研究方法在言语交际理论的深度解读上是有潜力的。

在当代学术语境下，运用符号学视角对言语交际理论的深入探析有利于更好地把握和理解雅各布森的语言学诗学思想，同时能够对当代文化中的文本变迁和基于多模态的文本呈现进行深度的理论诠释，凸显其当代学术价值和现实意义。

第二章

# 言语交际理论的学理基础和学术渊源

本章首先界定言语交际理论的研究对象,语言抑或话语;然后从其他学者、布拉格学派、信息论三个层面对雅各布森的言语交际理论进行学理分析和学术溯源。其他学者的语言功能观与雅各布森的言语交际理论虽无直接学术渊源,但可对其开展横向比较,进行学理分析。布拉格学派素有"功能派鼻祖"之称,雅各布森言语交际理论中的多功能语言观是其中最靓丽的一个支,其他理论如比勒和施佩特的语言三功能、马泰修斯的语言功能观、马林诺夫斯基的"寒暄语"以及穆卡洛夫斯基的"美学功能"。美国信息论创始人申农的通讯理论对雅各布森的影响较大,言语交际理论六因素中的信息和代码类似于信息通讯理论中的要素,这也正是雅各布森言语交际理论的独特之处。

## 一、引言

首先,在对雅各布森的言语交际理论进行学理分析和学术溯源之前,需要界定言语交际理论的研究对象是什么?是索绪尔的语言,还是巴赫金的话语?下文先从索绪尔的语言观和巴赫金的话语观谈起。

其次,语言必然用来传播,亘古未变;同样,任何语言学理论必然预设一个言语交际模式,成为其后续理论拓展的基础。从古希腊时期到近现代,涌现出许多语言学家,其理论或多或少地涉及言语交际的要素和功能,这也是言语交际理论的学理基础,下面将撷取其对语言功能的经典论断予以阐述。

然后,雅各布森的言语交际理论不是横空出世的,而是有好几位先行者,尤其是布拉格学派对他的影响较大。例如,捷克著名语言学家和布拉格语言学小组组长马泰修斯、德国心理学家和语言学家比勒、英国人类学家马林诺夫斯基,以及施佩特、穆卡洛夫斯基都对言语功能做出切分,为雅各布森言语交际理论提供了前期铺垫和理论奠基。接下来笔者将在前文学理部分梳理的基础上探索雅各布森言语交际理论的学术渊源。

最后,雅各布森1941年定居美国后,于1958年正式提出其言语交际理论,在此期间,美国信息论创始人申农的信息通讯理论对雅各布森言语交际理论的组成要素方面也有一定的学术影响。接下来笔者将阐述信息论对雅各布森言语交际理论的部分学术影响。

## 二、 语言与话语:两种语言哲学视角

### (一)"语言"和"言语"

索绪尔受笛卡尔二元论哲学思想的影响,二元对立贯穿于其语言学思想之中,如语言和言语、能指与所指、历时和共时、聚合与组合等,并在语言和言语划分的基础上进一步切分"内部语言学"(internal linguistics)和"外部语言学"(external linguistics)。不同于同时代学者对语言的历史比较法的研究,索绪尔更关注语言的抽象系统,强调语言的整体结构研究,具有不同寻常的价值和意义。然而,索绪尔更为关注语言本身的科学研究,也就是内

部语言学部分，遗弃了语言的具体使用，即言语部分的研究，对真实言语生活的复杂性和对话性视而不见，或者说索绪尔只关注语言本身独白式的科学研究，而忽略了真实言语交际生活中无处不在的对话精神，这种对话精神在人文科学的研究中是始终存在的。

与索绪尔独白式的语言研究形成互补对应的是苏联的巴赫金对话理论。"如果说索绪尔主要关注的是脱离语境的抽象的语言体系，那么巴赫金关注的则是具体语境中的具有对话性质的语言运用。"① 索绪尔的语言研究排除了语境、言者和听者，是纯粹抽象的语言内部体系；巴赫金则从语言之外看待语言，重视语言的社会性、交际性和对话性，关注使用中的语言（language in use），即话语（discourse），这也就是巴赫金的超语言学思想。"正如抽象的语言体系构成了索绪尔语言学的合法研究对象，具体的话语（活生生的具体的言语整体）构成了超语言学的合法研究对象。"②

超语言学的研究对象不仅仅包括作为抽象系统的语言体系，更多的是侧重在社会交际和对话中使用的言语。"巴赫金强调符号的社会性和交际性，也就是强调话语无所不在的社会性（social ubiquity）和交际性（communication）。"③ 因为"在话语里实现着浸透了社会交际的所有方面的无数意识形态的联系"④。

索绪尔的语言系统观和巴赫金的超语言观都涉及"关系"，但两种语言观对"关系"本身的阐释截然不同，索绪尔的语言系

---

① 辛斌.巴赫金论语用:言语，对话，语境［J］.外语研究，2002（4）:6.
② 李曙光.巴赫金超语言学理论的重新语境化及其在书面新闻语篇分析中的应用［D］.南京:南京师范大学，2007:22.
③ 王永祥."语言"与"话语":两种语言哲学视角论略［J］.外语学刊，2010（4）:24.
④ 巴赫金.巴赫金全集:第2卷［M］.白春仁，晓河，李辉凡，等，译.石家庄:河北教育出版社，1998:359.

统观涉及的是作为语言本体的封闭的语言系统内部各要素之间以及能指和所指的关系，与言者、听者、时空等外部语境并无直接联系。"巴赫金强调的是语言与各语境因素之间的关系，是一种开放的、主体之间的、交往的关系。交往性/对话性就是一种关系论视角，而这种关系只有在具体的语境中才得以具体地体现——关系是具体语境中的关系，语境是由不同关系构成的。"[1]

(二)"独白"和"对话"

可以说，"巴赫金的超语言学是一种交往性、对话性语言学。对话理论是巴赫金超语言学的理论支柱，对话性是他超语言学的理论核心"[2]。在这一点上，雅各布森的言语交际理论本身与巴赫金的对话理论有相通之处，两者的研究对象都是社会生活中具体的言语交际行为。在言语交际理论的六因素六功能模式中，除了信息、代码和接触外，还包括言者、听者和语境，都参与到对言语交际行为的阐释中，语言的核心是阐释，阐释使言语行为得以实现。

托多罗夫指出"雅各布森的生活，对话的、交往的、全身心面对他人的生活，幸好补充了他的独白的和物化的言语和文学观。巴赫金的对话理论补偿并照亮了他的生命"[3]。在这里，将雅各布森的言语和文学观称为"独白"显然不是指向雅各布森的言语交际理论，而是雅各布森的语言学诗学观。在雅各布森看来，当交流趋向于信息本身时，忽略或不去关注外部语境的指称

---

[1] 王永祥，潘新宁.语言符号学:从索绪尔到巴赫金[J].俄罗斯文艺，2011(3):114.

[2] 王永祥，潘新宁.对话性:巴赫金超语言学的理论核心[J].当代修辞学，2012(3):41.

[3] 托多罗夫.对话与独白:巴赫金与雅各布森[J].史忠义，译.西安外国语大学学报，2007(4):5.

功能时，就会凸显诗性功能（poetic function），通过凸显符号自身的可感知性，加深了符号和客体（即对象或外部语境）的根本对立。诗性功能只是信息可实现的六功能中的一种，是言语交际行为的一部分，而言语交际理论本身则包含了言者和听者、信息和语境之间相互作用和对话的符号共同体。"如果我们只是孤立地看到'诗性'的自足或封闭性，甚至抽离出来单独讨论其'自指性'，而不顾其交际功能结构的整体性，也不顾其郑重提出的'对话'理论，恐怕是有违雅各布森的结构主义立场的。"①

总之，从传承关系来看，同属俄罗斯符号学过渡期的雅各布森和巴赫金，两者在言语交际上的学术思想有很大的相通之处，他们关注的重心均不是抽象的语言系统，而是社会生活中具体的真实的言语交际行为，两人"在俄罗斯符号学发展史上都扮演着承上启下的关键角色"②。

此外，在下文的研究展开之前，值得说明的是，符号学的研究对象往往不是单独的符号，而是符号文本。"符号很少会单独出现，一般总是与其他符号形成组合，如果这样的符号组成一个'合一的表意单元'，就可以称为'文本'。"③

## 三、 言语交际理论的学理基础

（一）柏拉图的语言工具论

语言如同一个工具，协助言语事件的流畅进行。无论是大声疾呼，还是独坐沉思；无论是清醒抑或沉睡，言语活动始终都在

---

① 江飞.雅各布森诗性模式与巴赫金语境模式之比较［J］.俄罗斯文艺，2015（2）：34.
② 陈勇.过渡期的俄罗斯符号学研究概览——以雅各布森和巴赫金的研究为代表［J］.解放军外国语学院学报，2017（5）：64.
③ 赵毅衡.符号学:原理与推演［M］.南京:南京大学出版社，2016：40.

进行。

柏拉图在《克拉底鲁篇》(Cratylus)这部论述语言起源的文献中提出语言是一个人向他人提供物之信息的工具。① 通过言语提供信息是最实在的言语行为，在某种程度上也是人类所独有的。柏拉图的这一定义可以说囊括了具体言语事件发生时可能出现的全部可视要素（说话者、听话者和外界之物），言语即声音现象，则成为联结三方的"工具"(organum)，参与到每一个具体的言语事件中，并从自然和人为约定两个角度来进行探讨。柏拉图的言语工具论看似简单，呈现的场景却是如此典型丰富，我们只需从要素充分的言语交际活动中凸显某些要素，就能还原言语发挥特定功能的场景。

（二）洛克的口语传播模式

约翰·洛克（John Locke，1632—1704），英国哲学家，经验主义的代表人物，其专著《人类理解论》奠定了现代哲学中有关自我的概念，为认识论做出较大贡献。

洛克秉持"语词-观念-事物"观，在他看来，人类可以发出音节分明的声音，但声音本身并不能成为语言，因为鹦鹉和其他鸟类同样能够发出清脆悦耳的声音。声音成为观念的标志是其成为语言的前提，个人无法表述自身从未经历过的事物，正如天生盲者无法明了颜色的美妙，天生聋者难以领会声音的奥妙。简单观念不但反映言者心中的观念，而且对应外在的实体，简单观念的获取往往依赖于实际的感受，语言文字的传达效果难以企及具体的图像、感觉和经验。复杂情状的名称所表达的观念基于简单观念，但在自然中并无联系，也无确定的参照标准，难以通过实在的事物来寻找和验证，因而几乎是完全任意的，且因人而

---

① 柏拉图.柏拉图全集:第2卷[M].王晓朝，译.北京:人民出版社，2003.

异,文字意义和事物的实在本质往往不能精确同一。以黄金为例,初次采用黄金概念的个人也许只是考虑到黄金的颜色而命名,后面黄金的观念又依次增加了硬度、重量、可溶、货币等属性,其内涵不断扩大,人们虽然使用同样的名称,但各自的观念却因人而异,相互无法完全契合,而且同自己昨天已有的,和明天将有的,也无法完全契合,这是交流产生障碍的原因所在。对于符号与对象的关系,洛克认为:

> 我自然承认,在语言初创时,原是先有了观念,然后才有名称;我自然承认,就是现在,也是先形成了新的复杂观念,然后才有新的名称,然后才有新的文字。不过语言如果已经通行,而且已经供给了许多日常通用的观念,则情形便不一样。在这种情形下,我可以问任何人,儿童们通常是不是先学得了混杂情状的名称,然后才得到那些观念。千人中曾有一人,是先形成了抽象的光荣观念和野心观念,然后才听到他们的名称么?不过在简单的观念和实体方面,我承认不是这样的;因为这些观念在自然中既然有其存在和关联,因此,它们的观念是先获得的,它们的名称是后获得的。①

显然,洛克这里的名称即符号,观念即对象。在洛克看来,语言的功能即在于记载和传递我们的思想,基于上述的分析,洛克认为人类使用的语言存在很大的缺陷,也是交流过程中误解产生的根源所在:

> 文字的缺点,在其意义合混——在传达思想时,语言的主要目的既然是想让人了解自己,因此,任何文字在听者心中所刺激起的观念同说者心中所有的观念如果不一样,则在通俗的意义和哲学的意义两方面,文字都不能尽其功用。各

---

① 洛克.人类理解论[M].关文运,译.北京:商务印书馆,1959:22.

种声音同我们的观念既然没有自然的联系,而且他们所有的意义既然都是由我们附加的,因此,它们所有合混,所有不定,所有缺陷,多半原因于它们所表示的观念本身,而不是由于此一声音比彼一声音较能表示那些观念。因为说到声音,它们都是一样的。①

可以说,个人对同一名称的见解不一致,在他们心中引发的复杂观念,也是不同的。相对于后期的符号发展,在这里,洛克已经初步具有符号三分的雏形概念:符号、对象和解释项。一方面,索绪尔仅仅关注语言符号抽象的系统和相互关系,通过能指和所指的二元区分来回避符号三分可能带来的交流障碍和内在缺陷。另一方面,皮尔斯则将符号三分法运用到极致,焕发无穷魅力。对洛克而言,在言语传播的要素方面,言者、说者、观念三者并存,只是言者更为关注名称和观念的内涵,在交际过程中,尽管名称一致,但言者的观念和说者的观念经常难以契合,障碍因此而生。在洛克看来,人们谈话时使用的言语文字往往是没有共同意义的,然而,言者本人却往往以为文字的意义是已经确立的,认为其携带的观念也是完全为人所知晓。

(三) 索绪尔的言语回路

费尔迪南·德·索绪尔(Ferdinand de Saussure,1857—1913),瑞士作家、语言学家,结构主义的创始人,现代语言学理论的奠基者。

相对于以往研究人员对言语活动的重视,索绪尔极为看重语言,把语言和言语的切分作为自己研究的起点,创立了语言学这一独立的学科。在索绪尔看来,语言是"言语活动的一个确定的

---

① 洛克.人类理解论[M].关文运,译.北京:商务印书馆,1959:46.

部分，而且当然是一个主要的部分，是言语机制的社会产物"[①]。语言是抽象的，属于社会心理层面；言语活动则是复杂多面的，横跨物理、生理和心理多个领域，是个人行为，同时遵从社会规范的约束。

索绪尔从个人言语行为出发，尝试从具体言语活动中分离出与语言相关的部分。在这一言语回路（speech circuit）中，言者和说者是必不可少的两个要素（如图 2-1）。假定甲乙两人正在交谈：

图 2-1 索绪尔的言语回路

循环的出发点是在对话者之一（例如甲）的大脑里，被称为概念的意识事实是跟用来表达它们的语言符号的表象或音响形象联结在一起的。假如某一个概念在脑海里引起一个相应的音响形象，这完全是一个心理现象。接着是一个生理过程：大脑把一个与那音响形象有相互关系的冲动传递给发音器官，然后把声波从甲的口里播送到乙的耳朵：这是纯粹的物理过程。随后，循环在乙方以相反的程序继续着：从耳朵到大脑，这是音响形象在生理上的传递；在大脑里，是这形象和相应的概念在心理上的联结。如果轮到乙方说话，新的行为就继续下去——从他的大脑到甲方

---

[①] 索绪尔.普通语言学教程[M].高名凯,译.北京:商务印书馆,1980:30.

的大脑——进程跟前一个完全相同,连续经过同一些阶段。①

这一言语传达过程极为简单,通过这一言语回路,索绪尔旨在表明,语言只涉及言语活动中的心理部分,这里的音响形象及与之相关的概念都属于心理范畴,与物理和生理部分无关,且不可将声音形象与具体的声音混为一谈。索绪尔提出了言语回路的概念,但研究重心只偏重隶属心理范畴的语言方面,将言语行为过程中的物理和生理因素搁置一边。这里的物理和生理因素,尤其是物理因素,也许成了后期雅各布森言语交际理论中六因素中的接触(contact)概念,或在加拿大学者马歇尔·麦克卢汉(Marshall McLuhan,1911—1980)的"媒介即讯息"(The medium is the message)② 的概念中引发无尽的阐释意义。在语言方面,洛克的观念体现于个人具体的言语交际行为中,相对于洛克的"语词-观念-事物"观,索绪尔的语言不是言语活动的一种具体功能,而是言语活动的社会产物,是个人以外的东西,展现社会属性。在索绪尔看来,"语言科学不仅可以没有言语活动的其他要素,而且正要没有这些要素掺杂在里面,才能够建立起来"③。相对于洛克"观念"的不可捉摸,索绪尔的语言符号强调概念和音响形象的结合,虽属于心理印记,但并不抽象,体现于社会成员的规约之中,"文字把它们固定在约定俗成的形象里,……成为这些形象的可以触摸的形式"④。索绪尔的语言观,强调语言的社会功能,而非认知功能,可以说,作为社会符号的语言,和具体的事物、事态几乎没有关系,在具体的言语交际行为中,也只是其中特别的一部分。与此相反,洛克把语言作为一

---

① 索绪尔.普通语言学教程[M].高名凯,译.北京:商务印书馆,1980:33.
② MCLUHAN M. 1964. Understanding Media: The Extensions of Man [M]. London: Routledge and Kepan Paul.
③ 索绪尔.普通语言学教程[M].高名凯,译.北京:商务印书馆,1980:37.
④ 索绪尔.普通语言学教程[M].高名凯,译.北京:商务印书馆,1980:33.

种交际手段和工具，并从这一点出发解释语词与观念。在洛克的言语理论体系中，语言的基本功能是交流思想，是言者和听者之间的一个代码传递过程。由于言者和听者观念的任意性和个人化特质，人际传播往往以失败和争吵结束。

（四）皮尔斯的符号解释项

查尔斯·桑德斯·皮尔斯（Charles Sanders Peirce，1839—1914）是美国思想史上的传奇人物、20世纪最重要的哲学家之一，因其对符号学的原创性研究和杰出贡献，与索绪尔一起被称为"符号学的奠基人"。

索绪尔在言语回路中区分出属于心理活动的音响形象和概念，称其为能指和所指，符号的心理两面性，文字则是符号可触摸的形式外显。皮尔斯提出符号意指三分式，符号的可感知部分称为"再现体"（representamen），有时也称为"符号"或"符号载体"，相当于索绪尔二元模式中的能指；在皮尔斯的三元体系中，索绪尔的所指则表现为"对象"（object，符号所替代之物）和"解释项"（interpretant，符号引发的思想）。皮尔斯虽未明确提及言语交际过程，但解释项的存在意味着必然有一个接受者，意指过程的重点到了接受一端，接受者的解释才能阐明符号的内涵，能指和所指的固定模式因为解释项的介入而变得无限灵动，引发无限衍义。在索绪尔言语回路中，符号发送者和接受者地位平等，言语活动循环不息；在皮尔斯的信息传播过程中，发送者和接受者的地位发生了变化，有时候甚至没有明确的发送者，意义的获得主要由接受者通过解释项来主导，这也许更加符合实际的信息传播过程。

皮尔斯的三元符号模式中解释项对于意义的获得至关重要，但符号本身并非对意义的解释无能为力，任凭解释项所为，符号自身携带的各种标记也会引导推动解释的方向。皮尔斯指出解释

·第二章　言语交际理论的学理基础和学术渊源·

项可以有三种：情绪解释项（emotional interpretant）、能量解释项（energetic interpretant）和逻辑解释项（logical interpretant）。① 皮尔斯对此有较为细致的阐述：

> 现在看来，有关何谓心智概念（intellectual concept）的"意义"（meaning）这一问题，我们只能通过对符号解释项（或者说，符号的适合意指效力）的研究来解决。第一种，符号自身会产生一种感觉（feeling），这种感觉几乎总是存在，以致我们将其解读为我们了解符号适合意指效力的证据，不过，其中的事实基础往往非常薄弱。我将这种感觉称为"情绪解释项"（emotional interpretant），而它不仅仅是人们在认知（或"识别"）事物时所产生的一种感觉那么简单，在某些情况下，它就是某些符号能够产生的唯一意指效力。因此，一段协奏曲的演奏是一个符号，是因为它表达了或试图表达作曲家的音乐观念，而这些音乐观念却往往只存在于一连串的感觉之中。如果一个符号要进一步产生出更深一层的意指效力，那么，它需要借助情绪解释项这一媒介，并且这种进一步的意指效果将会卷入更多的意指行为。我将这种意指行为称为"能量解释项"（energetic interpretant）。这种行为可以说是非常强势（muscular）的，例如"放下武器"这一命令句，但在更多时候，它常常作用于内心世界，也即主要发挥其心灵作用（mental effort）。但它绝对不是心智概念的意义，因为它是一种单一行为，而所谓的概念是一种普遍的本质。②
>
> 在探查第三种符号适合意指效力之前……我建议将其命名为"逻辑解释项"（logical interpretant）。到目前为止，

---

① 赵毅衡.符号学:原理与推演[M].南京:南京大学出版社，2016:174.
② 皮尔斯.皮尔斯:论符号[M].赵星植，译.成都:四川大学出版社，2014:45.

我还不能确定逻辑解释项这一术语是否可以扩展到除一般概念的意义之外的其他一切事物，虽然它明显与此紧密相关。我们能说第三种效力是一种思想么，也就是问，它是一个心灵符号么？毫无疑问，它应当是。只要一个符号属于（因为它不得不属于）一种"心智类型"（intellectual kind），那么，这个符号自身就必须有一个逻辑解释项，因此，它不可能是一个概念的最终逻辑解释项。能够证明的是，逻辑解释项产生的仅仅是一种心灵效力（mental effect），但它不是一个符号，而属于一种"普遍应用"（general application），因此，心灵效力是一种"习惯改变"（habit-change）。习惯改变意味着一个人会修正自己行为的习惯性倾向。①

......逻辑解释项是能量解释项（energetic interpretant）的一种效力（effect）；而在此意义上，后者则是情绪解释项（emotional interpretant）的一种效力......②

皮尔斯虽然划分了不同的解释项，但并没有明确符号自身与这些解释项的关联方式，只是表明符号文本的不同品质能够推动解释项的可能方向，符号自身不是一个"任人打扮的小姑娘"。从符号文本的功能角度来看，情绪解释项侧重于表达或侧重于文本发送者，展现愤怒、欢乐，甚或讥讽，蕴含强烈的情感色彩，能量解释项侧重于呼吁或侧重于文本接受者，如命令、呼唤句、祈使句以及广告宣传等，着眼于影响接受者的行动，两者均与雅各布森的六因素和六功能中的情感性（emotive）和意动性（conative）相似，但雅氏对主导因素的阐释更为完备详尽，且富有系统和条理。至于皮尔斯逻辑解释项的表现功能是什么，是对意动性的深入探究，还是指向符号的指代功能（referential）或

---

① 皮尔斯.皮尔斯:论符号［M］.赵星植，译.成都:四川大学出版社,2014:46.
② 皮尔斯.皮尔斯:论符号［M］.赵星植，译.成都:四川大学出版社,2014:49.

元语言功能（metalingual），仍值得玩味和深思，笔者倾向于前者，因为逻辑解释项不仅仅是一个"心灵效力"，对一个问题求索其答案，也是一个"普遍应用"和"习惯改变"，具有较强的意动性。

可以说，皮尔斯、索绪尔对言语交际过程的关注依然是围绕"言者－符号－听者"这三大核心要素，尤其是符号对外部世界的指称层面。尽管两人在各要素的地位和作用的认知上存在分歧，索绪尔专注语言符号的社会心理属性，强调系统和结构；皮尔斯凸显符号的接受一端，即解释项的作用，使意指过程的跌宕更替、符号自身的无限衍义成为可能。尽管两人研究的侧重点不同，两人均未对言语交际过程的其他因素给予太多关注，虽然索绪尔的言语回路已经涉及言语交际过程中的物理、心理和生理层面，皮尔斯的情绪解释项、能量解释项和逻辑解释项与符号发送者和接受者的情感性和意动性相关。

（五）理查兹的语言功能观

艾弗·阿姆斯特朗·理查兹（Ivor Armstrong Richards，1893—1979），英国文学理论家，诗人，语言学家，英美新批评的奠基者。

在与查尔斯·凯·奥格登（Charles Kay Ogeden，1889—1957）合著的《意义之意义》（*The Meaning of Meaning*）一书中，提出语义三角（semantic triangle）的概念，从词语（word or symbol）、思想（thought or concept）和事物（thing or referent）三者之间的关系出发，探讨了文本的意义生成问题。[①]他强调语词本身并不直接指代任何事物，两者之间只是间接关

---

[①] OGEDEN C K, RICHARDS I A. The Meaning of Meaning [M]. New York: A Harvest Book, 1923: 11.

系，通过约定俗成建立联系，只有使用者或思想的介入，语词才具备明确的指称意义。理查兹的语义三角概念避免了索绪尔只重视语言研究而忽视言语的做法，他的观点同皮尔斯相似，语义三角中的思想或观念犹如皮尔斯符号三元中解释项的作用。

理查兹在《文学批评原理》(*Principles of Literary Criticism*) 一书中，指出了语言的两种截然不同的功能，区分了语言的科学用法 (scientific use) 和情感用法 (emotive use)，他认为诗歌中的情感语言与科学文章的纯指称表述展现了不同的语言功能。[①] 在《实用批评》(*Practical Criticism*) 一书中，他进一步从四个方面对语言的功能进行区分：意义 (sense)、情感 (feeling)、语调 (tone) 和意图 (intention)。[②] 在理查兹看来，语言的意义功能主要是言者对事物或状态的描述或言者的思想呈现，类似雅各布森的指称功能，情感功能展现言者对事物和状态的态度和喜好，类似于雅各布森的情感功能，语调和意图均与听者相关，通过言者对听者的态度和意图试图影响后者的行为或心理，类似雅各布森意动功能的组成部分。在一个言语行为中，往往几个功能并存，而其中一项功能成为主导。例如，在专著写作中，作者以意义的传达为主，而对个人情感偏好进行控制，尽量展现客观、不偏不倚的立场；而在学术会议上，虽以信息传递的指称功能为主，但发言者也会尽量灵活调整自己的语调以对听者表示尊重，进而确保学术交流的意图得以顺利实现，对听者态度和意图产生一定的影响。可以看出，在各功能主导因素的分析上，理查兹和雅各布森的看法极为相似。

---

① RICHARDS I A. Principles of Literary Criticism [M]. New York: Routledge, 1924: 250.

② RICHARDS I. A. Practical Criticism: A Study of Literary Judgment [M]. London: Broadway House, 1930: 180—185.

## （六）莱昂斯的语言功能观

约翰·莱昂斯（John Lyons，1932—），英国语言学家，在《语义学》（*Semantics*）一书中指出了语言的三种功能：描写（the descriptive）、社会（the social）和表达（the expressive）。[①] 描写功能描述事实或命题信息，内容可以被客观验证，我们有时候也用一些其他方式来表述这一功能，如指称（referential）、认知（cognitive）、命题（propositional）、观念（ideational）和指示（designative）。在莱昂斯看来，相对描写功能明确无误的内涵，社会功能和表达功能之间的切分则不是那么清晰，语言的表达功能在于展示说话者本人的特点，如态度、个性等，社会功能在于建立和维持社会关系，表达功能往往是在和他人的社交活动中实现的。莱昂斯的描写功能显然指向雅各布森的指代功能，而表达功能和社会功能则可能分别对应雅各布森六功能说中的情感功能和交际功能，虽然在莱昂斯的社会功能和表达功能之间，两者的区分并非那么清晰。

## （七）韩礼德的语言功能观

韩礼德（Michael Halliday，1925—2018），英国当代语言学家，系统功能语言学的创始人。在《作为社会符号的语言》（*Language as Social Semiotic*）一书中，他从语言的"元功能"或"纯理功能"的视角把语言功能分为三种：达意功能（ideational function）、人际功能（interpersonal function）和语篇功能（textual function）。[②] 韩礼德认为，达意功能表述言者的

---

[①] LYONS J. Semantics, vol. 1 [M]. Cambridge: Cambridge University Press, 1977: 50.

[②] HALLIDAY, M A K. Language as Social Semiotic: The Social Interpretation of Language and Meaning [M]. London: Edward Arnold, 1978.

亲身经历、内心活动或对事物逻辑关系的认识，人际功能用于建立和维系一定的社会关系，语篇功能在于保持上下文连贯且符合语境需要，三种功能同等重要，不存在等级关系。如果我们尝试把韩礼德的语言功能三分法与雅各布森的六因素、六功能加以比对，韩礼德的达意功能对应于雅各布森六功能说中的指称功能和元语言功能，人际功能则涵盖了雅各布森六功能说中的情感功能、意动功能和交际功能，语篇功能与雅各布森六功能说中的诗性功能相似，但在阐述方面更为深入。

（八）小结

综上所述，从比勒（下文将提到）和雅各布森再到理查兹、莱昂斯和韩礼德，他们研究的侧重点不同，对语言功能切分的数量和种类上均存在差异，彼此之间也很难做到一一对应（如表2-1）[①]，但它们呈现的一种大致趋势是对语言多功能性的认可。除了比勒和雅各布森，其他学者间并无直接的学术渊源，但在语言多功能性上却达成了学理共识。

表2-1　语言多功能对比表

| Buhler | Jakobson | Richards | Lyons | Halliday |
|---|---|---|---|---|
| representational | referential metalingual | sense | descriptive | ideational |
| vocative expressive | emotive conative phatic | feeling tone intention | social expressive | interpersonal |
|  | poetic |  |  | textual |

相对于语言意义和形式之间的一元论或二元论，语言功能的多元论认为，语言不是一种孤立存在的实体，而是与社会环境中

---

① 该图来自朱永生.语言学中的多元论[M]//胡壮麟.语言系统与功能.北京:北京大学出版社，1990:48.

的诸因素紧密联系,语言的功能恰恰是社会环境中的各因素在语言中的反应,语言的多功能性反映了社会因素的复杂性。这一语言思想与雅各布森的语言功能观相吻合。针对乔姆斯基依据语言本身而开展的生成语法研究(study language on its own),雅各布森强调从多个维度(如历史、生理、社会、心理和物理等层面)对语言进行系统研究,雅各布森六因素、六功能的语言多功能观正是其语言学思想的体现。

通过对比可见,在分析语言功能时,在社会因素的系统性和完备性方面,雅各布森的六因素、六功能说显然更为系统完备,下文将从布拉格学派出发追溯其学术渊源。

## 四、 言语交际理论的学术溯源

### (一) 比勒的语言功能理论雏形

柏拉图的言语工具论囊括了具体言语事件可能出现的全部要素(说话者、听话者和外界之物),言语即声音现象,且作为联结三方的"工具"(organum),参与到每一个具体的言语事件中。这一言语工具论深深吸引了卡尔·比勒(Karl Buhler, 1879—1963),引发后者在这一基础上建构了自己的言语工具模型。卡尔·比勒通过三个连续的不断调整的图示展示了言语交流的过程(如图2-2)。[①]

---

[①] BUHLER K. Theory of Language: The Representational Function of Language [M]. Amsterdam: John Benjamins Publishing Company, 1990: 31-32.

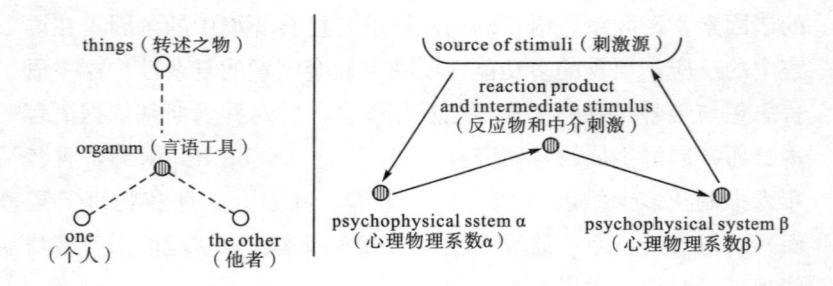

图 2-2 比勒的语言工具模型

如图 2-2 左边所示，言语交际过程包含三个基本要素：个人（one）、他者（the other）、转述之物（things）。[①] 这三个基本要素，也就是言者、听者和世界，依次坐落于三个点上，中间是可感知的言语现象，通常指音响（acoustic phenomenon），也就是所谓的言语工具（organum）。中间的言语工具通过虚线与坐落于三个方向的三个要素相连，表现言者和言语、听者和言语、外部世界与言语的关系。大多数读者面对此图的第一反应是一种直线的因果关系（a direct causal view），个人产生音响，音响作为刺激物影响他者，在这一进程中，音响担负了两个角色，既是结果（effectus），又是致动因（efficiens）。那么，转述之物如何参与这一过程呢？其传递过程要比前述的直线因果关系稍稍复杂一些，说话者在感知外界之物后，发出相应的声响，听话者在接收到这一声响后注意这一转述之物。例如，房间里的两个人，其中一人听到细雨滴滴答答的声音后，发出"下雨了"的感叹，另一人随之也将目光看向窗外。依据这一模式，如果外部条件合适，谈话双方保有足够的兴趣，这一信息传递过程会一直进行下去，周而复始。在这一点上，其运行类似索绪尔的言语回路

---

[①] BUHLER K. Theory of Language: The Representational Function of Language [M]. Amsterdam: John Benjamins Publishing Company, 1990: 30.

(speech-circuit)，或者中世纪初期的"气声唯名论"（flatus-vocis-Nominalismus），声音的产生在于对外部气流的依赖，一旦气流消失，声音也不复存在。这种直线因果模式存在的弊端和缺陷即在于对外部实体的依赖，没有了外部实体的存在，交流和沟通也随之消散。

如图 2-2 所示，因为刺激产生的音响犹如信息，个人的信息发送和接受恰似一种行为，这一模式将复杂的人际沟通简化为机械行为主义的翻版，运行模式如同生理学家巴甫洛夫心理实验中的刺激-反应模型，依赖外在刺激和实体（客观世界或精神层面）的弊端显而易见，且信息的传递犹如一件包裹，其内容在传递前后几乎无丝毫变化，这一线性因果视角显然与实际的日常生活交际模式不符。即便在生物科学领域，对刺激-反应模型的机械解读也加入了生物主体性的阐释，后文将以乌克斯库尔的环境界理论来予以阐明。

（二）比勒改进后的语言工具模型

比勒本人也意识到直线因果模式的弊端和缺陷，随即提出了其广为流传的语言工具模式（organon model of language）。在比勒看来，上述模式中，交际双方产出和接受音响的过程中，接收方是选择者（selector），依据抽象相关原则（principle of abstractive relevance），选择对自己有意义之物，发送者是建构者（forming stations），须建构传递的意义。[1]

如图 2-3[2] 所示，居中的圆环是具体的音响现象，环绕着它的三个变量（发送者、接受者、对象和事态）以不同的方式赋予

---

[1] BUHLER K. Theory of Language：The Representational Function of Language [M]. Amsterdam：John Benjamins Publishing Company，1990：34.

[2] BUHLER K. Theory of Language：The Representational Function of Language [M]. Amsterdam：John Benjamins Publishing Company，1990：35.

音响符号身份。镶嵌于圆环之上的三角形的三面,代表上述的三个变量,既有与圆环的重叠之处,又有各自独立的部分,显示抽象相关原则,感官予以补充。三角形三侧的平行线代表语言符号的三种不同语义功能。哈贝马斯对比勒的工具模型理论进行了详细的阐述,"作为符号,它所依据的是对对象以及事态的分类;作为表征,它所依据的是发送者,它表达了发送者的内心;作为信号,它所依据的是对听众的召唤,它像其他交往信号一样,主宰着听众的内在活动和外在行为"①。

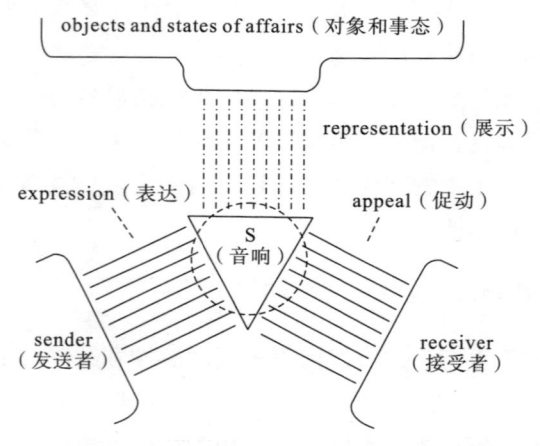

图 2-3 比勒改进后的语言工具模型

这一语言功能理论的阐述堪称比勒语言工具模型的核心,通过言者、听者和外部世界(含事物和事态)三个因素展现语言实现的不同功能。罗曼·雅各布森也在此基础上提出了自己的符指六因素和六功能学说。周芝雨根据自己的理解对上述译文做了调整和修改,"它(指语言符号)通过被归派给诸对象和事态而成

---

① 哈贝马斯.交往行为理论:第一卷行为和理性与社会合理性 [M].曹卫东,译.上海:上海人民出版社,2004:263.

其为象征；符号表达了发送者的内在性，它借助对发送者的依赖而成其为表征（指号、标示）；符号还和别的交通标识一样调节着听者的内在和外在行为，它凭借这种对听者的促动而成其为信号"①。

周芝雨的这一译文避免了符号和象征的混用，对三大功能的切分和阐释更为准确，分别对应表征、信号和象征，这与皮尔斯的符号三分法有一定的对应和相似之处。比勒通过这一语言工具模型理论强调了语言的三个功能：表达（expression）、促动（appeal）和展示（representation），三种功能以符号意义为核心，围绕三种不同的语义关系，可以称之为语义学视角，以区别于比勒最初模型的线性因果视角。同时，相对于柏拉图简单的"声-物"展示关系，比勒将"物"进一步扩展为"对象和事态"（objects and states of affairs），从语法层面来诠释，则是将言语的展示功能从最初的词汇层面拓展至句法层面。句法的介入使展示的范畴得以无限扩大，词汇的描述对象毕竟有限且孤立，句子乃至篇章的描述则可以囊括整个宇宙。

从表达、促动和展示三种功能的图示来看，似乎展示功能处于主导和核心地位，比勒在工具模型中强调，作为工具的言语不仅仅与代表外部世界的"对象和事态"具有联系，言者（addresser）和听者（receiver）更是这一言语交际活动中不可缺少的两端。② 同时，在实际的言语事件中，听者的反应更是我们交谈双方首先注意到的，凸显言语的促动功能。此外，比勒强调三种功能在任一言语交际活动中是并存的，其主导功能由三者交替承担。比

---

① 周芝雨. 比勒语言工具模型及其与《逻辑研究》的理论关联 [D]. 南京：南京大学，2016：15.

② BUHLER K. Theory of Language: The Representational Function of Language [M], trans. Amsterdam: John Benjamins Publishing Company, 1990: 37—38.

如,数学家在黑板上书写的公式推算可以说是展示功能的凸显,然而,数学家用粉笔在黑板上留下的笔迹可以表达出书写者情感上的无尽的信息,或欢愉,或郁闷,或从容,或急迫,尽显于一撇一捺之中,无处遁身。因此,我们无须专门阅读抒情诗篇才可以领略感受言语的表达功能。当然,不可否认,抒情诗篇中对情感的宣泄和表达可能更为充沛丰富。

### (三) 比勒语言工具模型的不足

比勒初期的语言工具模型基于可感知的声音,所指对象为具体的言语行为中具体的对象和事态,这种经验化的研究基础使言语交际理论的应用和拓展受到限制。针对这一不足,比勒引入了符号学的视角以区别言语交际活动与其他人类行为的特征,言语活动以象征的方式,通过三种不同的语义关系和世界保持着对应关系,言语行为作为声音的物理属性逐渐淡化,不断凸显言语符号在人与人、人与世界之间的符指作用,形成一种"以行为观察为基础,符号学为统领"[①]的言语理论体系。

比勒的这一言语理论体系摒弃当时盛行的以单一或具体语言为研究对象的做法,尝试以语言的普遍规律为研究内容,以言者、说者和世界为三面或三边,以言语本身为核心,构成稳固的三角结构,在布拉格学派成员中具有重要学术影响。研究对象是具体的言语事件,基于言者和说者之间的关联,"词-物"关系的二元对应,模仿各种自然语言系统对研究对象命名的做法,试图囊括这一言语事件中的全部要素:言者、听者、世界(事物和事态)和言语本身,其学理基础主要依据经验性语境,仍然处于"言者向听者说某物"的柏拉图经典场景中,在一定程度上缺乏

---

① 周芝雨.比勒语言工具模型及其与《逻辑研究》的理论关联 [D].南京:南京大学,2016:22.

充分完备的哲学内涵，未能触及言语交际过程中的其他因素和功能。

比勒之后，部分学者尝试对比勒的言语理论工具模型进行细化和完善，增强其理论普适性和诠释力，以便能够阐释全部的日常生活场景，但这些探索并未动摇比勒言语理论工具模型的学理基础，即语义学的观察方式。可以说，"语义学视角的行为观察，并不能穷尽语言在生活中的全部功能，超出语义内涵的语言行为是切实存在且需要理论阐释的"[1]。

例如，不同语言之间的语符差异也是比较明显的，拉丁字母的字母音素特点、象形文字的图文会意之美都使之语符差异十分明显，更不用说两种语言之间句法结构和语法规则的不同了。在同一种语言内部，同样存在着语符差异，不同行业之间专业术语不同，表达内容几乎完全无法被理解；不同地区之间，面对同一所指、能指的不同，所谓的行话、黑话甚或俚语方言都是这一特点的体现。同一语言社区内部，也时常存在沟通难以进行的状况，作为"网络原生代居民"的"00后""10后"使用的许多网络用词在同龄人之间可以做到交流无阻，在父辈或祖辈那里，却几乎难以得到回应和理解，这是一种语符差异导致的所谓"代沟"。在文论层面，语符差异则体现为"文本自携元语言"[2]，不同体裁的文本经常利用文本自设的元语言引导自身的解释，诗之所以为诗，艺术之所以为艺术，正是因为我们以诗和艺术的方式视之，"文本固然是解释的产物，文本同时也是解释的重要规范

---

[1] 周芝雨.比勒语言工具模型及其与《逻辑研究》的理论关联[D].南京：南京大学，2016：27.
[2] 赵毅衡.哲学符号学：意义世界的形成[M].成都：四川大学出版社，2017：134.

者"①。显然，语符的元语言功能并不在比勒语言工具模型三功能的涵盖之中。

此外，日常生活中还有一些例子也是比勒的语言三功能说所无法诠释的，这些例子在日常生活中比比皆是。两岁孩童口中念念不休的"丢，丢，丢手绢"和"摇啊摇，摇到外婆桥"之语词本身并没有传递太多意义，孩子也非真正理解其意义，在孩子的"晕境"（Umwelt）② 中也无真正所指，但孩子却能够兴趣盎然地反复吟唱，怡然自得。童谣本身的韵律之美（尾韵），语言本身的形式之美，才是吸引孩子的关键所在。脍炙人口的名句"抬头望明月，低头思故乡"中的"抬头"和"低头"、"望"与"思"以及"明月"和"故乡"形成的对等平行（equivalence of parallelism），也是诗歌文体中常用的对仗手法。将对仗手法运用到极致的文体是对联，俗称"对子"，言者给出上联，听者说出下联，内容本身无关紧要，对仗齐整是第一要义。可以说，对联之中，语义的要求被降低最低，形式的要求达到了极限，能指的重要性无限扩大，所指变得可有可无。语言自身成了游戏的工具，与言者、听者和世界的关系被抛掷脑后，割裂了"言者向听者说某物"的经典场景。正如雅各布森所说，诗性功能"通过提高符号的可触知性，加深了符号和客体的根本分裂"③，符号的指称性被压制，不再指向外部世界，而是反观自我，实现了诗性功能，也是诗之为诗的根本原因。

同时，比勒言语理论工具模型也忽略了"言者向听者说某

---

① 赵毅衡. 哲学符号学：意义世界的形成 [M]. 成都：四川大学出版社，2017：135.

② 余红兵. 导读 [M] // Danesi M. Marshall McLuhan: The Unwitting Semiotician. 南京：南京师范大学出版社，2018：17. 此处"umwelt"一词中文译法从余红兵此书中的译法，后文统译为"环境界"。

③ 张杰. 20 世纪俄苏文学批评理论史 [M]. 北京：北京大学出版社，2017：294.

物"经典场景中另一不为人注意的一个因素,那就是媒介本身。媒介的功能在于"保持交流畅通,或者说保持接触"[1]。文字发明之前,言语交流依赖面对面的口口相传,及至后来的结绳记事。文字出现之后,尤其是活字印刷术这一具有划时代意义的科技发明,使大范围的传播交流成为可能,此时的主要媒介渠道是视觉。进入数码电子时代,文字、图像、视频、声音各种媒介手段融为一体,以多媒体方式共同在言语交际中发挥作用,且信息传递的速度和以往不可同日而语。言语交际离不开媒介,正如离不开语符。可以肯定地说,媒介的不断更迭和推陈出新对人类心理和言语交际方式产生了巨大的冲击,甚至成为影响言语交际的主导性力量。麦克卢汉是最早意识到媒介力量并进行系统全面阐释的第一人,他的许多观点如"媒介即讯息""媒介是人的延伸"和"地球村"[2] 时至今日依然拥有强大的解释力和现实意义。在数码技术日新月异的时代,媒介本身在言语交际活动中逐渐从后台走向了焦点,从毫不起眼的因素崛起为主导性因素(the dominant)。占领媒介,保持接触,抢占头条,保持出镜率,成为流量明星头等重要的事务,也是普通人言语交际理论中不可忽视和回避的重要因素之一。

### (四) 乌克斯库尔的环境界理论

即便在生物学领域,对刺激-反应模式的机械解读也在逐渐发生改变,其中尤为引人注目的是雅各布·冯·乌克斯库尔(Jacob von Uexkull,1864—1944)的环境界理论。乌克斯库尔反对机械论和达尔文生物学,与达尔文生物进化论中"物竞天

---

[1] 赵毅衡.哲学符号学:意义世界的形成[M].成都:四川大学出版社,2017:325.
[2] MCLUHAN M. 1964. Understanding Media:The Extensions of Man [M]. London:Routledge and Kepan Paul.

择"阐释的环境选择或者自然选择不同,他强调生命体进行选择和筛选的主体作用。[①] 乌克斯库尔是 20 世纪推动生物学进行符号学转向的开拓者与先锋,促使符号学研究从以人类为中心逐渐拓展到生物学领域。王新朋、王永祥曾撰文探讨乌克斯库尔的环境界理论。

  雅各布·冯·乌克斯库尔是 20 世纪推动生物学进行符号学转向的开拓者与先锋,促使以人类为中心的符号学研究从逐渐拓展到生物学领域。乌克斯库尔的理论成为理论生物学和对生命体行为进行实验研究的理论基础,其大部分著作致力于探讨生命体如何感知周围世界,这种感知又如何影响生命体的行为。在此,他提出了广泛引用的"环境界"(umwelt)概念来描述生命体的主观世界。环境界包括生命体的感知世界(Merkwelt)和行为世界(Wirkwelt),两者相互融合,形成功能圈(functional cycle)。正如乌克斯库尔在"意义理论"中所举的例子,在主人和狗的环境界中,一个拥有众多家具的房屋呈现了完全不同的意义,房屋中诸多物品在狗的视角下只具备可吃可喝的功能,供人行走的楼梯在狗眼里只具备可供爬行的属性,大部分家具,尤其是衣橱和门,在狗的环境界中,只是一个个障碍物,而不具有其他功能。其他小型家用电器或厨房用品如刀叉、火柴等在狗的环境界中是不存在的,因为它们对狗而言不携带任何意义。同理,草地上盛开的鲜花及其根茎,在不同生命体的环境界中具备不同的意义。在采花姑娘的环境界,鲜花可以用来作为饰品;在企图采食花瓣的蚂蚁的环境界中,花瓣的根茎成为通向食源的理想通道。而在牛的环境界中,花瓣和根

---

[①] UEXKULL J V. The Theory of Meaning [J]. Semiotica, 1940, 42 (1): 25—82.

茎只是被卷入其口中的饲料。

环境界是生命个体的世界,一个以自我为中心创造的世界,一个已知的模塑世界,一个以符号关系为基础的意义世界。每一个生命体都参与了自身环境界的建构,这一过程,也是一个交流和模塑的过程。所谓"模塑"(model),既展示了生命体对世界的映现,也反映了世界对生命体的意义所在。模塑是生命体理解世界的路径,也是世界得以形成的渊源。可以说,出现在生命体中的每一物体经过个体环境界的调整和改变而成为意义的携带者(meaning carrier),否则,生命体将完全无视其存在。作为主体的生命体对自身环境界中的事物赋予自身物种特有的意义,在主体的解释行为(即符号过程)中,环境界和生命体的特征得以呈现。生命体始终处于探寻意义的符号过程中,主观地探测周围的世界,通过感知系统和行为系统形成的功能圈展开对自身环境界的解释。每一生命体都生活在自身独特的环境界中,这个环境界的一部分或全部对其他生命体而言是不存在的或被忽视的。①

乌克斯库尔对环境界理论的阐释强调了生物个体在周围世界的阐释方面的主体性呈现,同样,人类的言语交际过程自然也不会如同刺激-反应模式那样机械,针对此缺陷,比勒改进了自己的语言工具模型。

(五)施佩特的语言"三功能"

施佩特(Gustav Shpet,1879—1937)是俄国著名的哲学家、心理学家、艺术理论家和哲学-艺术理论翻译家。他虽天资聪颖,但命运多舛,其一系列学术论文和专著均堪称经典,如

---

① 王新朋,王永祥.环境界与符号域探析[J].俄罗斯文艺,2017(4):144-146.

《康德回答了休谟的问题吗?》《现象与意义》《诠释学及其问题》《美学片段》以及《词的内部形式》等在学术思想上均有突破性发展。

像比勒一样,施佩特也尝试对言语交际的功能分类提出了自己的见解,对雅各布森语言多功能思想的形成也产生了一定的学术影响。王新朋、王永祥撰文探讨对比施佩特和雅柯布森的学术渊源,文中谈及施佩特的语言三功能,尤其诗性功能:

> 在俄国哲学史上,在《美学片段》（*Aesthetic Fragments*）一文中,施佩特首次对诗歌的语言学渊源进行了定义。在施佩特看来,广义的诗学就是诗性语言和诗性思想的语法。在这里,施佩特对"语法"一词的比喻性使用在20世纪50年代末和60年代初被罗曼·雅柯布森采用。雅柯布森在对语言学诗学的探讨中,基于施佩特的诗性思想,赋予"语法"更为广阔的研究边界和内涵。尤为重要的是,也正是在《美学片段》中,施佩特第一次论及词语的诗性功能,而非仅仅局限于其美学功能。在此基础上,雅柯布森在后期对语言的诗性功能进行了深入的探讨。
>
> 在施佩特看来,文学作品之所以成为文学作品,即在于文本的诗性功能,这一特定文本中诗性功能的主导在于文本是否能将读者的注意力转向文本本身,而非文本的内容。在这样一种美学思维下,只有将特定文学现象剥离其所在语境,不考虑其交际或劝说功能,仅关注文本本身,才能明了文本诗性功能之内涵。这样一种美学意识下的结构分析不是文学文本结构分析的补充,而是诠释文本诗性功能概念的重要环节。[①]

---

① 王新朋,王永祥.施佩特和雅柯布森学术渊源之对比研究［J］.俄罗斯文艺,2018（2）:128.

在阐述语言功能之前，施佩特首先分析了词的结构，值得说明的是，词的结构在俄语中用 слово 表示，слово 不仅指词，也包括从句、复合句，甚至整个文学篇章或某一语言，而施佩特的关注点则主要在于 слово 的交际意义，向他者传递信息的能力。所谓词的结构，不是指词的形态、句法或风格等某一层面的特征，而是其整体特征，组成部分也许因数量或特点而变化，整体的意义却依赖各个组成部分，缺一不可。слово 不仅蕴含声音和意义之间的联系，也指意义和指代对象之间的关系。

基于"词的结构"，施佩特区分了言语交际的三种不同功能：交际功能（communicative）、表情功能（expressive）和诗性功能（poetic）。三种功能存在于任一言语交际活动中，但占主导地位的是其中一项功能。在言语交际活动中，我们面对的也许是致力于传递事实信息的科技文本，希求激发读者情感共鸣的修辞文本，抑或专注于语言形式的诗歌文本，占据主导地位的言语功能决定了文本各元素之间的彼此关系。在日常言语交际活动中，表达层的模塑主要在于构建意义和表达事实，而在诗性语言中，每一语言层面本身均具有相对独立的意义。言语的节奏韵律、句法特点以及新的表达式的创造均是为了自身的缘故而得以展示。在言语交际中，重要的不是展示语言的现状，而是对某一特定言语功能的凸显。

可以说，诗性言语的意义传达更多地依靠语言的外在形式，而致力于传递事实的科技文本则较少受到措辞和句法结构选择的影响。日常生活和科技文本的意义传达常常可以通过多种途径实现，诗性功能的实现则往往依赖特定的表达形式，对语言形式的变化也更为敏感。①

从上述分析可以看出，施佩特将语言的功能分为三种：交际功能（communicative）、表情功能（expressive）和诗性功能（poetic）。其中的交际功能虽是语言的主要功能，但其内涵界定并不清晰，可具化为以下两种功能：单纯的信息传递功能，即类似于比勒提出的展示功能（representational function），和呼吁功能（appeal）。表情功能即对应于比勒提出的表达（expression），表现为说话者的个人情感展现，如愤怒、伤感、恐惧或咆哮等。相对于以往学者对语言功能展开的区分与阐释，施佩特对诗性功能（poetic）的分析更为细致深入，鞭辟入里，深深影响了后期雅各布森的诗性功能思想。

（六）马泰修斯的语言功能论

马泰修斯（Vilém Mathesius，1882—1945），捷克语言学家，布拉格学派创始人之一。作为布拉格语言小组组长，其出色的组织工作使布拉格从"思想的沙漠"成长为思想的乐土，一跃成为语言学的国际活动中心。

马泰修斯秉承功能主义和结构主义的主张，运用分析比较的方法对语言进行共时分析。他在《论语言现象的潜势》（*On the Potentiality of the Phenomena of Language*）一文中，表明自己对语言共时研究的切入方法上受到了马萨瑞克的影响。② 马泰修斯认为，语言是一套全体语言社区成员在特定时间、特定地点为了交际目的所共享的一套系统，蕴含各种表达方式和象征，在具

---

① 王新朋，王永祥. 施佩特和雅柯布森学术渊源之对比研究 [J]. 俄罗斯文艺，2018（2）：129—130.

② MATHESIUS V. On the Potentiality of the Phenomena of Language [M] // VACHEK J. A Prague School Reader in Linguistics. Bloomington：Indianan University Press，1964：1—24.

体的话语活动中得以体现。① 马泰修斯认为，具体的言语活动具有两个功能：表现功能（expression）和交际功能（communication）。表现功能是言者情感的自然流露和本能抒发，不需要也不是为了引起听者的回应，可以说是一种纯粹主体行为，为了表达而表达。另外，交际功能具有社会属性，在和听者的互动中激发想法和决策等，既包含单纯的信息传递，又有对听者的吁求（appeal）。在马泰修斯看来，言语活动最初只是发挥表现功能，随着人际交往的频繁和深入，交际功能占据主导，表现功能退居次要，因此言语交际很大程度上就是一个言者和听者编码解码的过程。马泰修斯的研究侧重点是言语交际的编码过程，发展了功能名称学（functional onomatology）和功能句法学（functional systax），强调言者首先对外部世界选择分析，确定命名成分，之后组织成句，形成编码，最后展现为话语形式。

作为布拉格学派的创始人，马泰修斯关于表现功能和交际功能的这一语言功能的划分最终体现在布拉格学派的纲领性文件《布拉格语言学小组论纲》（简称《论纲》）中，并对雅各布森的多功能语言观产生较大的学术影响。

（七）马林诺夫斯基的寒暄语

布罗尼斯拉夫·马林诺夫斯基（Bronislaw Malinowski，1884—1942），英国社会人类学家，功能学派创始人之一，提出并实践全新的民族志写作方法，通过亲自参与原始部落的活动，获取的民族志材料。

在语言功能方面，马林诺夫斯基首次提出了"寒暄语"

---

① MATHESIUS V. A Functional Analysis of Present-Day English on a General Linguistic Basis [M]. DUSKOVA L. The Hague: Mouton, 1975: 13.

(phatic communion)① 的概念，在十分强调语言形式的 20 世纪二三十年代，从功能的角度探讨语言可谓当时的一股学术清流，对该话题的后续研究影响颇大。在考察原始部落时，马林诺夫斯基发现一种奇特的话语交际方式：一种自由、零散、漫无目的的谈话，时常描述无关紧要之物，评论显而易见之事，既非传递信息，敦促人们行动，也非表达任何思想，只是一种社交问候语或套话（cliche），目的是打破沉默，活跃气氛，言者和听者都从这种轻松随意的交流方式中获得了社交愉悦感和满足感，而非尴尬、沉闷，甚或敌视。马林诺夫斯基的部分原文如下：

> There can no doubt that we have here a new type of linguistic use—*phatic communion* I am tempted to call it, actuated by the demon of terminological invention—a type of speech in which ties of union are created by a mere exchange of words. Let us look at it from the special point of view with which we are here concerned; let us ask what light it throws on the function or nature of language. Are words in phatic communion used primarily to convey meaning, the meaning which is symbolically theirs? Certainly not! They fulfill a social function and that is their principal aim, but they are neither the result of intellectual reflection, nor do they necessarily arouse reflection in the listener. Once again we may say that language does not function here as a means of transmission of thought.②

---

① MALINOWSKI B. The Problems of Meaning in Primitive Language [M] // OGDEN C K, RICHARDS I A. The Meaning of Meaning. New York: A Harvest Book, 1923: 296—336.

② MALINOWSKI B. On Phatic Communion [M] // JAWORSKI A, COUPLAND N. The Discourse Reader. New York: Routledge, 2006: 297.

这一语言现象不仅存在于原始部落，在文明社会中也随处可见，语言不再是"思想的工具"（an instrument of reflection）而是"行动的模式"（a mode of action）。不必刻意传递什么信息，只要双方有话语在交流，交际渠道始终畅通并运行中，融洽和谐的社交氛围就可能被创建。雅各布森后来提出的语言六因素和六功能中就包含了这一功能，尽管用词略有不同。另外，马林诺夫斯基对语言这一功能的关注具有开创意义，虽然只是论及口语的寒暄功能，但交流双方的手势、表情等肢体语言也能够达到相似的效果，同时交际渠道或媒介本身的重要性也不容忽视，尤其是在当代社会文化语境下，媒介技术不断更迭，依附于此的寒暄功能也有了不同于以往的多样化呈现。

（八）穆卡洛夫斯基的美学思想

扬·穆卡洛夫斯基（Jan Mukarovsky，1891—1975），捷克著名美学家与文学理论家，布拉格学派的重要代表，俄国形式主义传统的继承者。

俄国形式文论很早就开始从功能的角度研究文学语言，尤其是诗歌语言，并对诗歌语言和日常生活语言进行了区分。日常生活中，语词用于传递信息、表达思想、实现交际功能，用词和句法的选择不是关注的对象，只要不影响交流，语法瑕疵和文理不通也能接受。诗歌语言则是一种自我表达的语言，把读者的注意力引向符号自身，语言本身即是目的而不是实现目的的手段。正如什克洛夫斯基的陌生化理论中提到的那样，日常语言的理解几乎是自动化的、瞬间的，而文学语言独特写作手法的运用延缓了读者的审美过程，给予读者更多的审美感受。

穆卡洛夫斯基在卡尔·比勒语言功能三分法的基础上，于20世纪30年代发表《诗的意义》（"poetic reference"）一文，其中提出了语言的第四个功能——美学功能（aesthetic function），也就是所谓的诗学功能（poetic function）。① 穆卡洛夫斯基认为，比勒的表达（expression）、促动（appeal）和展示（representation）功能均为语言的实用性功能，日常语言即可胜任，与语言的实用性功能不同的是，语言的美学功能可以引导我们关注语言符号自身。当然，美学功能不仅限于文学语言，在日常生活语言中也随处可见，朗朗上口的竞选口号、商店名称，甚至是校训，都有一定的诗性，可以说，任何关注自身而不强调符用功效的语言符号都具有一定的美学功能。同时，与陌生化理论具有异曲同工之妙的是穆卡洛夫斯基提出的"前推"（foregrounding）概念，这一概念是在对诗歌语言和日常生活中的标准化语言加以区分的基础上形成的。穆卡洛夫斯基认为，诗歌语言是美学功能占据主导地位、处于前推位置的语言，美学功能是艺术作品的基本功能，其他功能从属于它。

和施佩特一样，穆卡洛夫斯基是布拉格学派中较早提出诗性功能的文论家之一，并创建了"前推"理论予以支撑。

（九）小结

从比勒提出的语言功能三分法，到施佩特提出的语言三功能划分，到马泰修斯提出的语言功能区分，再到马林诺夫斯基的提出"寒暄语"和穆卡洛夫斯基的"美学功能"，乃至后来雅各布森提出的语言六功能理论，语言功能类型的划分不断细化，虽然不同语言学家对语言功能的用词和分类略有不同，但情感功能、意动功能和指称功能显然是交际过程中最为重要的三个基本功能，分别对应言语交际过程"言者、听者和外部世界"三个最基本的要素，而交际功能和诗性功能的重要性也逐渐凸显，其地位

---

① MUKAROVSKY J. Poetic Reference [M] // LADISLAV M, TITUNIK I R. Semiotics of Art: Prague School Contributions. London: The Mit Press, 1977.

不断得到强化和重视。

比勒提出的语言功能理论对雅各布森的六因素、六功能影响最大，其他俄国形式主义者和布拉格学派成员的语言功能观也对雅各布森的语言功能观产生了重要的学术影响，这些语言功能观成为雅各布森言语交际理论的直接学术渊源。1941年定居美国后，新的学术环境和思想的碰撞促使雅各布森为其言语交际理论增添了新的要素和功能，使其更加完备和系统，并于1958年正式提出这一理论。

## 五、信息通讯理论

雅各布森的一生是颠沛流离且充满对话精神的，从俄罗斯到捷克，再到丹麦、挪威、瑞典，最后定居美国，其学术思想的发展也是通过不断汲取周围学界的素养而得以发展壮大，并最终引领学界前进的方向。从某种程度上来看，雅各布森的言语交际理论可以说是他学术思想的浓缩和精华，是其集大成之作。

如前所述，雅各布森言语交际理论的学术溯源可以追溯到布拉格学派时期，交际功能、诗性功能、指称功能、情感功能、意动功能都得到了相对深入的探讨。自1941年定居美国后，雅各布森受到皮尔斯符号学理论的影响，尤其是皮尔斯对符号类型的三种划分：相似符（icon）、指示符（index）和规约符（symbol），对于相似符和规约符，雅各布森做了深入的拓展，最终拓展至隐喻和转喻、选择和组合、对等投射和平行结构等，并基于诗性功能创立语言学诗学，实现语言学和诗学的联姻，开创学界先河。

除了皮尔斯符号学理论外，美国学界带给雅各布森的另一学术冲击是信息论创始人申农的系列学术思想。申农的《通信的数学理论》一文具有划时代的意义，奠定了信息理论的基础[1]，次年又发表《噪声下的通信》，提出了通信系统模型，给出了信息量的数学表达式，为计算机的广泛应用奠定了理论基础，在我们步入信息时代的今天，"万物皆比特"，回看申农的学术思想，更显其前瞻性和当代价值。雅各布森深受申农通讯理论的学术影响，在自己的学术思考中也尝试使用了部分传播通讯术语，并尝试从通讯理论的组成要素上来思考人类的言语交际行为，虽然申农声称自己的理论只是为工程应用而设计，以回避具有社会价值和属性的人在传播中的作用，即思维、意识和意义等问题。[2]

受申农通讯理论的启发，雅各布森认为言语交际行为的要素不仅仅是布拉格学派成员所认可的说话者、听话者、信息以及和信息相关的外部语境等，在此基础上，增加了接触和代码两个要素，这在以往的言语交际要素组成中从未出现。接触既可以是物理通道，也可以指心理联系，甚或社会习俗规约，如打电话时的招呼声、与人交谈时的眼神接触和时不时的回应、人际交往中已习以为常的寒暄语或程序语等，均重在建立、延续或中断联系，以关系为导向，是联结说话者和受话者的桥梁和枢纽，其对应的功能正如马林诺夫斯基提出的"寒暄功能"，不以传递信息为主导，而是以建立维系关系为目的。可以说，人的一生中大部分时间的言语交际内容都是这些"有用的废话"。

代码从其本身来看从未在言语交际行为分析中出现过，更像是一个通讯用语，在雅各布森的言语交际理论中，代码如同接触一样，也发挥着中介和联结作用，维系着信息和语境，在能指和所指之间，发挥着元语言阐释功能。雅各布森基于代码而提出的

---

[1] SHANNON E C. A Mathematical Theory of Communication [J]. Bell System Technical Journal, 1948, 27: 379-423, 623-656.

[2] 梅琼林. 克劳德·香农的信息论方法及其对传播学的贡献 [J]. 九江学院学报, 2007 (6): 1-5.

元语言功能具有不同寻常的学术洞察力和思维深度，使原本流于表面或稍显肤浅的言语交际具备了深度的阐释，可以说，代码在整个言语交际行为中发挥着"大脑"或"指挥中枢"的作用，"控制文本的意义植入规则，控制解释的意义重建规则"①。基于代码的元语言功能一经雅各布森提出，即得以广泛运用，并不断范畴化和细化，如"（社会文化的）语境元语言、（解释者的）能力元语言、（文本自身的）自携元语言"，在符号学、文论、文体分析等领域发挥重要作用。②

如图2-4，受申农通讯理论的启发，雅各布森在言语交际行为的分析中增加了接触和代码两个要素，两个要素的共同之处都在于发挥桥梁、纽带或枢纽作用，分别联结着说话者和受话者、信息和语境，使整个言语交际理论成为一个相对完整齐备的理论体系，也使言语交际理论六因素、六功能之间的交互关系变得更为复杂动态，不再局限于结构主义的二元对立关系。

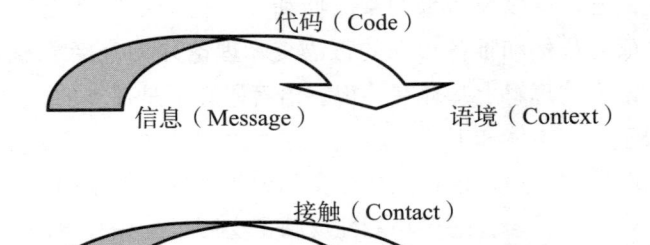

图2-4　接触和代码

---

① 赵毅衡.符号学:原理与推演[M].南京:南京大学出版社，2016:219.
② 赵毅衡.符号学:原理与推演[M].南京:南京大学出版社，2016:227.

## 六、结语

雅各布森言语交际理论的提出绝非一蹴而就的,既有其本人持之以恒的学术思考,也有外部学术环境的理论滋养。

俄罗斯符号学中超语言学概念的提出,凸显了话语而非语言在多功能研究中的重要性。正如巴赫金对话理论中强调语言与语境各要素之间的关系,各要素之间的关系在具体语境中得以体现,语境也是由不同的关系构成的那样雅各布森的言语交际理论也强调了各要素之间的社会性、交际性和对话性。

对语言功能的探讨,学者自古以来皆有,从柏拉图的言语交际三要素(言者、听者和外界之物),到洛克的"词语-观念-事物"观;从索绪尔言语回路中对心理层面能指所指的强调,到皮尔斯对接受一端的重视和解释项的介入,再到和雅各布森几乎同时代的理查兹以及后来的莱昂斯和韩礼德的不同观点的争锋,他们的研究虽然和雅各布森的言语交际理论并无直接学术渊源,然而对语言的理解上却存在共识。语言研究不是孤立的,已不仅仅局限于语言本体和形式的研究,愈发重视社会要素介入下的语言多功能研究,通过语言在社会交际中实现的功能来描写和解释言语交际行为,语言的多功能性反映了交际过程中社会因素的多样性和复杂性。

布拉格学派作为"功能派鼻祖",相对于其他学派,在语言功能方面的研究更为系统、全面,影响深远。可以说,20世纪语言学的主导特征就是系统、结构和功能。作为布拉格学派的先驱和创始人之一,雅各布森的言语交际理论直接受益于学派的功能思想,布拉格学派的《论纲》第三章中对语言功能的描述成为雅各布森言语交际理论的雏形,学派成员比勒的语言三功能学说、穆卡洛夫斯基的美学功能学说以及英国人类学家马林诺夫斯基的寒暄功能学说直接成为雅各布森六功能理论的框架基础。

  定居美国后的雅各布森，在继承了布拉格学派功能思想的基础上，来自皮尔斯符号学和申农信息论的学术碰撞和交流促使他对言语交际行为进行了更为深入的思考，在汲取两人有益的学术素养的基础上，雅各布森深入发展了诗性功能，创立了语言学诗学，并为言语交际行为分析增加了两个要素，即接触和代码，和一个功能，即代码对应的元语言功能，六因素、六功能之间呈现一种动态复杂的交互关系，不再受囿于结构主义的二元对立关系。至此，一个相对系统完备，具有较强理论诠释力的言语交际理论得以诞生。

  雅各布森是与索绪尔齐名的语言学大家，言语交际理论是其学术思想的成熟之作。从诗性功能基于选择轴和组合轴的对等投射到蕴含功能等级序列的六因素、六功能，言语交际理论在二元对立的机制上发展成为一个动态交互的跨学科多元对话体系，将人文精神与科学思维融为一体，呈现出对世界的多元思考和跨学科的融合趋势。

第三章
# 六因素和六功能

本章首先将雅各布森的言语交际理论视作元语言功能主义的代表理论,随后从六因素、六功能的符号内涵、主导属性和交互关系上进行了探索性分析,意在指明言语交际理论不仅仅是一个语言学模式,更是一个符号学模式,在当代依然具备良好的理论诠释力和现实意义。

## 一、引言

由于对"功能"一词本身的理解差异,当代功能主义语言学呈现各不相同的流派,如结构功能主义、语义功能主义、语用功能主义和认知功能主义等。元语言是分析和描写另一种语言的语言或一套符号,同理,运用语言的基本功能来描写言语发生过程和交际行为本身,这一学术思想即归入元语言功能主义。[①] 雅各布森当之无愧是元语言功能主义的代表人物。

经过对雅各布森言语交际理论进行文献综述和学术溯源后,本章对雅各布森的言语交际理论,即六因素六功能模式,进行具体的符号学意义上的内涵解读和阐释,作为后续研究的起点。

---
① 王铭玉.语言符号学 [M].北京:高等教育出版社,2004:361.

本章在阐释雅各布森元语言功能主义的基础上，试图回答以下问题：符号学视域下言语交际理论六因素、六功能的具体内涵是什么，彼此之间的主导和交互关系如何？

## 二、元语言功能主义

### （一）语言功能总论

作为布拉格学派的创始人之一，雅各布森尝试从交际的角度考察语言的功能及其相互关系，为语言学从形式主义向功能主义的转变做出了重要贡献。[①] 相对于形式主义者把语言看作一个孤立存在的事物的做法，功能主义者强调语言的互动，强调语言与社会环境诸因素的密切联系。在功能主义者看来，语言功能是社会因素在语言中的反映和体现，语言的多功能性恰恰是人际交流互动中社会因素复杂性的一种体现。相对于其他学派对语言社会因素的简单区分（言者、听者和外部世界），布拉格学派对言语社会因素的区分更为深入、齐备，其中以雅各布森对言语活动社会因素的划分最为齐备完善。

"如果我们说索绪尔是充分理解系统观对语言学重要意义的第一人，那么雅各布森无疑是充分理解功能观对语言学重要意义的先驱。"[②] 在雅各布森看来，语言不是一个抽象静止的系统，而是一个充满活力、动态的功能系统；语言是一个交际的工具，必然在言语交际活动中完成一定的功能。语言学家的研究对象应是活的语言，研究重心应是语言的各种功能，而不是"为语言而研究语言"的象牙塔式做法。[③]

---

① 张杰.20世纪俄苏文学批评理论史［M］.北京:北京大学出版社，2017:283.
② 王铭玉.现代语言符号学［M］.北京:商务印书馆，2013:89.
③ 王铭玉.现代语言符号学［M］.北京:商务印书馆，2013:89.

雅各布森的言语交际理论也是俄罗斯语言学研究人类中心论范式的一种体现。"人类中心论"也称"人类中心主义",是以人类为世界中心的一种哲学思潮或结论。[①] 在赵爱国看来,人类中心论范式是继历史比较范式、结构-系统范式和社会范式之后形成的一个科学范式,其学理溯源最早可追溯到德国著名学者洪堡特(Wilhelm von Humboldt,1767—1835)的"语言心灵论"学说,而社会范式只是人类中心论范式的雏形。[②] 索绪尔的结构主义范式强调"为语言而研究语言",是一种静态的、孤立的描写,人类中心论范式的研究对象则由语言客体转向了语言主体,强调"说话的人""交际中的人"以及"语言中人的因素",研究方法也从描述转向了阐释,注重对语言内容的阐释,关注语言的使用及其社会功能(社会属性)。

(二)布拉格学派功能观

布拉格学派从语言学史上来看,也一直有"功能语言学"(functional linguistics)的名称,足见学派对功能的重视,是功能学派的鼻祖。把语言作为功能系统的观点也体现在布拉格学派创立之初的纲领性文件《布拉格语言学小组论纲》(后文简称《论纲》)中。《论纲》一开始就指出,从功能的视角来看,语言是一个由有目的的表现手段构成的系统,不联系这一系统,任何语言现象都不能理解,因此,语言分析应该重视功能视角。在人类有目的的各种活动之中,语言的身影随处可见,或为表现,或为交际,言者的意图或目的可以清楚地解释语言的功能。这一阐述"既包含了马泰修斯功能主义的精髓,即从表达需要出发,研

---

① 赵爱国.当代俄罗斯人类中心论范式语言学理论研究[M].北京:北京大学出版社,2015:1.
② 赵爱国.当代俄罗斯人类中心论范式语言学理论研究[M].北京:北京大学出版社,2015:1.

究相应的表达手段（from needs of expression to means of expression），也包含了雅各布森功能主义的思想核心，即语言的手段－目的模式（means-ends model）"①。马泰修斯认为，传统语言学的研究方法是从形式到功能，从现存的语言结构出发探究结构蕴含的意义，而布拉格学派则是从功能到形式，依据表达的需要，选择相应的表达手段。同为布拉格学派创始人的雅各布森则视语言为工具，认为语言研究应从语言实现的交际功能出发，寻找合适的表达手段，探究语言运用中手段和目的的关系。作为布拉格学派的创始人，马泰修斯和雅各布森关于语言功能的观点极具代表性，可以说，结构、系统和功能是20世纪语言学的基本特征。现摘录马泰修斯的论述如下：

> The most conspicuous manifestation of this concern of linguistics with the standpoint of the speaker or writer is the emphasis on the functional principle. Whereas earlier linguistics, which primarily relied on the interpretation of texts, started from ready-made language structures and inquired about their meaning, thus proceeding from form to function, the new linguistics, relying on its experience with present-day language, starts from the needs of expression and inquires what means serve to satisfy these communication needs in the language being studied. It thus proceeds from function to form.②

语言功能的论断并非布拉格学派所独创，其早已有之，然

---

① 钱军.结构功能语言学——布拉格学派 [M]. 长春：吉林教育出版社，1998：154.
② MATHESIUS V. Functional linguistics [M] // ACHEK J V. Praguiana: some Basic and less Knows Aspects of the Prague Linguistic School. Prague: Academia, 1983：123.

而，布拉格学派却将这一语言功能理论充分拓展，完整系统，使其享有国际声誉，并充分体现在其成员的语言功能观上。马泰修斯的语言两功能区分（表现功能与交际功能）与比勒的三功能区分（表现、呼吁、描述）在内涵上极为相似，其中马泰修斯的交际功能大体相当于比勒提出的呼吁功能和描述功能。比勒提出的三分法更为具体精确，避免了"交际"一词引发的多义联想和含混。比勒提出的这一语言功能三分法在学派内部甚为流行，在语言的具体分析方面具有重要意义，影响深远。同为学派成员的穆卡洛夫斯基在比勒提出的三功能理论的基础上，增加了美学功能。在穆卡洛夫斯基看来，美学功能并不局限于诗歌语言，任何事物或对象以其是什么而不是以其功用吸引我们时，就具有了美学功能。他把美学功能与实用功能相对比，视比勒的语言三功能为语言的实用功能。

作为布拉格学派的纲领性文件，《论纲》在学派创立之初就对语言的功能进行了较为详细的阐述。《论纲》第三章中讨论了语言的功能及这些功能的实现方式。钱军在《结构功能语言学——布拉格学派》一书中提纲挈领地阐述了《论纲》中体现的功能观，具体可参见图 3-1。

根据《论纲》第三章的讨论，可将语言功能图示如下：

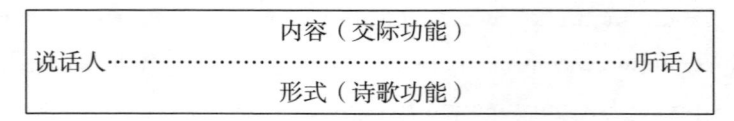

```
                  内容（交际功能）
说话人 ·············································· 听话人
                  形式（诗歌功能）
```

图 3-1　布拉格学派语言功能图

《论纲》把语言分为内在（internal）和外现（manifested）两种形式。内在形式是人们思考时所用的语言形式，外现形式是人们说话时所用的语言形式。《论纲》认为，语言表现出两个重要特点，认识性（intellectuality）和表情性（emotionality）。这两者或者相互渗透，或者一方突出。外现的认识性的语言具有社会目的，旨在与人接触。表情性的语言也可能有社会目的，即旨在引起听话人的感情，或者是表达说话人自己的感情而完全不考虑听话人。

根据语言与语言外现实的关系，语言的社会功能（social function）可以区分为交际功能（communicative）和诗歌功能（poetic）。语言侧重于信息内容时，交际功能突出；语言侧重于自身形式时，诗歌功能突出。[①]

从《论纲》的讨论和阐述可以看出，语言的交际功能和诗歌功能在学派创立之初就被予以明确的区分。同时，《论纲》进一步对语言的交际功能区分为两种：一是情境性的，依赖言外因素的补充，二是使用完备精确的理论化程式化语言。对交际功能的区分大体相当于雅各布森后来提出的指称功能（referential）和元语言功能（metalingual）。另外，表情性语言若侧重于言者，旨在抒发说话人的感情，则大体等同于比勒提出的表现功能；若侧重于听者，引发听者的感情，则大体相当于比勒所说的呼吁功能。《论纲》对语言功能的阐述虽缺乏系统性，但已具备雅各布森后期提出的六功能的部分功能。

## 三、 六因素、六功能的内涵解读

雅各布森在比勒、马泰修斯、穆卡洛夫斯基等布拉格学派成员和英国学者马林诺夫斯基对语言功能分类的基础上，融合了申农信息通讯理论中的部分要素，展开新的拓展和创新，从语言交际要素出发，提出了语言行为六要素之说及相对应的六功能，在

---

① 钱军.结构功能语言学——布拉格学派［M］.长春：吉林教育出版社，1998：138.

《语言学与诗学》[①]一文中进行了系统的阐述。在雅各布森看来，任何一个言语交际行为，都蕴含着六大要素，每一要素都有自己独特的功能，并依据彼此的层级关系、主导成分的不同，构建不同的话语类型，实现不同的交际功能。

（一）六因素与六功能

1958年4月美国印第安纳大学的一次学术研讨会上，雅各布森在会上做了总结性发言，宣读了《语言学与诗学》一文，提出了言语交际行为的"六因素与六功能模式"，该文于1960年公开发表。

在雅各布森看来，与言语交际行为相关的因素不仅仅局限于言者、听者和外部世界这三种，从通讯理论和言语交际的社会因素出发，雅各布森将言语交际行为的基本因素扩展为六种：说话人（addresser）、受话人（addressee）、语境（context）、信息（message）、接触（contact）和代码（code）。[②] 作为布拉格学派的创始人之一，雅各布森始终秉持着布拉格学派对功能研究的成果，认为言语交际活动中的六因素分别对应六种功能：情感功能（emotive function）、意动功能（conative function）、指称功能（referential function）、诗性功能（poetic function）、交际功能（phatic function）和元语言功能（metalingual function）。[③] 从符号学上来看，当某一因素或功能成为主导时，六因素、六功能则展现某一特定的属性或意义解释，依次为情感性、意动性、指称

---

[①] JAKOBSON R. Linguistics and poetics [M] // JAKOBSON R. Language in Literature. London: The Belknap Press, 1987: 62—94.

[②] JAKOBSON R. Linguistics and poetics [M] // JAKOBSON R. Language in Literature. London: The Belknap Press, 1987: 66, 71.

[③] 这里采用田星的说法，即诗性功能，其他表达方式还有诗学功能、诗歌功能等。

性、诗性、交际性和元语言性（如图 3—2）。[①]

王铭玉针对雅各布森的六因素六功能模式，指出该模式的核心思想在于——意义存在于全部交流行为之中。也就是说，交流行为中的任一要素都携带着意义，"信息"本身不提供也不可能提供交流活动的全部意义，交流成效中相当一部分来自语境、代码和接触手段。[②] 可以说，雅各布森的六因素六功能模式已不仅仅是一个语言学模式，而更是一个符号学模式，能够涵盖其他符号系统和表意系统，具有强大的诠释力。

```
                CONTEXT（Referential）
                MESSAGE（Poetic）
ADDRESSER（Emotive）              ADDRESSEE（Conative）
                CONTACT（Phatic）
                CODE（Metalingual）

                语境（指称功能）
                信息（诗性功能）
说话者（情感功能）                 受话者（意动功能）
                接触（交际功能）
                代码（元语言功能）

                指称性（对象为主导）
                诗性（文本为主导）
情感性（发送者为主导） →  意动性（接受者为主导）
                交际性（媒介为主导）
                元语言性（符码为主导）
```

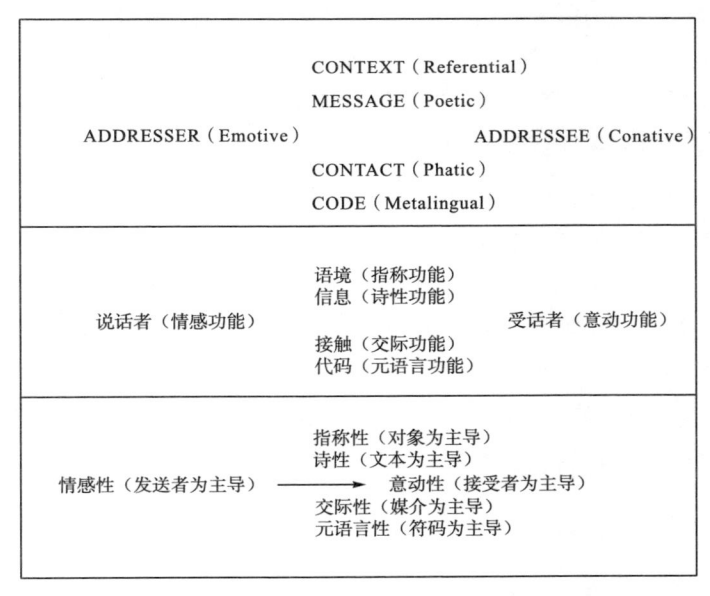

图 3—2　六因素与六功能

李幼蒸则从语言通讯理论的视角出发，指出雅各布森用信息论的代码概念代替了语言学的句法概念，标志着从语言学理论向

---

① 赵毅衡.哲学符号学:意义世界的形成［M］.成都:四川大学出版社，2017:325.
② 王铭玉.语言符号学［M］.北京:高等教育出版社，2004:158.

通讯理论的过渡,其语言功能分类是在日常的、实用的和直观的语言层次上进行的,其分类对象是实际的日常言语表现。[1] 这些从实用便利角度形成的日常言语表现,往往具有潜在的简化形式,例如,表面上无实质意义的语词表达,如"喂",实际为"请注意"或"我在和你说话"等意思的简化形式,其功能或目的本身仍含有所指内容。

从图 3-2 可以看出,这一模式的基本框架与卡尔·比勒提出的语言三功能理论框架相似,雅各布森新增加的因素是接触(contact)和代码(code)。所谓接触,指说话人和受话人之间的物理通道和心理联系(physical channel and psychological connection)是交流双方开启的交流渠道,确保交流畅通;代码则为说话人和受话人全部或部分熟悉。在功能方面,除了比勒的语言三功能外,诗学功能已由布拉格学派的穆卡洛夫斯基提出,交际功能,又称寒暄功能(phatic function),由英国人类学家马林诺夫斯基于 1923 年首次提出,雅各布森增加的是元语言功能。和前人相比,雅各布森提出的六因素和六功能理论在因素和功能方面的增加虽然有限,然而,这一新的模式在其系统性、完备性乃至主导理论下的诠释力方面达到了新的高度,直到现在依然具有强大的诠释力和活力。

(二) 内涵解读

雅各布森在《语言学与诗学》一文中指出,任何言语交际活动均蕴含着必不可少的六因素,对应六功能,而当言语交际行为倾向于某一因素时,六功能之一成为主导。[2] 在实际的交际活动

---

[1] 李幼蒸. 理论符号学导论[M]. 北京:中国人民大学出版社,2007:491-492.

[2] JAKOBSON R. Linguistics and Poetics [M] // JAKOBSON R. Language in Literature. London: The Belknap Press, 1987: 66.

中，我们很少发现仅执行一种功能的言语活动，语言具有多功能性，各项功能组成一定的等级次序，其中一项功能占据支配地位，成为主导性功能，决定着整个言语活动的外显趋势和类型。

雅柯布森认为，当交流趋向于说话人时，情感功能占据主导地位，直接呈现言者对所谈之事的态度和情感，无论这一显露于外的态度和情感是真情实意抑或虚与委蛇，其在语言中的主要表现形式是各种各样的感叹词。① 对于语言传递的意义而言，我们不可以把意义的获得仅仅局限于语言的认知层面，一个人以特定的情感性姿态，如语气、姿势、表情等副文本，展现自己的愤怒、欢乐抑或郁闷情绪时，无须言语，此时的表情已说明了一切，甚至说，有时候，这一情感性姿态传递的意义已大于言语（信息）本身传递的意义。在人际交往或孝敬老人时，才一直有"色难"这一说法，很多时候，不在于你说什么，而在于你怎么说，说话的语气、态度、声调和音高等因素更为重要。经典论著《论语》中曾一针见血地道出了"孝"的真谛——"色难"，即子女对父母能经常保持和颜悦色才是真正的"孝"，而这在很多时候却是最难做到的，子女只是在物质方面关注更多。子曰："今之孝者，是谓能养。至于犬马，皆能有养；不敬，何以别乎？"② 大体意思是说，如果把孝仅看作能供养父母，那么犬马也能得到人的饲养；如果没有日常生活中对父母的良好态度、和颜悦色，那么，两者还有何分别？可以说，孝敬父母如此，人际交往如此，身处服务行业或部门的工作也是如此。

雅各布森认为，当交流倾向于受话者时，意动功能占据主导地位，在语言上的表现常见于呼唤语和祈使句，甚或命令，以敦

---

① JAKOBSON R. Linguistics and Poetics [M] // JAKOBSON R. Language in Literature. London: The Belknap Press, 1987: 66.
② 论语 [M]. 刘兆伟. 译注. 北京：人民教育出版社，2015：22.

促受话者采取一定的行动。[①] 在这里，需要说明的是，祈使句与陈述句在真值检验上完全不同，前者无须检验，后者可以进行真假验证，且可以转换为疑问句形式。日常交流中，语言在功能表现方面更多是作为一种交流的工具，具有劝导受话者采取某种行为的功能，可以称之为"普遍意动性"[②]。在赵毅衡看来，意动性是任何文本都具有的品格，即所有符号文本多少具有的取效性[③]，正如"以言成事"往往是伴随言语交际活动而来的，一句陈述句"这里好热啊"，很可能促使听者前去开窗，或打开空调，或其他行为，即便没有使用祈使句。意动的时间指向往往是未来的，提及的情景尚没有发生，只是允诺发生，意义指向是透明的，要求用"即将到来"作为解释，恰似各类广告、宣传、警告、诺言和预测文本的特点，以将要发生的事情来诱劝听者采取行动。这种意动主导的指向未来的叙述，"不仅是叙述未来的事情，而且是预言这种情节将要发生，来劝说或要求接受者采取某种行动"[④]。这一意动主导的特点，不仅仅体现在符号文本中，也体现在体裁和文化中，其趋势日益明显，数量愈加庞大，我们甚至可以说，意动性作为符号文本的本质属性之一，在后真相时代，也许逐渐成为人类交流的根本模式，遮蔽了事物本来的面目。另外，意动性给我们带来的启发是成功言语交际活动中"他者意识"的重要性。

雅各布森认为，当交流趋向于语境（context）时，凸显的

---

① JAKOBSON R. Linguistics and Poetics [M] // JAKOBSON R. Language in Literature. London: The Belknap Press, 1987: 67.
② 赵毅衡. 哲学符号学：意义世界的形成 [M]. 成都：四川大学出版社，2017: 330.
③ 赵毅衡. 哲学符号学：意义世界的形成 [M]. 成都：四川大学出版社，2017: 330.
④ 赵毅衡. 广义叙述学 [M]. 成都：四川大学出版社，2013: 57.

是指称功能。① 指称或指涉功能是大部分信息传播或言语交际活动的主要功能，意在指出信息之外的一个语境，并传达有关该语境的具体的客观的情况，以实现明确传达意义的目的，即"所指优先"：语境或对象即意义之所在。可以说，这一符号表意过程最为常见，也最易理解，大部分科学及实用类符号均属于此类。人是社会的人，在言语交际活动中，即便言者的语句言辞不是那么完整齐备，接收方凭借双方共享的语境也能得出充分的阐释。交流如此，体裁如此，文化也是如此，可以说，"交流的不只是文本的信息，同时进行着表意－解释行为的协调，影响表意解释的语境条件也就会形成"②。在赵毅衡看来，语境可以大致分为两类：一是符号内的"内部语境"，也就是伴随文本，一旦言语行为或意指过程发生，就很难再自由拓展；二是符号外部的环境，也就是符号接受的语境，常称之为"语义场"，与接受者的解释息息相关密不可分。③ 接受者的每一次表意－解释行为都会依新的语境变化而变化，解释项化身新的符号，新的符号又呼唤新的解释项，无限衍义的过程可以暂停，却不可能被终止，它永远是未来指向的，而已经发生的衍义也许已经了无痕迹、无处寻了。

上述三个方面正是传统的言语交际模式所强调的，也正是卡尔·比勒详细阐述的情感、意动和指称三项功能，大致对应于语法上第一人称、第二人称和第三人称。在雅各布森的言语交际理论中，言语交际过程中的另外三个要素及其相对应的功能也是语言研究者应予以重视的，那就是信息（message）、接触（contact）和代码（code），分别对应诗性功能（poetic function）、交际功能

---

① JAKOBSON R. Linguistics and Poetics [M] // JAKOBSON R. Language in Literature. London：The Belknap Press，1987：62—94.
② 赵毅衡.符号学：原理与推演[M].南京：南京大学出版社，2016：178.
③ 赵毅衡.符号学：原理与推演[M].南京：南京大学出版社，2016：178.

(phatic function) 和元语言功能 (metalingual function)。

在雅各布森看来，当交流趋向于接触时，交际功能成为主导功能。[①] 建立、延长或中断交流的常用寒暄语，检查交际渠道是否畅通的"喂喂"，以及确认听者是否参与的"你在听吗"等表达都是交际功能的表现形式。有趣的是，婴儿面对主要护理人时发出的咿咿呀呀的声音，几乎毫无意义可言，却和看护自己的亲人构建并维持了交流渠道的畅通，我们时常看到婴儿和妈妈深情对视、彼此互动的画面，感人至深。可以说，这一交际功能也是婴儿在真正学会发送和接受信息之前掌握的首个言语功能。动物界的鹦鹉学舌，本身无意义可言，却也发挥了构建并保持交际渠道畅通的功能，这一点与人类的寒暄功能颇有相通之处。同样，英国议会中对立党派时常出现的"filibuster"，其诀窍即在于使用冗长甚至并不相关的陈述来拖延时间，以达到推迟某项法案表决通过的目的，其作用即在于占领交际渠道，虽然手段令人反感。值得一提的是，言语交际活动中的"重复"(repetition)或"复现"(recurrent)往往是保持接触的一种不可忽视的方式，父母的叮咛，妻子的唠叨，恋人间的絮语，以及宝宝时不时的自言自语，此时此刻，重要的不是信息的内容，而是彼此间交流渠道畅通带来的由衷快乐。与此相似的是娱乐明星对曝光率的追求与痴迷，依靠网络投票和点击诞生的群选经典，正所谓日久生情，看久了就顺眼，"经典无须深度，潮流缺乏宽度，剩下的只有横向的线性粘连，只有粉丝式的群体优势，……留下满世界只有虚幻文本身份可粘连的空洞人格"[②]。赵毅衡甚至据此也给象征下了一个全新的定义——"象征是在文化社群反复使用，意义累积

---

[①] JAKOBSON R. Linguistics and Poetics [M] // JAKOBSON R. Language in Literature. London：The Belknap Press，1987：62—94.

[②] 赵毅衡.符号学：原理与推演[M].南京：南京大学出版社，2016：380.

而发生符用学变异的比喻"①，这一定义强调了重复和复现在象征形成过程中不可忽视的累加效力。

在雅各布森看来，现代逻辑学中很早就区分了"客体语言"（object language）与"元语言"（metalanguage），前者谈论客观世界，后者谈论语言自身。② 然而，值得一提的是，元语言的运用并非逻辑学家和语言学家所独有的，日常生活中也随处可见。日常交际中，我们常常运用元语言而不自知。例如，交流中询问对方"你在说什么，我听不懂"或谈话之中向听众核实"你明白我的意思吗"这类的表达，有时甚至中断交谈刻意询问对方某一词汇或表达方式的具体内涵，意在确保交流双方使用了相同或大致相近的符码，这一交流过程倾向于关注符码的具体使用和内涵而非信息本身，这一行为即彰显了元语言的作用。雅各布森指出，儿童在语言学习过程中也时常使用元语言，而失语症患者正是丧失了运用元语言的能力。③ 在赵毅衡看来，雅各布森对符号学做出的一个重要贡献即他的文本自携元语言概念：文本自身通过其体裁、风格、副文本等元素来提供线索以指明应当如何解释自我。④ 基于雅各布森文本自携元语言的概念，赵毅衡将元语言定义为符码的集合，指出元语言集合往往变动不居，无法恒定，具有可调节性，即便是同一个人、同一部电影，其在不同时期的诠释和感悟也是不同的。可以说，元语言的存在对文本的意义诠释至关重要，正是元语言的存在使文本意义"断无不可解之理"，"不是符号文本要求相应的元语言来解释它，而是元语言强迫符

---

① 赵毅衡. 符号学：原理与推演[M]. 南京：南京大学出版社，2016：201.
② JAKOBSON R. Linguistics and Poetics [M] // JAKOBSON R. Language in Literature. London：The Belknap Press，1987：69.
③ JAKOBSON R. Linguistics and Poetics [M] // JAKOBSON R. Language in Literature. London：The Belknap Press，1987：69.
④ 赵毅衡. 符号学：原理与推演[M]. 南京：南京大学出版社，2016：176.

号文本产生可解的意义"①。赵毅衡进一步将元语言划分为植根于社会文化的语境元语言、来自解释者自身的能力元语言和符号文本的自携元语言，并讨论了元语言冲突引发的解释漩涡和评价旋涡。②

在雅各布森看来，当交流趋向于信息本身时，就会凸显诗性功能（poetic function）。诗性功能通过凸显符号自身的可感知性，加深了符号和客体（即对象）的根本对立。③ 可以说，诗性功能是雅各布森在文论方面施加的最大影响，诗性功能融合了语言学和诗学的特点，两者不再如此壁垒分明；诗歌和文学语言以及日常生活语言也不再有本质的区分，而是由功能等级序列中主导因素的不同所导致。雅各布森指出，语言自身具有多功能性，诗性功能不是诗歌等文学语言的唯一功能，而是其决定性的主导功能，在其他语言活动中，诗性功能则成为辅助性的次要功能。因此，对诗性功能的语言学研究必然超越诗歌的范畴，而对诗歌的语言学审视也不能仅仅局限于诗性功能。在雅各布森举出的诗性例子中，有顺口溜、广告、店名以及绰号等，实际生活中，许多店名如"面对面拉面"也蕴含着诗性功能，但广告和店名写得再有诗意，也不可能化身为诗，即便诗人来写也是如此，体裁等文本自携元语言决定了文本意义的解释向度。从上述例子可以看出，元语言指向解释，而诗性则指向符号自身，两者之间存在一定的区分和对应。同样，使用第三人称的史诗中出现较多的指称功能，而抒情诗中时常呈现相当数量的情感功能和意动功能。在诗性功能的形成上，雅各布森也提出了自己的创见，指出诗性功能将对等原则从选择轴投射到了组合轴上（The poetic function

---

① 赵毅衡.符号学：原理与推演[M].南京：南京大学出版社，2016：224.
② 赵毅衡.符号学：原理与推演[M].南京：南京大学出版社，2016：228.
③ JAKOBSON R. Linguistics and Poetics [M] // JAKOBSON R. Language in Literature. London：The Belknap Press，1987：62—94.

projects the principle of equivalence from the axis of selection into the axis of combination.），并通过多个国家诗歌文本的分析验证了这一观点。① 简言之，雅各布森的诗性功能并非传统意义上的诗性功能，其立场更为灵活，同时适用于日常生活语言和诗歌语言。

对于雅各布森的语言系统功能观，王铭玉在《现代语言符号学》一书中有一段十分精辟的论述：

> 雅各布森走出了索绪尔的静态体系分析。在他那里，语言不只是一套形式系统，而更是一套功能系统，即各种用来为一定目的服务的表达手段的系统。换言之，语言是形式系统和功能系统的统一体。同时，有别于索绪尔，在雅各布森的结构功能体系中，对立范畴绝非是单向的、排他的封闭体，而是在某种条件下可以相互转换、相互制约的矛盾统一体。在对系统内部各组成要素关系的描述中，雅各布森的研究始终带有辩证的特征。他认为语言具有多功能性，语言的各功能要素可以同时存在于系统之中，它们之间的对立是一种相互制约、互为条件的关系。就此而言，雅各布森对语言结构功能系统的阐释必然成为语言学史上的一笔宝贵财富。②

概言之，雅各布森秉持符号系统的功能观，强调语言的交际目的，尝试从语言的功能入手来研究语言形式，他提出的符指过程的六因素六功能理论创造性地推动了语言结构功能系统的发展。

---

① JAKOBSON R. Linguistics and Poetics [M] // JAKOBSON R. Language in Literature. London: The Belknap Press，1987：71.
② 王铭玉. 现代语言符号学 [M]. 北京：商务印书馆，2013：93.

## 四、六因素、六功能的主导与交互

雅各布森在布拉格学派语言功能理论和申农信息通讯理论的基础上展开新的拓展和创新,从交际过程中的社会要素出发,提出语言行为六要素之说及相对应的六功能,在任一言语交际行为中,主导因素始终存在,且六因素中的任一要素在合适的条件下都有可能成为主导成分。在主导成分始终存在的基础上,我们需要进一步厘清交际行为中六因素、六功能彼此之间的交互关系如何。

### (一) 主导成分

作为俄国形式主义的代表人物,雅各布森在布拉格时期不断总结俄国形式文论的主要观点,把俄国形式主义秉持的主导概念娴熟地运用于语言功能系统之中,推动了形式主义向功能主义的转变,他的言语交际理论始终贯穿着主导的概念。

主导(the dominant)是俄国形式文论中至关重要的一个概念,也是最完备最富有成果的概念之一。在雅各布森看来,主导成分是一件艺术品的核心成分,它支配、决定并转变其余的成分,以确保整体结构的完整。[①] 同样,在言语交际行为中,各种功能的地位发生变化,新的主导就会代替旧的主导。

雅柯布森举例说,14世纪的捷克诗取强调押韵;而在19世纪后期捷克现实主义的诗作中,押韵不再是必需的手段,音节安排成为必不可少的元素,没有这一点,诗就不能称之为诗;而在捷克现代诗中,既不强调押韵,也不重视音节的布局,语调的统

---

① JAKOBSON R. Linguistics and Poetics [M] // JAKOBSON R. Language in Literature. London: The Belknap Press, 1987: 41.

一成为诗作的主导成分。诗的构成遵循主导概念,一个具体的诗人、一个时代、一个流派甚至整个文化的艺术特点也是如此:文艺复兴时期的主导艺术是视觉艺术,其他艺术形式以此为评价标准;浪漫时期则主要为音乐,诗歌拥有了音乐的特质,具备一定的韵律;而在现实主义美学中,语言艺术一跃成为主导成分,改变了诗的价值等级系统。同样的情形也发生在中国,唐诗宋词元曲明清小说的流变以及五四运动以后白话文的普遍推行也一定程度上体现了主导成分的跌宕和价值等级序列的变更。

从主导概念出发,我们可以从多功能的角度赏析一首诗,一首诗除了展现美学功能(即诗性功能),也同时具备其他功能;反过来看,诗性功能也不仅仅局限于诗作,演讲文稿、日常会话、新闻报告、广告宣传甚至科学专著也会展现诗性的美,而非仅仅发挥传统意义上的指称功能,只是主导体裁决定着文本的解释向度。因此,一首诗不是仅仅实现着诗性功能,也不仅仅是诗性功能和其他功能的叠加体,而是以诗性功能为主导的语言信息。因此,不同时期不同时代,诗的形式演变,不是其组成要素的加与减,而是其主导成分的更迭:次要元素变得极为重要,不可或缺,主导成分成为辅助,可有可无,诗的形式演变成为其功能等级体系内部的动态调整。一些原本处于边缘位置的文学形式如书信、日记和旅行见闻在特定时期由于其独特的文学元素而被奉为圭臬的事情也时有发生。总之,各种艺术要素的更迭成为俄国形式文论关注的焦点,其秉持的主导概念融合了历时和共时研究,继承和创新共现于每一种新的艺术形式之中。

在雅各布森的言语交际理论中,每一言语交际行为蕴含的六因素,因主导成分的不同,展现不同的功能,不是言语形式决定了功能,而是为实现特定的功能而运用相应的语言形式,即"手段–目的导向"(means-end model)。一句简单的"桂林山水甲天下",若倾向于语境,指称功能占支配地位,则传达了桂林山水的具体信息和客观情况；若倾向于信息的发送者，则凸显情感功能，显示了说话人沉醉于自然之美的心理状态；若强调受话者，则意动功能占据支配地位，充满对听者的诱惑之意，希望对方找时间到此一游；若强调一种诗性的美，则凸显文字本身，也许使人想到南宋王正功的诗句"桂林山水甲天下，玉碧罗青意可参"；若是侧重交际功能，则可能是火车上两个在桂林旅游的游客百无聊赖的一句寒暄语，并不传递实在意义，只是找个话题，打破沉默，让彼此不那么尴尬沉闷；若对于牙牙学语的两岁幼儿而言，"桂林山水甲天下"七个字中的每一个字都是一个极其陌生的符码，一个缺乏明确所指的音响形象，有待于父母的诠释和孩子自身的体验和逐渐感悟。

主导的概念极为重要，任何言语交际行为中的六因素都是普遍存在的，一旦语言系统内部的功能等级序列发生变化，主导成分也随之切换。

言语交际行为或符号文本具有多功能性，除了主导功能之外，其余的各项功能是否也具有一定的等级次序抑或处于平等位置？笔者倾向于前者。例如，一个主要发挥意动功能的广告或政治宣传标语，居于第二重要位置的功能也许是其指称功能或诗性功能。同样，一首脍炙人口的爱情诗，诗性功能自然是主导的，情感功能的重要性也不能忽视；而说教诗（didactic poetry）除了诗性功能，得以凸显的自然是意动功能了。这种语言或文本的多功能性，伴之以主导和功能等级次序，使文学语言和普通非文学语言之间的界线不再那么分明，从而避开了长期以来的"诗歌语言陷阱"[①]——将诗歌语言和日常生活语言截然分开。

---

[①] LEECH G. Language in Literature: Style and Foregrounding [M]. London: Routledge, 2013: 106. The poetic language fallacy—the presumption of a linguistically definable dichotomy between "literary language" and "ordinary, non-literary language"—was put forward by Mary Louise Pratt in 1977.

## （二）交互关系的复杂

雅各布森提出了相当系统完备的言语交际六因素理论，以及因主导因素的更迭而带来的相对应的语言功能等级序列的变化现象。可以说，任何一个言语交际行为都包含着六因素及相对应的六功能，然而，六因素、六功能之间的交互关系如何，这方面的研究和探讨并不多。

雅各布森在谈及诗性功能的语言学评判标准时，提出了一个有趣的观点。在言语交际行为中，语词的选择（selection）源于对等（equivalence），语句的组合（combination）基于邻近（contiguity），对等包含着相似、近义或反义。诗性功能则是将对等原则从选择轴投射到了组合轴上，同一首诗中各行的音节、重音甚至句法运用都形成独特的对等呼应，凸显一种诗性的美。雅各布森提出，有人也许会说元语言也运用了对等原则构成一个组合，如 A = A（Mare is the female of the horse，意为"牝马就是雌性的马"），因而和诗性功能是相似的。雅各布森同时强调指出，诗性和元语言只是形式上的对等相似，在实质内涵上是完全不同的：元语言是利用组合来构建对等关系，诗性则是运用对等关系来构建一个组合（Poetry and metalanguage, however, are in diametrical opposition to each other: in metalanguage the sequence is used to build an equation, whereas in poetry the equation is used to build a sequence）。[①] 从语言功能的角度来看，元语言功能重在引导解释，指向意义，诗性功能则将注意力引向文本自身，缺乏明确指称，也就是意义，两者在意义上的确存在一定程度的对立。

---

① JAKOBSON R. Linguistics and Poetics [M] // JAKOBSON R. Language in Literature. London: The Belknap Press, 1987: 71.

赵毅衡对六因素和六功能之间的彼此关系进行了相对深入的探讨，认为六因素可以组成三对互为消长的对立关系：某一因素上升为主导，不可避免地以与其对立的另一因素的重要性下降为代价。[①] 这里，赵毅衡先生并不同意雅各布森关于诗性功能和元语言功能相对立的看法，认为元语言性引导文本指向解释，诗性回归文本，使解释变得困难模糊，但并未取消解释，两者并不对立，只是因为主导因素的不同，侧重点不同。相反，诗性和指称性的对立更为明显，诗性指向文本自身，使解释变得复杂困难，指称性指向对象，意义明确无误。正如李白传唱千古的名诗《客中行》："兰陵美酒郁金香，玉碗盛来琥珀光。但使主人能醉客，不知何处是他乡。"这首诗也许当初是为答谢兰陵酒坊主人的应景之作，悬挂于店中，类似于如今的广告，具有明确的指称性。随着时代的更迭，其指称性逐渐消失，演化为一首文辞优美、意义丰富却指称模糊不定的诗作。这里的诗性和指称性的对立十分明显，前者所指模糊，后者明确指向酒的品牌。

赵毅衡在诗性和指称性对立的基础上，进一步指出另外两对彼此对立的因素：强调接受者反应的"意动性"，与强调发出者表现意图的"情感性"（即情感功能）正好相反；强调占领传播渠道与媒介的"交际性"（即交际功能），与强调符号与解释连接的"元语言性"也正好相反。[②] 体现在言语交际活动的组成要素上，那就是言者和听者、信息和语境、接触和代码之间的对立，言语交际过程的六个因素，至此形成三组两两对立，并凸显其中的一个主导因素，构成一种复杂的动态平衡，决定整个表意活动和言语功能的趋向。小至一段话语，大至整个文化，随着主导因

---

[①] 赵毅衡.哲学符号学：意义世界的形成［M］.成都：四川大学出版社，2017：326.

[②] 赵毅衡.哲学符号学：意义世界的形成［M］.成都：四川大学出版社，2017：327.

素的更迭，两两对立状态的此消彼长，呈现出迷人的魅力，动感的历史画卷。

　　笔者认为，在言语交际理论六因素、六功能的交互关系上，可能不是仅仅局限于上面提到的两两对立的关系，而是更加复杂的关系，正是这种复杂度凸显了言语交际意指过程（semiosis）的复杂和言语交际理论自身的体系性和完备性。正如维特根斯坦所说："纵使狮子能够讲话，我们也无法理解它在说什么。"[①] 狮子讲的话是信息，狮子和我们是编码者和解码者，接触也是畅通的，然而，我们依然无法理解狮子在说什么，我们只能理解我们知道的事物（We can only understand what we know）。又如"子非鱼，安知鱼之乐？"，两者均强调了言语交际过程中代码和语境对于阐释的重要。没有代码，信息无法被解码，意义无法传达；没有语境，信息的指称不明，意义依然是混沌不明的星云，此时的信息只是一个空洞无所指的"形式"。代码显示实体之间的抽象关系，为索绪尔所看重；外部语境具有指称性，为皮尔斯所推崇。雅各布森的言语交际理论则融合了前两者。Chandler指出："所有的交流和表征都依赖代码和语境的互动，涉及解码和推断。结构主义者推崇解码，而关联理论家们则重视推断。"（All communication and representation depends on the interaction between code and context and involves both decoding and inference. Structuralists give priority to decoding while "relevance theorists" give priority to inference.）[②] 交际行为的阐释不仅仅是一个解码行为，也离不开语用和认知推理。依据申农的信息论，代码往往是脱离语境而独立存在的（context-free），

---

　　① WITTGENSTEIN L. Philosophical Investigations [M]. 4th ed. trans. ANSCOMBE G E M, HACKER P M S, SCHULTE J. Oxford: Blackwell, 1953: 235.
　　② CHANDLER D. Semiotics: The Basics [M]. London: Routledge, 2017: 235.

然而，符号学意义上的代码却是与语境水乳交融般的你中有我，我中有你，两者密不可分而又变动不居，共同"书写"精彩纷呈的"意义"。

如同前面信息通讯理论中所提到的，雅各布森在布拉格学派的基础上增加了代码和接触两个要素，使言语交际理论更具体系性和完备性。代码和接触的加入体现了雅各布森言语交际理论的"双层"特质（duplex），不同于赵毅衡对六因素、六功能的两两对立区分，言语交际理论由于代码和接触的介入更多地呈现出"双层"特质。[①] 一方由信息、语境和代码构成，代码发挥元语言和桥梁枢纽作用，共同主导文本意义的解释，从信息到语境，即符号学意义上的对象；另一方由说话者、受话者和接触组成，以关系为导向，接触能够确保双方交流渠道的畅通无阻，从符号发送者到符号接受者。

## 五、结语

作为与索绪尔相齐名的语言学大家，雅各布森反对乔姆斯基将语言研究仅仅局限于语言本身的思想，强调语言研究应考虑各种社会文化因素，从功能的视角展开研究。他提出的言语交际理论是其符号学思想的集中体现，对这一学术思想的系统研究必然会为其他领域的研究带来借鉴和启发。

本章对雅各布森的言语交际理论六因素、六功能的符号内涵，以及六因素、六功能的主导与交互关系进行了尝试性的探索和思考。

首先从布拉格学派的《论纲》入手，讨论了"功能派鼻祖"

---

① KOCKELMAN P. The Art of Interpretation in the Age of Computation [M]. New York: Oxford University Press, 2017: 32.

对语言功能的看法，随后开展对雅各布森语言功能的分析，指出雅各布森是元语言功能主义的先驱，运用语言的基本功能来分析言语交际行为过程。

随后，对言语交际理论六因素、六功能的符号内涵进行了较为细致的解读，展示了语言的多功能性和等级序列，言语交际理论已不仅仅是一个语言学模式，而更是一个符号学模式，为言语符号和非言语符号所共有，在当代文化语境下依然具有强大的理论诠释力和现实意义。

接着，对言语交际理论六因素、六功能的主导属性与交互关系进行了分析，在语言多功能中，主导趋势始终存在，语言多功能的等级序列随主导属性的变化而变化。六因素、六功能的交互关系相对比较复杂，既有情感性和意动性、诗性和指称性以及交际性和元语言性的两两对立，也有代码、信息和语境围绕文本意义而展开的意指活动，更有接触、发送者和接受者以关系为主导而建立的交流渠道。

下文为行文方便，将言语交际理论的六因素、六功能分作三组，两两对立依次展开，为避免误解，需要说明的是，六因素、六功能彼此之间交互关系的复杂程度远非两两对立这么简单。

第四章
# 情感性与意动性

本章对言语交际理论六因素、六功能中的情感性和意动性进行了相对深入的当代符指拓展，并对两者在当代的主导属性进行了分析，意动性上升伴之以情感性下降，我们进入了一个普遍意动性的时代。具体内容涉及情感功能的手段－目的模式、分析哲学的语力、言语行为理论、意动类叙述以及广告构筑意动性的路径分析等，并对情感性和意动性之间与其他交际因素之间的复杂交互关系进行了分析。

一、引言

雅各布森的言语交际理论六因素、六功能之间存在着复杂的交互关系，是一个以主导因素为基础的功能等级序列，下文尝试深入挖掘言者和听者、情感功能和意动功能的当代符指拓展、彼此之间的对立和共存，以及与其他交际因素之间的互动关系。

符号学模式下的发送者和情感功能其符号边界如何拓展，如何界定元情感和情感间性，给我们的人际交往可以带来怎样的启示？情感功能从某种程度上来说，是人和动物交际行为中共同具有的功能，具有动物属性，理性的人类如何进行情感或情绪管理变得极为重要。

当代社会是一个普遍意动性的社会，交际本身不仅仅是说话这么简单，"说话也是做事"，从奥斯汀的言语行为理论到塞尔的语力理论，再到当代的意动类叙述，言语和非言语交际行为的意动功能日益得到重视和强化。

当代社会已经进入了一个以意动性为主导的社会，意动性上升伴之以情感性下降，意动无处不在，从我们周围随处可见的文案推广可见一斑。然而，情感性和意动性的交互关系不会仅仅限于两者之间的此消彼长，与诗性、指称性、交际性以及元语言性之间又存在着怎样的互动？

## 二、 发送者与情感功能

### （一）语言的情感功能

在谈论情感功能之前，值得注意的是，雅各布森对于情感功能的用词选用了"emotive"而非"emotional"，两者在词义和情感色彩上有什么细微的差异呢？《新牛津英汉双解大词典》（第二版）中这样解释："The words emotive and emotional share similarities but are not simply interchangeable. Emotive is used to mean 'arousing intense feeling', while emotional tends to mean 'characterized by intense feeling'. Thus an emotive issue is one which is likely to arouse people's passions, while an emotional response is one which is itself full of passion."

从这一解释中可以看出，"emotive"重在交际中激发受话者的情感，而"emotional"则属于"自燃"系列，强调说话者或事件本身充满了强烈的情绪或情感。由此可见，雅各布森对"emotive"的选择也是出于言语交际本身的需要，情感的强度不在于"自燃"，而在于激发他人，引起同感和共识，或者最起码是让他者明了自己想要表达的情感。这种选择也区别了情感功能的动物属性,动物虽然也有类似的情感功能,然而,人类的情感功能遵循"手段－目的"模式(means-ends model),是为特定的交际目的服务的。经过这样的解释,我们也就明白了社交或人际交往中,情感的精心设计、欺骗性或虚与委蛇是合理的存在,是作为符号主体的人对个人诸多情感有选择的展现,那种不计后果、恣意宣泄个人情感的做法或过分"忠实"地表现个人内在情感的行为显然尚停留在交际活动的较低层面,这也促使我们在交际行为中重视情感管理。

显然,情感功能不仅仅呈现在语言符号上,还呈现于其他符号中,如情感礼物和雄辩的沉默;情感功能也不是动物性功能,并不一无是处,而是需要管理。作为语言最初的功能,语言的情感功能也许完全是自身表达的需要,抒发个人情感、态度和情绪,不关乎他者,不需要也不是为了引起听者的回应,可以说是一种纯粹的主体行为,为了表达而表达。随着人际交往的频繁和深入,情感功能的管理或符号表意越来越重要,且交际功能(传递信息、呼吁他者)逐渐占据主导,情感功能退居次要。

在雅各布森看来,语言之中纯粹情感表达的语言形式主要是各种感叹词(interjections)。[1] 语言中的指称功能往往需凭借信息和语境来传达,而情感功能则是借助独特的声音模式和句法特点予以表现,如奇特的音高组合、不寻常的声音语调,在句法作用上,他们往往不是单独的一个句子成分,而是发挥整个句子的功效。例如,锤子敲击钉子不小心打中手指时发出的"哎呦"声、忘记赴约时自言自语的"糟糕"以及兴奋激动时的"哇塞""天哪",都是人们自身情感的必要言语反映。同样,简单的两个

---

[1] JAKOBSON R. Linguistics and Poetics [M] // JAKOBSON R. Language in Literature. London: The Belknap Press, 1987: 67.

·第四章　情感性与意动性·

感叹词"啧！啧！"并伴以吸气的动作，可能用来表示称扬赞颂甚至钦慕敬佩，而"啧啧！！！"并摇头则表示惊叹、意外，甚至无法理解或鄙视不屑。雅各布森认为，通过感叹词来展示的情感功能在某种程度上伴随着我们所有的话语，无论是发音层面，还是语法词汇层面。[①] 当我们从语言携带的信息层面分析语言时，不能仅仅局限于字面意思的认知，恰如前面的感叹词"啧！啧！"（或"啧啧！！！"）本身也传递了明显的情感内涵，当然，这一感叹词绝非人类或动物进食时发出的非符号层面的物理声音。

Saporta 认为情感差异或表现不是语言内在的特征，只是信息传递的方式不同所造成的。[②] 雅各布森并不认同这一看法，认为这一观点人为地压缩了语言和话语原本拥有的信息容量。[③] 雅各布森举了一个有趣的例子，以用来验证情感功能是语言不可或缺的内在功能之一这一观点——一名俄罗斯剧院的演员在试镜时被一位著名导演提出如下要求：说同一个短语"今天晚上"，通过变化它的情感色调，表达 40 种不同的含义。这名演员首先自行列出 40 种不同的情感场景，通过变化"今天晚上"这个短语的音高语调等来表达这 40 种不同的情绪感受，观众只能通过他的声音来判断他的情感表达。在雅各布森标准俄语的研究团队中，这位演员重复了在莫斯科剧场的表演，将情感场景从 40 种增加到了 50 种，并录制了录音带。令人惊讶的是，听了录音带的俄罗斯人成功地从这一短语中准确而翔实地解读出了大部分情感内涵。可以肯定，言语的情感功能是完全经得起语言学分析的。

---

[①] JAKOBSON R. Linguistics and Poetics [M] // JAKOBSON R. Language in Literature. London: The Belknap Press, 1987: 67.

[②] JAKOBSON R. Linguistics and Poetics [M] // JAKOBSON R. Language in Literature. London: The Belknap Press, 1987: 67.

[③] JAKOBSON R. Linguistics and Poetics [M] // JAKOBSON R. Language in Literature. London: The Belknap Press, 1987: 67.

(二) 元情感与情感间性

不同文化不同种族的人都有恐惧、喜悦、愤怒、厌恶、惊奇和悲伤等情感,即便是动物也有会一些类似的情感,如恐惧、喜悦、愤怒和悲伤等。所谓"元",就是关于某事的规则和编码,如元语言、元媒介等,"元情感就是情感的元语言,是情感生成之前的心灵条件和规则"[1]。

在我们看来,植物是没有情感的,一些低等生物如有机体、无脊椎动物等也是没有情感的,即便是婴幼儿,也是无法体验一些相对较为复杂的人类情感的,如幽默、高尚和悲喜等,其背后的原因均在于,其元情感系统的缺失、不足或尚未充分发展。我们对同一事件,不同时期不同心境下触发的情感也是不同的,正是由于我们运用了不同的"临时元情感集合"[2]。原本让我们悲痛欲绝的事件,时过境迁,我们的悲伤也许不再那么强烈,或者原本没有太多感觉的人和物,随着时间的推移和人生经历的增多,越发感觉弥足珍贵,我们常常所说的"失去的才感觉珍惜"正是我们调用了不同临时元情感集合的缘故。

再如,《庄子·秋水》篇中的"井蛙不足以论海者,拘于虚也;夏虫不可语冰者,笃于时也;曲士不可语至道者,束于教也"。或者我们生活中常说的不可"对牛弹琴""贫穷限制了我的想象力",均指由于生活阅历和生活环境的不同,我们的元情感系统中没有共同的情感编码,使情感系统无法对此进行解码。常年生活在战乱之中的叙利亚公民,面对中国元宵节时漫天烟花的缤彩夺目,心中涌起的情感很难是节日之时的喜庆,而是轰炸机投下炸弹的爆炸现场和对亲人自身安全的深深忧虑。一个幼年时

---

[1] 谭光辉.论元情感的要素和意义 [J].中国语言文学研究,2018,24 (2):17.
[2] 谭光辉.论元情感的要素和意义 [J].中国语言文学研究,2018,24 (2):19.

饱受家庭虐待、从未感受到亲情温暖的孩子，"家"这一字眼在她或他的心中激起的情感编码绝不可能是温暖的港湾之感，而只能更多是冷漠、排斥和伤痛。

同样，我们常说的情感分析"不是对话语内容层面的分析，而是对话语主体的分析"①，话语的内容并不重要，重要的是话语出现的语境以及语境之中的主体。或者换句话说，不同于文本，情感是一种带有明显主体性烙印的符号或叙述。可以说，情感源于叙述，具有一定的时间向度和意义向度，"任何情感的产生，都必然是对某个叙述结果的判断，情感处于叙述的因果链条之中"②，生活中的悲与喜，苦与乐，甚或情感趋同和冲突，存在于叙述的情感间性中，正如唐代李商隐《锦瑟》中的名句"此情可待成追忆，只是当时已惘然"，时间是我们情感的聚合轴，叙述则是组合轴，情感的产生是主体对双轴运作的结果，这里的主体可能是同一主体对同一事件的历时思考，也可能是不同主体对同一事件的共时思考。"情感是一个三轴运作的叙述，其中包含了一个双轴运作的叙述文本。情感就是主体轴对双轴运作的叙述文本的处理。"③ 与一般意义上的"文本分析"不同的是，情感分析离不开语境，更离不开主体的参与，例如对于人工智能，我们难以展开情感编码和情感分析，正是因为人工智能本身缺乏主体性和意向性。

例如，只有在孩子的认知和叙述能力逐渐增强并发展到一定程度后才会具备幽默感，这是元情感能力发展的产物。"幽默强烈地依存于叙述的主体间关系，发生在叙述者与叙述接受者之间。幽默是叙述主体之间判断差或叙述差的弥合带来的一种特殊

---

① 谭光辉.论元情感的要素和意义［J］.中国语言文学研究，2018，24（2）:23.
② 谭光辉.情感间性的符号学研究［J］.符号与传媒，2018（2）:139.
③ 谭光辉.情感间性的符号学研究［J］.符号与传媒，2018（2）:149.

的喜感。"[①] 幽默的叙述方式是反常规的,指在接受者那里产生适度的判断差和认知差,但并不"违和",幽默的实现需要叙述者和接受者均拥有不止一套的元语言体系。"幽默感就是理解或制造这种(反常规)叙述的元语言能力。"[②] 因此,幽默的笑总是"会心"的笑,是对彼此多重元语言能力体系的认可和欣赏。苏格拉底娶悍妇为妻,一日与妻子争吵之后欲出门避之,被当头泼下一盆冷水,苏氏则说,"我早知道,雷霆之后必有甘霖",一番话将哲学家本人的从容淡定和面对事件的"另类叙述"展示得淋漓尽致,将"甘霖"和"家暴"两个毫不相关甚或相反的概念恰切地放在了同一语境中。再如,我们熟悉的小学数学运算,又称"脑筋急转弯",树上有七只小鸟,猎人开枪打下一只,还有几只?回答"六只"或"一只也没有"正是我们调用不同元语言体系的结果。再如,老师课堂上提问小学生,"哥哥有三只苹果,你过来拿走两个,结果怎样?"一般人可能回答,"哥哥还剩一只苹果",也有小学生回答"哥哥把我揍了一顿",引起哄堂大笑。若是这个小学生刻意这样回答,显然具备多层元语言体系和一定的幽默感;若小学生本人并非为了幽默,而是如实回答,从区隔框架来看,凸显的则是叙述者本人而非小学生的幽默感了。

(三) 人际交往的启示

古语云:"良言一句三冬暖,恶语伤人六月寒。"我们每天都在使用语言,但并非使用者每次都明了语言的情感力量。这就导致我们经常会有意无意地伤害到他人,虽然自然、真实的情感流露并不是坏事,但有时候还是需要适当控制一下自己的态度、情感和情绪,有一定的他者意识。若我们的出发点在于抒发自己的

---

[①] 谭光辉.论幽默:制造判断差的反常规叙述 [J].当代文坛,2016 (6):23.
[②] 谭光辉.论幽默:制造判断差的反常规叙述 [J].当代文坛,2016 (6):28.

态度、情感或情绪，这无可厚非，自然真诚的交流也是成功的人际互动所推崇的。若我们的主导趋向在于交际，传递信息或呼吁他者，此时，主导功能则展现为指称功能和意动功能，情感功能会居于次要辅助地位，那种只为了表现自我而展现出来的过于强烈的态度、情绪和情感，往往会影响指称的明确性或意动的效力；同时，鉴于情感性和意动性的此消彼长，有时候过于凸显的情感功能使原本意动的目的不但未能达到，反而走向反面。譬如当我们在生活或工作中遇到他人有意无意犯下的错误引发的不良后果时，我们会自然而然地产生愤怒或不舒服的情绪，且无意之中就会溢于言表，表现出我们的态度，然而很多情况下这一情感态度并非有利于问题的解决，甚至由于我们凸显的态度和情绪而加剧问题解决的难度或恶化事情本身。故古语中也有"匹夫见辱，拔剑而起，此不谓也"的说法，崇尚"突然临之而不惊，无故加之而不怒"的超然状态。同样，孩子犯了过错，家长的厉言厉色也只会使孩子恐惧，不愿和家长接近和沟通，更无法达到让孩子认识错误，以后不再或尽量少犯错的目的。工作和生活中，保持平静祥和的心态，不凸显交际过程中的情感功能，更有助于交际目标的达成，即意动功能的实现；反之，情感性不断凸显，意动性则随之下降，过于挥洒宣泄自己的情感和情绪，反而妨碍交际目标的达成，即意动功能的实现。

  语言的情感功能本就应是让生活更加美好的，让人与人之间涌动一股暖暖的高尚情感，这也是许多浪漫主义抒情诗，尤其是爱情诗传唱千古的主题，也是亲情、友情和人际交往中最让人心动的一点。所以，别把语言变为伤人的武器，应努力让"人言可畏"变成"人言可敬"或"人言可亲"。随着网络和社交媒体的发展，在极大地方便人与人之间的沟通与交流的同时，网络的虚拟性和距离感也使得一些人趋向说话者，把对其态度、情感和情绪的情感功能展现到极致：肆无忌惮地恶意诽谤其他人，随意挥洒自己的情绪，甚至伪装成正义或斗士的化身。当我们在网上"想到什么就说什么"率性而为时，其实无意间已经成为网络暴力的推手。

作为语言初始功能的情感功能，始终伴随着我们，主宰着我们的内心感受、社会交往乃至对世界的看法。

(四) 实例分析①

在上文对六因素之一的情感性进行符指拓展的分析中，我们可以看到六因素之间的交互关系显然更为复杂：不是简单的两两对立的关系。言语交谈过程中的语气、表情和肢体语言等伴随文本原本属于语境的范畴，发挥指称功能，在以情感性为主导的意指过程中却能够凸显符号发送者的情感功能，这一点说明情感性和意动性两者不仅互为消长，情感性和指称性之间也有一定的关联，符号六因素内部的交互关系远非结构上的两两对应那么简单，而是功能主义视角下"手段－目的"导向的（means-ends model）。情感性与元语言性也有一定的关联，同一主体面对不同事件或不同主体面对同一事件，引发不同的情感，正是调动了不同的元情感集合的缘故。

彭佳在超星慕课《意义生活：符号学导论》中从符号学视角分析了木心《文学回忆录》中的一段文本。身为作家和画家的木心在其《文学回忆录》里面说，一个爱我的人，如果爱得讲话结结巴巴，语无伦次，我就知道他爱我。凡真的先知，总是时而雄辩，时而结巴。凡是他说不上来的时候，我最爱他；假先知都是朗朗上口的，我全不信，我知道他不爱。有趣的是，在木心看

---

① 分析中的部分实例和图片来自超星慕课《意义生活:符号学导论》，特此感谢！赵毅衡，陆正兰，彭佳，等.意义生活:符号学导论 [EB/OL]. (2017-09-01). https：//moocl-2.chaoxing.com/course/200142106.html.

来，恋爱之中的语无伦次、结结巴巴甚或木讷无言是真情的流露，口若悬河的表达却是假情假意的。在信息的指称性方面，清晰流利的表达显然指称性更为明确，然而那种欲说还休或词不达意的表情语气和肢体语言等伴随文本反倒更能解释符号发送者的情感性，是真实情感的自然流露。此时，情感功能的实现与符号发出者的表情、语气、神态以及肢体动作等伴随文本息息相关。

  伴随文本等指称性文本在情感功能的实现上十分重要，彭佳在超星慕课《意义生活：符号学导论》中也从符号学视角分析了《红楼梦》中宝玉和宝钗的一段对话。在《红楼梦》第三十四回宝玉挨打之后，宝钗前来探望："宝钗见他睁开眼说话，不像先时，心中也宽慰了好些，便点头叹道：'早听人一句话，也不至今日。别说老太太、太太心疼，就是我们看着，心里也疼。'刚说了半句又忙咽住，自悔说的话急了，不觉的就红了脸，低下头来。宝玉听得这话如此亲切稠密，竟大有深意，忽见他又咽住不往下说，红了脸，低下头只管弄衣带，那一种娇羞怯怯，非可形容得出者，不觉心中大畅，将疼痛早丢在九霄云外。"[①] 原本挨打的宝玉为何十分开心，从意指过程来看，原本处世坦然、伶牙俐齿、与人交流很少表露感情的宝钗竟在情急之下说出"就是我们看着，心里也疼"的关切话语，虽然话说一半戛然而止，但传情达意的意指过程并未终止。宝钗的表情、语气以及肢体语言等伴随文本泄露了她的真实感受，使人能够感受到她的情感强度。此时，符号表意过程倾向于发送者，情感性成为主导，指称性和意动性虽退居次要地位，但在展现主体情感性方面却发挥了不可替代的作用。

---

① 曹雪芹. 红楼梦 [M]. 北京：华文出版社，2019：328-329.

## 三、接受者与意动功能

### （一）普遍意动性

相对于作为一种纯粹主体行为的情感功能，语言的意动功能以接受者为主导，在于引发接受者相应的态度、情感乃至敦促行动。意动性主导的言语交际活动在语法上表现为呼唤语和祈使句，具有强烈的他者指向性，提出的命题往往是未来向度，无须检验真假。随着当代社会人际交往的深入和商务活动的频繁，情感性和意动性之间，意动功能逐渐占据主导，情感功能退居次要，意动正成为人类交流的基本模式，甚至可以说整个文化进入了普遍意动性的时代，进入以在符号接受者身上产生的效果为主导的时代。

任何言语交际活动都具有劝导解释者采取行动的一个功能，具体到单一的符号文本、体裁甚至整个文化都可以表现为意动性主导，可以称之为"普遍意动性"，正如当今网络媒介中充斥着刺激消费者购买欲望和敦促其消费行动的品牌广告。另外，我们日常生活中不少人喜爱听音乐，音乐可以陶冶情操、涤荡心灵，也可以激发欲望和冲动，听到哀乐我们黯然神伤，听到欢快的舞曲我们不由自主地抖动身体，在这些例子中，音乐展现出了意动为主的特点，着眼于影响听者的态度、情感和行动，实现作曲者的意图定点。

### （二）分析哲学的"符用转向"

在赵毅衡看来，关注意动问题是 20 世纪意义理论的一大趋势，也是整个分析哲学的"符用转向"(pragmatic turn)①，表现为邦维尼斯特的"祈使式"(imperative)模态理论，奥斯丁与塞尔的"言语行为"(speech act)理论，维特根斯坦的"意义即使用论"以及意动叙述，演变成为当代意义理论的重大特征。

1. 句子三式：陈述、疑问、祈使

在雅各布森看来，意动性主导的言语交际活动往往表现为呼唤语或祈使句，不同于陈述句，呼唤语与祈使句无须真值检验。例如当一个人用很严厉的命令口吻说"喝水"时，我们很难评论这句话是真的还是假的。除了真值检验，雅各布森进一步通过陈述句、疑问句和祈使句三者之间的转换关系来说明陈述句和祈使句的不同，例如不同时间向度的陈述句"宝宝喝水了""宝宝要喝水"和"宝宝经常喝水"可以转换为相应的疑问句，如指向过去的"宝宝喝水了吗"，指向未来的"宝宝要喝水吗"以及表示习惯的"宝宝经常喝水吗"，而祈使句和疑问句之间则难以进行这种转换，且祈使句的时间指向总是未来向度的。在这里，雅各布森实际上把陈述句、疑问句和祈使句扩展为三种不同的符号主导功能，并且指出陈述句和疑问句之间可以互换，而祈使句独立存在。关于这一点，与赵毅衡在《广义叙述学》中提出的叙述文本三种分类之间的关系极为相似：记录类叙述和演示类叙述可以互换（例如小说改编成戏剧），而意动类叙述（例如预言）则无法和记叙类演示类叙述互换。②

国际符号学会（IASS）的首届主席邦维尼斯特（Émile Benveniste，1902—1976）在其著作《一般语言学诸问题》（*Problems in General Linguistics*）中，对陈述、疑问和祈使三

---

① 赵毅衡.哲学符号学:意义世界的形成[M].成都:四川大学出版社，2017:330.

② 赵毅衡.广义叙述学[M].成都:四川大学出版社，2013:26.

种句式也给予了足够的重视。邦维尼斯特强调句子是话语（discourse）的基本单位，在模态分类上可以分为陈述句、疑问句和祈使句，三者的谓词（predication）可以相同，但彼此具有不同的句法和语法特征。[①] 三种句子模态实现了说话者在言语交际行为中的三种人际功能：传递知识、获取信息抑或发布命令，与说话者的三种态度相对应。

同样，文本意向性（texual intentionality）的问题在分析哲学上表现为语力（force），也就是语句在交流时表现出来的某种特征或功能。分析哲学的鼻祖弗雷格（Gottlob Frege, 1848—1925）最早使用这一术语，在探讨语力强弱程度时也从陈述、疑问和命令三个语式的彼此转换入手进行分析，在他看来，陈述语力（assertion force）很容易失去，只需要把陈述句转换为疑问句，因为两者表达的意思相同。[②]

2. 语力和言语行为理论

弗雷格在语力方面并没有充分展开论述，继续这一思路的是奥斯汀（John Langshaw Austin, 1911—1960）的言语行为理论。奥斯汀的言语行为理论改变了人们对语言本质的认识。他使传统哲学家眼里"描画"世界、传递信息、判别真假的语言具有了一种新的功能，即行为功能，从而人们开始从人与人之间的交流互动中理解语言。[③] 语言和世界不再是二元对立的，语言的具体表现为言语，而言语行为是世界中发生的事件，是我们的语言实践，言语总在世界中。在奥斯汀看来，具有真值价值的句子只

---

[①] BENVESNISTE E. Problems in General Linguistics [M]. Coral Gable: University of Miami Press, 1971: 110.

[②] FREGE G. Translatons from the Philosophical Writings of Gottlob Frege [M]. Oxford: Basil Blackwell, 1960.

[③] 邱惠丽. 奥斯汀言语行为论的当代哲学意义 [J]. 自然辩证法研究, 2006, 22 (7): 40.

是占据人类全部言语中的很小一部分，即表达式（constatives），大部分句子本身是一种施动行为（performatives），不是用来描述外部世界，而是在特定的语境下，执行一种行为，本身无所谓对错，也不具备真值价值。[①] 由于区分的标准难以确定，奥斯汀最终放弃了这一分类，从上述思路出发，奥斯汀认为，任何一个言语交际行为都蕴含三个不同层次的目的，也就是完成了三个不同的施动行为：以言言事（locutionary acts）、以言行事（illocutionary acts）和以言成事（perlocutionary acts）。[②] 以言言事具有特定内涵和指称，意在表达一种意义，也是一种言内行为或语谓行为；以言行事指通知、命令、警告或承诺等言语行为，是一种言外行为或语用行为，具有一定的语力；以言成事则指我们的言语行为带来的结果，如说服、恐吓甚至误导，在听者、观众或另一个人的情绪、想法或行动上带来影响，是一种言后行为或取效行为。例如，在寂静的夜晚有人大喊"地震啦"，其字面意思和指称之间不存在疑问，我们都能理解，这是一种言内行为；这句话本身又暗含一种通知和警告之意，具有一定语力，是一种言外行为；周围听到这一警告的人或匆匆穿衣、离开居所，或认为是有人开玩笑，而对此警告置若罔闻；或沉睡之中根本没有听到这一警告。所有的这一切行为都是"地震啦"的言后行为。

奥斯汀举了不少例子来说明言外行为和言后行为的区别，例如下列三个句子分别体现了言内、言外和言后行为：（1）He said to me "shoot her."（2）He urged（or advised, ordered…）me to shoot her.（3）He persuaded me to shoot her. 再如：（1）

---

[①] AUSTIN J. L. How to Do Things with Words [M]. Oxford: Oxford University Press, 1962: 6.

[②] AUSTIN J. L. How to Do Things with Words [M]. Oxford: Oxford University Press, 1962: 108.

He said to me "you can't do that." (2) He protested against my doing it. (3) He pulled me up and checked me. 即便是简单的"He said that…""He argued that…""He convinced me that…"也体现了三种不同的言语行为。[①] 奥斯汀特别强调言外行为和言后行为的区别，而他研究中大部分的探讨都集中在言外行为 (illocutionary acts) 上，并对这一行为进行了进一步分类：判定 (verdictives)、执行 (exercitives)、承诺 (commissives)、阐述 (expositives) 和表态 (behabitives)。在这里，我们可以看出，雅各布森言语交际活动的意动功能似乎包含了奥斯汀的言外行为和言后行为，奥斯汀的言内行为则对应雅各布森提出的指称功能。显然，不同类型的语句，尤其是具有强大语力的取效言语行为，的确能够在听者、受话者的思想、情感和行动上施加压力，产生意动效果，激发相应的心理冲动和行动，传统观念中所持有的"语句即信息"的概念受到了强有力的挑战。

约翰·塞尔 (John Rogers Searle，1932—) 将语力理论普遍化，认为任何语句都是有语力的，当语力的侧重点不同时，语句发挥的功能就随着变化，涉及的学科领域也不同：当语力指向信息时，语句的功能是言事 (locutionary)，其研究则如语音、语义和句法等学科；当语力指向说话者，语句的功能是行事 (illocutionary)，其研究则为语用学；当语力指向接受者时，语句的功能是成事 (perlocutionary)，在接受者身上产生的效果为主要对象。[②] 这种划分与雅各布森的主导理论和言语交际理论有相通之处，如以言言事类似于雅各布森的指称功能，而以言成事则与意动功能接近，只是在雅各布森的言语交际理论中，意动功

---

① AUSTIN J. L. How to Do Things with Words [M]. Oxford: Oxford University Press, 1962: 101−102.

② SEARLE J R. A Classification of Illocutionary Acts [J]. Language in Society, 1976, 5 (1): 5.

能某种程度上涵盖了以言行事和以言成事。塞尔指出奥斯汀在言外行为上分类的不足和缺陷，把语力概念扩展到所有语句，并提出了自己的新的语句分类标准：再现（representative）、表达（expressive）、指挥（directive）、保证（commissive）和宣称（declarative），把侧重点放在了语力的以言取效作用上。[1]

（三）意动类叙述

赵毅衡在其专著《广义叙述学》中对叙述的定义是"人类组织个人生存经验和社会文化经验的普遍方式"[2]。显然，叙述是人类认识世界的一个基本途径，是人类生存的基本组织方式，可以说，人类是使用符号讲故事的动物。广义叙述学的研究范围不仅仅局限于文字和书写，所有符号（语言、姿势、图像、物件、心像等）只要可以表意，就可以用来叙述。

1. 广义叙述学分类

根据上文的文本意向性研究，按照邦维尼斯特的语句三式（陈述、疑问、祈使）和三种时间向度（过去、现在、未来）理论，赵毅衡将广义叙述学划分为三个基本类型：记录、演示、意动。[3] 下文简略概括如下。

记录类叙述以小说和历史为代表，其中起主导功能的模态是邦维尼斯特的"陈述句式"，主导语力则是奥斯汀的"以言言事"。这类叙述的目的就是言事，言说本身就是目的，"以叙言事"占据表意过程中的主导地位。时间向度指向过去，倾向于使用文字、图像等媒介进行记录、保存，留给之后的接受者阅读。

演示类叙述以戏剧、比赛、游戏为代表，起主导功能的模态

---

[1] SEARLE J R. Expression and Meaning：Studies in the Theory of Speech Acts [M]. Cambridge：Cambridge University Press，1979：34.
[2] 赵毅衡. 广义叙述学 [M]. 成都：四川大学出版社，2013：1.
[3] 赵毅衡. 广义叙述学 [M]. 成都：四川大学出版社，2013：34.

是"疑问句式",主导语力则是"以言行事",时间向度强调演示的现在在场意义,虽不是从听众获取信息,但也邀请听众或观众做出回应,使用"非特制"媒介,如身体姿势、表情、言语、实物等。

意动类叙述,以预言和宣传为代表,主导的语句模态是"祈使句式",主导语力则是"以言成事",为促使听者实行某目的而叙述。以预言、祈愿、宣传、命令、广告等为典型,意向张力度最强,使用媒介不限,时间向度指向未来。

对于三种叙述的关系,由于陈述句能够转换为疑问句,祈使句则较为特殊,故记录类叙述可以转换为演示类叙述,如小说拍成戏剧,意动类叙述则独立存在。

从上面的阐述可以看出,意动类叙述的特点与雅各布森提出的言语意动功能极为相似,下文将针对意动类叙述详细展开。

2. 意动类叙述

邦维尼斯特指出,在印欧语系中,动词命令式,相对其他变位更接近动词语义的"裸核"(naked core)。这点很好理解,在所有的英语祈使句中,动词总是使用动词原形,没有各种曲折变化。因此,"意动可能是人类表意传达行为最本质的需求,是叙述更本质的特征"[1],在此基础上,我们则需要进一步区分"普遍意动性"和"特殊意动性",尤其是后者,是针对某一类特殊体裁的意动性叙述。

意动(conation)源自拉丁文"conatio",意思是"去做某事"(an act of attempt)。这里的意动类叙述涵盖了雅各布森六功能中的"意动功能"、邦维尼斯特的"祈使式"模态以及奥斯汀的"以言成事",通过一个未来向度的叙述,无论是预言、宣传、警告还是承诺,来说服、恐吓或劝说接受者采取言者相应的

---

[1] 赵毅衡. 广义叙述学 [M]. 成都:四川大学出版社,2013:63.

行动来达到取效目的。例如,商业广告中以"将会发生的事"劝诱消费者购买商品,公益广告以"将要发生的事"引导公众做出积极的行为和言辞,政治宣传则以承诺"将会发生的事"来打动选民给自己投票或诉说"将要发生的事"来打消选民给竞争对手投票的欲望。

意动性是普遍存在的,正如前面提到的"普遍意动性",所有叙述都多少带有以言取效的效果,即使在历史类的记录类叙述中,如《南京大屠杀纪实》,也蕴含着道德意义和对人类的警示,而在游戏和戏剧等演示类叙述中,道德说教的意味也是普遍存在的。正如萨克多所说的那样,以言成事是所有言语交际行为的副产品(Perlocutionary acts are the by-products of acts of communication)。① 早在古希腊时期,柏拉图和亚里士多德就探讨了人类心灵的三大功能:情绪(affective)、认知(cognitive)和意动(conative),情绪和认知导向行动。这一见解在康德的三部批判著作(《纯粹理性批判》《实践理性批判》《判断力批判》)中也得以拓展,如纯粹理性等同于认知,判断力如同情绪,而实践理性则是意动。

在赵毅衡看来,意动文本,是以命令、承诺、劝说为意向的文本,我们无法将之简单地等同于虚构,因为它的时间向度是指向未来的,未来可能发生,目前尚没有发生,我们也无法称之为纪实,因为接受者尚需对其进行检验,因此我们可以称意动叙述为"拟纪实型叙述"②。值得说明的是,意动叙述在时间上的未来向度是实指的,绝对的,有一定的时效性,一旦预言、承诺或宣称的时刻到来,就不再是预言或承诺。美国总统竞选时做出的

---

① SADOCK J M. Toward a Linguistic Theory of Speech Acts [M]. New York: Academic Press, 1974:8.

② 赵毅衡. 广义叙述学 [M]. 成都:四川大学出版社,2013:61.

各种承诺都是意动文本,一旦竞选成功上台,承诺或兑现或违背,事实面前一览无遗,不再关乎未来;或者竞选总统失败,其承诺当然无法兑现。东汉末年黄巾军起义广为传颂的口号"苍天已死,黄天当立,岁在甲子,天下大吉",一旦过了当时的甲子年(公元184年)就不再是预言了。

赵毅衡认为,意动(祈使式、以言成事)的叙述具有如下特点:非虚构,因为要改变某种经验事实性;"我对你说"的人称关系非常清楚,且不可改变;情节事件发生在未来,但语句可用现在时,以显示紧迫感,敦促听者采取行动;情节无绝对明确的结尾,因为要把决定结局的能力交到听众手里。[1] 意动叙述的另一特点是媒介使用的灵活度,几乎可以使用任何媒介,无论是记录类叙述的文字、图像,抑或是演示类叙述的身体、言语、实物等。[2] 例如,国人乐此不疲的占卜算命,也属于意动类叙事,其媒介形式十分灵活,既可以和算命先生当面推盘,听其推算,也可以通过社会媒介询问,或是诉诸文字。二者意动效果并无本质上的区别。另外,意动性叙述,是叙述者和接受者之间达成的心灵契约,接受者愿意倾听,乐意采取相应的行动,无论是主动而为还是意动压力之下的动作,都是源自对文本发出者能力或人品的信任。可以说,无论是西方的星座论命还是中国传统的四柱八卦,都遵循着"信则有,不信则无"的意动原则,犹如求神拜佛中宣扬的"心诚则灵"。

---

[1] 赵毅衡. 广义叙述学[M]. 成都:四川大学出版社,2013:61.
[2] 赵毅衡. 广义叙述学[M]. 成都:四川大学出版社,2013:62.

## （四）实例分析[①]

日常生活中的广告、公益宣传等大多属于意动性文本，尤其是一些奢侈品、化妆品等，常常邀请明星来做代言，其目的在于引导符号接受者产生自然的联想，激发购买欲望，使受众认为自己使用该产品或服务之后能够像广告中的明星一样品位不凡。彭佳在超星慕课《意义生活：符号学导论》中从符号学视角分析了巴黎欧莱雅和超能洗衣液两个案例。如图4-1，欧莱雅的广告就是使用一批颜值超群的明星作为代言，其广告词"巴黎欧莱雅，你值得拥有"充满意动意味，其中，颜值超群、肌肤吹弹可破的明星本身就是一种示范效应，巴黎作为"浪漫之都"让人心生向往，而祈使句的使用更是充满召唤意味，使人不忍也无法拒绝。不仅仅是奢侈品和化妆品，日常生活用品的广告也是如此。孙俪代言的洗衣液广告，我们都耳熟能详——"超能女人用超能"，凭借自己的人气影响足以召唤粉丝使用该产品，"超能"二字也凸显了产品本身质量上乘的特点，同时整个广告显示了明星和普通人一样，也是居家型女子，普通人使用该产品能够像"超能女人"——明星一样能干和美丽，从而激发出受众的购买欲望，将意动类叙述的特点充分展现出来。

图4-1 演员代言举例

---

[①] 分析中的部分实例和图片来自超星慕课《意义生活:符号学导论》，特此感谢。赵毅衡，陆正兰，彭佳，等.意义生活:符号学导论［EB/OL］.（2017-09-01）.https：//moocl-2.chaoxing.com/course/200142106.html.

123

公益宣传也是如此，促使符号接受者即公众采取相应行动是其意图定点。例如禁烟的公益宣传广告，除了烟盒封面必印的字样"吸烟有害健康"外，还采用多模态手段表现香烟对健康的危害，以达到使受众戒烟的目的。彭佳在超星慕课《意义生活：符号学导论》中从符号学视角分析了国内和国外征兵宣传广告的文化区别，如图4-2，国内的征兵宣传广告凸显的是热血男儿保家卫国的英雄情怀，展现了男儿保家卫国的一腔热血，意在告诉受众只有经过战火洗礼的男人才是好男儿和真英雄。与此相反，美国的征兵宣传广告中却展示出一幅完全不同的画面，不是战火纷飞的战争场面，而是美人在侧的画面，意在说明只有为国出征的军人才能抱得美人归，从而吸引受众应征入伍，充满意动意味。两则征兵宣传广告的不同画面，体现出文化差异，但其意图定点却是相同的，在意动效果的实现上也是大体相当的。

图4-2 征兵宣传举例

值得一提的是，情感性和意动性虽互为消长，然而意动性的实现除了直接的恐吓、命令和祈使语气，也涉及言语交际的其他因素。我们在劝说一个人时常常"晓之以情，动之以理"，这里的"情"和"理"则对应了情感性和指称性，甚至元语言性。

## 四、对立与共存：意动主导

### （一）情感性与意动性的交互

从上述论述中对情感功能和意动功能的当代符指拓展可以知道，六因素中情感性和意动性不仅仅存在着此消彼长的两两对立关系，与其他因素如指称性、元语言性以及交际性，也有着复杂的互动关系。从上文分析我们知道，在人际交往中，肆意宣泄个人的情感，凸显自我态度，反而使交际目标难以企及，意动性难以体现，适度的情感表露，伴随着必要的情感管理，反而在人际交往中处于有利的位置，更容易达成交际目标。

此外，言语交际中的伴随文本，如姿势、表情、语气和肢体语言等，在发挥指称性的同时，这些伴随文本本身往往也蕴含着丰富的情感表达，共同发挥情感功能。同时，在交际活动中，为了说服符号接受者采取一定的行动，我们常常对其"晓之以情，动之以理"，这一交际行为虽以意动性为主导，但在实现路径上却离不开情感性和指称性及元语言性的协助、配合。

另外，情感性和意动性分别指向符号的发送者和接受者，前者表现发送者的态度和情感，后者旨在促使接受者采取一定的行动，发送者和接受者之间沟通的畅通必然离不开六因素之一——接触（contact）。正如代码（code）联结着信息和语境，接触则联结着符号发送者和接受者，保证两者之间交流的正常进行，没有接触的桥梁和枢纽作用，发送者和接受者彼此只是孤立的个体，交际活动无法进行。

情感性和意动性与交际行为的其他因素之间存在着复杂的交互关系，而情感性和意动性之间也存在着对立与共存的矛盾，前者倾向于发送者，后者着眼于接受者，恰好形成一对互为消长的对立关系，其中一个因素的上升，不可避免地伴随着另一对立因素的下降。小至文本，大至整个文化，都会展现出一定程度的情感性或意动性为主导的特点。南欧国家如意大利、西班牙、葡萄牙和希腊等的民族文化相对比较"浪漫"，情感性凸显，而与之相对的北欧国家如瑞典、挪威、芬兰、丹麦和冰岛等的民族文化比较"守秩序"，文化中的意动性就比较强。同样，从文化史演变的角度来看，浪漫主义时代的文学作品，常用热情奔放的语言、瑰丽的想象和夸张的手法来塑造形象，抒发对理想世界的热烈追求，在反映客观现实上多侧重从主观内心世界出发，因而其作品的凸显特征是情感性，偏重于表现主观理想，抒发强烈的个人感情。另外，随着现代社会的科技转向，经济活动日益频繁，商品往往供大于求，社会经济生活往往演变为以刺激购买力和激发购买欲望为中心，意动性在不断增加。可以说，"符号主导性的转换，既是文化演变的原因，又是其征兆"[①]。

而在当今文化中，以品牌广告营销为主的意动文本数量呈几何级上升之势，基于"令人不满的现实"，以"将要发生的好事"，诱导消费者购买商品或消费服务，我们的社会已经进入以在接受者身上产生的效果为主导的时代，即意动主导的时代。

（二）意动性构筑的路径：以广告为例[②]

在商业活动日益频繁的当代社会，普遍意动性成为主导，其中，无处不在的广告文案的目的自然是诱导消费者购买产品或消费服务，必然通过广告文本的意动性得以实现，属于特殊意动性的一种，以言成事是其主导语力，通过广告这一意动体裁实现意动性，必然有其固有特点和构筑路径。

---

① 赵毅衡.哲学符号学:意义世界的形成[M].成都:四川大学出版社，2017:328.
② 分析中的部分实例和图片来自超星慕课《意义生活:符号学导论》，特此感谢! 赵毅衡，陆正兰，彭佳，等.意义生活:符号学导论[EB/OL].(2017-09-01). https://moocl-2.chaoxing.com/course/200142106.html.

根据上文的言语行为理论和意动类叙述，广告构筑意动性可通过以下两个路径实现："一种是基于具体语句的语力，在文本内强化意动性，增强文本说服接受者行动的能力；另一种是基于体裁的未来叙述，通过增强代入感和参与感，引导受众参与文本的解读，进而过渡到实际的行动。"①

生活中随处可见的广告叙述的时间向度是指向未来的，叙述的不是产品，而是接受者对未来美好生活的向往。对产品的介绍是陈述，不是叙述，陈述是描述事实、传递信息，叙述才是人类运用符号讲故事的过程，人类是会讲故事（叙述）的符号动物。

1. 语力构筑意动

正如前文所述，语力是言语交流时特有的特点和功能。广告中让消费者心动的语力的最简单实现途径是直接使用祈使句或呼语，或通过广告特有的语境来实现。广告特有的语境往往与经营场所相关，菜市场鱼贩宰杀清洗的现场，走街串巷的小贩的高声吆喝以及各种果园的现摘现卖，往往具有强烈的意动性，能够吸引人们前来购买，这和具体的环境是分不开的。离开具体的经营场所，诉诸文字时，句式的使用就较为关键，校园布告栏和报纸分类广告版面使用频率极高的"详情请咨询""求购求租""非诚勿扰"和"有意者面谈"等语句，使用的都是祈使句，具有一定的意动性，引导受众前来购买或咨询。

2. 体裁构筑意动

广告属于意动类体裁，是发送者和接受者之间达成的心灵契约：基于不完美的现实，憧憬美好的未来。正如前文所述，意动类体裁的一个特点是"我对你说"的人称关系十分清楚，且不可改变，将这一点运用到广告上，体现的就是消费者广告阅读过程中对话感和参与感。例如，欧莱雅的广告词"巴黎欧莱雅，你值

---

① 张歆，饶广祥.广告构筑意动性的两种路径 [J].江西社会科学，2014 (5):201.

得拥有"直指消费者，使其进入预设的对话模式。我们津津乐道的脑白金广告词"今年过节不收礼，收礼只收脑白金"在今天依然耳熟能详，预设了长辈和晚辈之间的对话模式，对话关系十分明确，对话内容呼之欲出——记住啦，今年过节不要给我们拿别的礼物，别的礼物我们都不要，我们只要脑白金。这种对话感和参与感的凸显，具有强烈的意动性和语力，激发消费者的购买欲望。

除了上文"我对你说"的意动类叙述特征，广告也常常使用"二次叙述"的方式来使受众参与到广告文本意义的构筑中，增强意动性。"二次叙述化，发生于文本接受过程中。只有叙述化，只有叙述文本，而没有接受者的二次叙述化，文本就没有完成叙述传达过程，任何文本必须经过二次叙述化，才能最后成为叙述文本。"[①] 二次叙述在广告上的运用是通过有意留白的方式进行的，如同讲故事或作画，留白往往意味着不完整，意义需要填补，受众参与解读，并联系自身的生活，从中获得乐趣和成就感，实现广告文本的意动性。

例如，《水浒传》中景阳冈武松打虎前路过的客栈门口挂了一面酒旗，俗称酒望子，上面的广告词是"三碗不过岗"，以现在的审美视角来看，这是一则很好的广告。酒店是符号文本，行人看到客栈自然相信可以买到酒，门口的酒旗属于符号文本的伴随文本，这一伴随文本包含着叙述特征，意在表明本店有好酒，口感好，酒劲大，如果行人要继续赶路的话，就不要贪杯了，少饮为佳。同时，这一伴随文本的叙述建构也给符号接受者留下了二次叙述的空间，旅途劳顿的行人可以选择在客栈畅饮，一醉方休，宿于客栈，次日赶路，也可以选择浅饮两杯，缓解疲惫之后继续赶路。再如图4-3中的一则房地产广告，也是意动类叙述

---

① 赵毅衡. 广义叙述学［M］. 成都：四川大学出版社，2013：106.

·第四章 情感性与意动性·

的一种，基于"我对你说"的对话基调，寥寥几句，将房产周围的居家环境、人文气息表露无遗。

图 4-3 房产广告举例

饶广祥在超星慕课《意义生活：符号学导论》中分析了诸多实例，从符号学视角展示这种创意广告的意动效果，如下图 4-4 中的创意广告，其意动效果的凸显也得益于接受者的二次叙述。图 4-4 左图中男士正在做饭，炉火正燃烧，鸡蛋也打好了，只是悬浮在空中，似乎缺失了什么？是的，没有锅，无论是铁锅还是煎锅。图中左下角是一家快递公司的商标，显然是在诉说快递服务的便捷，眼下之意：在此间不容发之机，快递公司也能把锅送到。同样的二次叙述也发生在图 4-4 的中图和右图里，中图是一条可怕的毒蛇，正昂头伺机进攻，如何面对这样危险的局面，在此危急时刻，是否有时间从 Google 里搜索一下应对之道，右下角的手机正是这个广告的意图定点所在，意在宣扬手机运行速度的快捷。在图 4-4 中的右图里，我们看到了蜘蛛侠的一只手臂，从姿势上看，应该是躺倒、受伤或"死亡"的蜘蛛侠，无所不能的蜘蛛侠怎么会这样呢，右下角的杀虫剂说明了这一广告的意图定点所在，杀虫剂的杀虫效果之强连一向勇猛的蜘蛛侠也

129

无法承受。广告以"我对你说"的意动类叙述凸显意动性,但广告效果如何往往离不开接受者的二次叙述,通过受众对意义构建的参与来增强意动性。

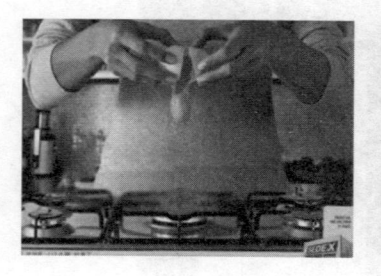

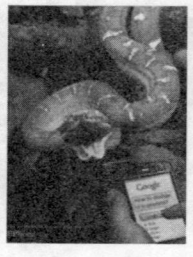

图4—4 创意广告举例

## 五、 结语

本章对言语交际理论六因素六功能模式中的情感性和意动性,进行了相对深入的当代符指拓展,并对两者在当代社会的主导属性进行了分析,意动性上升伴之以情感性下降,我们进入了一个普遍意动性的时代。情感性和意动性的交互关系,不仅仅限于两者之间的此消彼长,也有指称性、交际性和元语言性的参与和配合。

人类的情感功能依然遵从"手段-目的"模式,服务于一定的交际目的,而非情感的恣意挥洒和宣泄,这也促使我们在交往中重视情感管理,尽量传达一股温暖的美好情感。鉴于情感性和意动性的此消彼长,过于外显的情感往往会使意动效果下降或指称性不明,但情感性的实现也离不开指称性和元语言性的参与。

从分析哲学的语力概念,到奥斯汀和塞尔的言语行为理论,再到当代的意动类叙述,意动成为人们表意传达行为中最本质的需求,也是当代叙述更本质的特征。意动在句式表现上是祈使句，在时间向度上是未来指向的，在人称关系上展现的是"我对你说"，适用范围不仅仅限于文字和书写，所有符号（语言、姿势、图像、物件、心像等）均可产生意动效果。言语和世界不再是固定的"能指－所指"二元对立关系，言语行为总在世界之中，是实践导向的。同时，意动性的实现与情感性、指称性以及元语言性也是息息相关的。

情感性和意动性的对立关系不仅仅表现在言语上，甚至可以拓展至整个文化、整个民族，表现在日常生活中，则是随处可见的广告——这一意动性体裁，通过语力、特定的语境或受众的二次叙述来实现意动效果。

第五章
# 指称性与诗性

本章对言语交际理论六因素六功能理论中的指称性和诗性进行了较为深入的当代符指拓展和实例分析。指称性的概念从语境论、对话理论、互文性、跨文本一直延伸到当代的伴随文本理论,诗性概念则涵盖了不同的诗学理论,包括文学性、陌生化、前推论以及展面/刺点。同时本章对当代社会生活中的文化标出性和泛艺术化进行了学理上的阐释和应用分析。

## 一、 引言

在上一章对情感性和意动性符指进行拓展的基础上,本章将对语境和指称功能、信息和诗性功能进行符号学意义上的当代意指拓展。

指称功能是语言学家研究最多的一项语言功能,言语和外部世界的关系从语言诞生的那一刻起就始终萦绕着我们,从未离开。词与物的关系不在于一一对应,而在于其共现的语境,然而,科学实用符号和艺术符号能指、所指的趋向和侧重并不相同。对话理论和互文性概念进一步深化了语境概念,以及在两者基础上更进一步发展的跨文本和伴随文本概念。可以毫不夸张地说,在读到一个文本之前,我们就已理解一个文本;也只有具备理解潜质的文本，才能够被我们所理解。

诗性功能是雅各布森着力最多、研究最为深入的功能，在诗性功能的基础上，雅各布森创立了语言学诗学，用语言学的方法来研究诗歌和文学作品，实现了语言学和诗学的联姻。雅各布森提出文学性的概念，强调诗歌的语法和语法的诗歌，把基于双轴关系的对等原则和平行结构作为诗性功能实现的路径。与雅各布森的"文学性"和"对等原则"概念有异曲同工之妙的是陌生化理论、前推论以及展面/刺点理论，不同的诗学理论侧重点虽有不同，但都是诗性功能的实现路径。

文学领域的诗性功能也延展至社会文化和日常生活领域，表现为文化标出性和日常生活的泛艺术化，这一切现象都呼唤着学理上的深入阐释。

## 二、语境与指称功能

### （一）语言的指称功能

当符号表意侧重于对象时，符号就具有了较强的指称性。作为语言的最基本功能之一，语言的指称功能也是语言学家讨论最多的功能，因为意义的传达与解释一直以来都是符号学的核心议题，从柏拉图的言语工具论，到洛克的"词语－观念－事物"观，从索绪尔的能指、所指二元符号模式到皮尔斯的"再现体－对象－解释项"的三元模式，无不是对符号意指过程的探讨。对于科学实用符号，表意追求清晰，语言的指称对象是十分明确的，容不得半点差错，我们称之为"所指优先"；而对于艺术符号，则往往缺乏明确的指称对象，专注于解释项，正如一首韵律动人的诗，所指犹如模糊的星云，可能我们迄今仍未完全理解其中的内涵，却能传诵至今，这里体现的是能指优先，关注符号自身（self-reflectivity），体现一种诗性的美。如图 5-1 的左右两图，在意指内涵上均指向洗手间的男女区分，属于实用符号，然而，在指称性的强弱上则大相径庭，图 5-1 的左图，我们都可以相对容易地区分男女，无论是从形体上的相似符、烟斗和高跟鞋的指示符，还是染色体表示的规约符，均具有明确的指称性，是所指优先的符号，具有一定知识背景的我们无论身处何地，当看到这些图示符号时，是一般都不会跑错卫生间的。图 5-1 的右图也是卫生间标志，以猫和公鸡来指向男女，寓意过于复杂，一般人是很难弄明白的。

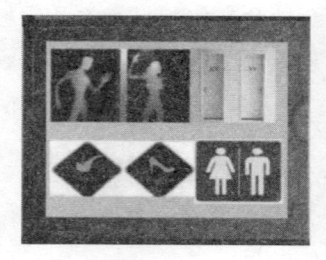

图 5-1　所指优先举例

图 5-2 里的艺术画是抽象表现主义作品，属于艺术符号，指称性最弱，是能指优先的符号，难以明确其所指对象，却以形式之美胜出。

图 5-2　能指优先举例

科学实用符号，表意清晰，所指优先，可以通过与事实比对，逻辑推理或实验的方式加以验证，如元素周期表、代数几何运算公式、流程图、数据图等。对于能指优先的符号，因为所指模糊或缺失，其意指过程更多地倚重解释项，接受者、文化或社群发生变化，意指的内涵也随之变化。这一点，在泛艺术化的今日，体现得尤为明显。法国哲学家福柯（Michel Foucault，1926—1984）在其著作《词与物》中对于现代社会的这种变化发出了深深的感叹，也可以说是一种悲哀和忧伤。在福柯看来，人类最初使用词（语言符号）时，对物的所指是清晰而透明的，文化的发展使词与物的关系断裂，词可能超越与物的对应，而指向自身。[1] 这一点犹如商品社会的发展，原有的物物交换方式逐渐发展到金银成为货币，与物（商品）的属性渐行渐远，成为流通货币；同样，词与物的完全断裂，也导致了现代社会的符号泛滥，引发符号危机。

（二）语境论

在决定符号意义的各种因素之中，语境（context）是其中最为重要的一个因素了，"语言和世界之间并没有一一对应关系，任何文本或话语分析都应建立在对特定的历史意义和语境意义的分析之上"[2]。信息或文本本身不完整，借助具体的语境就能明白理解，正如一个单词的含义很多，无法确定，借助具体的语境，即上下文，立刻就能明确具体的含义，同样，一个句子的含义也需要在上下文，即语篇之中，才能明确所指。这样的例子在生活中也是俯拾皆是，比如在午间教工餐厅用餐时间，甲对乙说

---

[1] 福柯.词与物：人文科学考古学［M］.莫伟民，译.上海：上海三联书店，1966.

[2] 辛斌.语义的相对性和批评的反思性［J］.山东外语教学，2017（1）:6.

"能借下你的卡吗？我的卡忘带了"，这里的卡指的是饭卡，并非指银行卡或信用卡之类。再如，居住在同一小区的同事在学院开会时对你说："今天我没有开车，待会和你一起走啊"，此时你立刻就会明白对方是想搭你的便车回家，而非别的意思。

语境的概念最早是由人类学家马林诺夫斯基在其《原始语言的意义问题》一文中提出的："在原始语言中，任何话语（utterance）的含义很大程度上取决于语境（context of situation）。"[①] 实际上，不仅仅原始语言如此，现代语言也是如此。奥格登、理查斯在《意义之意义》一书中关于"符号－情景"（sign-situations）的表述与马林诺夫斯基的看法类似，"我们首次提出的符号语境论（contextual theory of signs）使我们认识到，词与物的联系不是通过神奇的力量实现的，而是在于词与物共现的语境（context）；正是语境的存在使符号成为我们认知外部世界的力量源泉"[②]。马林诺夫斯基在其论文中多次表示对奥格登和理查斯这一提法的赞赏和肯定，并从是否依赖语境来区分了"活"的言语和"死"的语言，认为以往语言学家们将主要精力花费在研究自足的、自我解释（self-contained and self-explanatory）的"死"的语言，忽略了实际使用中的语言，忽略了言语所在的语境，强调"无论是口语还是书面语，没有语言语境的词只是一个幻觉，其自身无法表述任何事物"[③]，语境和话语的理解是密不可分的。因此，马林诺夫斯基强调词语本身不是独立的、自给自

---

[①] MALINOWSKI B. The Problems of Meaning in Primitive Language [M] // OGDEN C K, RICHARDS I A. The Meaning of Meaning. New York: A Harvest Book, 1923: 306.

[②] OGEDEN C K, RICHARDS I A. The Meaning of Meaning [M]. New York: A Harvest Book, 1923: 47.

[③] MALINOWSKI B. The Problems of Meaning in Primitive Language [M] // OGDEN C K, RICHARDS I A. The Meaning of Meaning. New York: A Harvest Book, 1923: 307.

足的，它的含义不是来自对词语本身的被动思考，而是参照特定的文化，如地理、社会和经济状况等。

法国符号学家克里斯蒂娃的互文性也是对语境概念的一种阐述，而符号学家赵毅衡将语境分为两个大类："第一种是符号内的（符号文本自带的）'内部'语境，也就是伴随文本。它们与符号形态有很大关系，但是又不是符号本身，而是符号传达的方式。……（第二种是）符号接受的语境，是符号外部的语境。这些外部语境因素的汇合，经常被称为'语义场'。"① 赵毅衡的伴随文本概念是对克里斯蒂娃文本间性概念的进一步推演和拓展，其内涵更为丰富，对伴随文本的类型进行了进一步的细分和阐述，如副文本、型文本、评论文本、链文本、前文本及先后文本等，具有较强的可操作性。同样，洛特曼的"符号域"（semiosphere）② 概念则是从宏大的文化层面谈论语境的概念，只是缺乏实操性。

（三）对话性与互文性

朱莉娅·克里斯蒂娃（Julia Kristeva，1941—），法国符号学家，后结构主义的主要推动者之一，互文性理论（intertexuality）的创始人，20 世纪 60 年代末她在《词语、对话和小说》一文中提出该理论，这一学术理念影响至今，经久不衰。

克里斯蒂娃的互文性理论是在结构主义的背景下诞生的，并对结构主义进行了继承和拓展，在其形成过程中，俄国形式主义理论和巴赫金的对话理论与超语言学概念对克里斯蒂娃的影响较大，后期则受弗洛伊德的精神分析影响。语言不再仅仅被看作一

---

① 赵毅衡. 符号学：原理与推演[M]. 南京：南京大学出版社，2016：178.
② LOTMAN Y. Universe of the Mind: A Semiotic Theory of Culture [M]. trans. SHUKMAN A. London: I. B. Tauris & Co. Ltd., 1990.

个系统或语法行为,语言的发生必然存在一个说话者或言说主体。"所有语言,哪怕是独白,都必然是一个有受话指向的意义行为。也就说,语言预设了对话关系。"① 巴赫金的对话思想超越了俄国形式主义封闭、孤立的研究方法,强调意义产生于开放、动态的多声部对话(复调)和主体间的互动中。② 克里斯蒂娃以"互文性"概念代替巴赫金对话理论中的主体间性,"将符号意义的生成机制归结于不同文本在当下文本空间中的相互作用、吸收和转换。……符号的意义不是先验的,而是在文本书写的过程中生成的。文本为意义的生成提供空间,而意义生成的具体机制即互文性"③。

在巴赫金对话理论的基础上,克里斯蒂娃对结构主义从两个方向进行了拓展:一是对言说主体的强调,而不是仅仅关注作为会话行为结果的话语,二是文本历史的拓展,强调此前文本与此后文本之间的关系。克里斯蒂娃认为,"文本有两条轴线:一条是连接文本作者与读者的水平轴线,另一条是连接一个文本和其他文本的纵向轴线。连接这两条轴线的是共同的代码:每一个文本和它的阅读依靠前面的代码"④。巴赫金通过自身提出的"复调"和"多声部"概念强调了主体间的对话关系,克里斯蒂娃则"明确将(某一文本与其前乃至其后)文本之间的这种对话性称为'互文性',并将语言及所有类型的'意义'实践,包括文学、

---

① 克里斯蒂娃.主体·互文·精神分析:克里斯蒂娃复旦大学演讲集[M].祝克懿,黄蓓,编译.北京:生活·读书·新知三联书店,2016:8.
② 巴赫金.巴赫金全集[M].白春仁,晓河,李辉凡,等,译.石家庄:河北教育出版社,1998.
③ 殷祯岑,祝克懿.克里斯蒂娃学术思想的发展流变[J].福建师范大学学报(哲学社会科学版),2015(4):58.
④ 郭鸿.文化符号学评介——文化符号学的符号学分析[J].山东外语教学,2006(3):4.

艺术与影像,都纳入文本的历史"[①]。此时文本的概念得以扩大,不仅仅是一个语言范畴,而是从历史的维度拓展,对社会、政治甚至宗教的历史,都有可能涉及。可以说,"正是克里斯蒂娃的俄国后形式主义理论储备与巴赫金注入历史和社会层面考量的超语言意识不谋而合,达到了高度协调统一,形成了互文性理论的深厚根基"[②]。

互文性与对话性,打破了结构主义封闭静态的状态,形成了写作主体、读者和外部文本(语境)三个维度的文本空间,文本呈现为一个动态的过程,彼此之间存在对话关系,通过"横向轴"和"纵向轴"的交汇来解读文本的意义。"所谓'横向轴',指文本中的词语在写作主体和读者层面;所谓'纵向轴',指文本与外部文本的关系。后者包括先前文学资料与当下文学资料的集合。"[③] 对于文本的立体三维空间分析,已不能仅仅依赖单纯的语言学,需要"超语言学"的方法,因为我们面对的不仅仅是文本本身,还有文本背后的作者意图、读者接受及语境作用,文本在动态进程中与社会历史彼此互涉。这里的外部文本即语境的一部分,也是巴赫金首次在文论领域做出的深度解读,"任何文本的建构都是引言的集合;任何文本都是对其他文本的吸收和转化"[④]。可以说,互文性体现的是文本之间的一种互涉关系,也是文本本身在形式和内容上的继承与创新,极大地扩展了语境的内涵,没有对这种互涉关系的深度理解,就无法理解作品本身。

---

① 克里斯蒂娃.主体·互文·精神分析:克里斯蒂娃复旦大学演讲集[M].祝克懿,黄蓓,编译.北京:生活·读书·新知三联书店,2016:11.
② 祝克懿.互文性理论的多声构成:《武士》,张东荪,巴赫金与本维尼斯特,弗洛伊德[J].当代修辞学,2013(5):21.
③ 克里斯蒂娃.主体·互文·精神分析:克里斯蒂娃复旦大学演讲集[M].祝克懿,黄蓓,编译.北京:生活·读书·新知三联书店,2016:13.
④ 克里斯蒂娃.主体·互文·精神分析:克里斯蒂娃复旦大学演讲集[M].祝克懿,黄蓓,编译.北京:生活·读书·新知三联书店,2016:14.

从克里斯蒂娃自身的学术历程来看,她有着一种互文性涌动的人生,一个由"多声部"构成的人生,初来法国的她带来的是巴赫金的对话理论,法国反馈给她的则是弗洛伊德的精神分析,克里斯蒂娃随后在哲学、政治学、精神分析、女性主义等领域均展现出一个多姿多彩的"互文人生"。

(四)跨文本性

朱莉娅·克里斯蒂娃的互文性理论与巴赫金的对话理论一经学界探讨,标出性凸显,遵循这一思路展开的文献此起彼伏,如热奈特的跨文本[1]、麦克林的附加文本[2]、洛特曼的符号域[3]、费斯克的水平垂直互文性分析[4]以及国内学者的潜文本概念。这些概念的展开一方面说明了互文性理论在探讨语境方面的重要价值;另一方面,其汇流使克里斯蒂娃的文本间性几乎成为一个囊括所有的伞形概念,一个宏观的文化概念,缺乏操作性,难以用于具体的文本分析。然而,不可忽视的是,在克里斯蒂娃提出互文性理论之后,能够随即对这一理论做出明确回应的学者当属同时代的法国文学理论家热拉尔·热奈特(Gerard Genette,1930—2018),他尝试对互文性理论进行精确的界定,使之成为一个可操作的描述工具,初步实现了互文性理论从广义到狭义的过渡和转变,具备一定的可操作性。

针对克里斯蒂娃过于宽泛的文本间性概念,热奈特提出了"跨文本性"(transtexuality)概念,并按其特点进一步切分为五

---

[1] 热奈特. 热奈特论文集 [M]. 史忠义,译. 天津:百花文艺出版社,2001.

[2] MACLEAN M. Pretexts and Paratexts: The Art of the Peripheral [J]. New Literary Theory, 1991, 22 (2): 273−279.

[3] LOTMAN Y. Universe of the Mind: A Semiotic Theory of Culture [M], trans. SHUKMAN A. London: I. B. Tauris & Co. Ltd., 1990.

[4] FISKE J. Television Culture: Popular Pleasures and Politics [M]. London: Methuen, 1987.

类：第一类是克里斯蒂娃的互文性（intertexuality），类似于赵毅衡先生提出的前文本，鉴于这一定义的宽泛，热奈特将它界定为"两个或若干个文本之间的互现关系，从本相上最经常地表现为一文本在另一文本中的实际出现"①，包括引用、抄袭和用典，内涵上有狭义和广义之分，并强调这是文学阅读的特有方式，任何文本都是一种二度书写，是文学性的体现，而文学文本和非文学文本直线型的阅读方式只能产出含义。第二类是副文本（paratext），如标题、副标题、前言、跋、序、插图、封套和手记等，目的是再现作者、编者和出版者的意图，客观上调控和引导读者对文本的接受和解读。副文本是热奈特最为看重的，并通过其专著《门槛》（*Paratexts*：*Thresholds of Interpretation*）②来探讨，在当时"作者已死"的时代潮流中不为所动，坚守结构主义立场。第三类是元文本（metatext），以或隐或显的评论为基础，与文学批评息息相关。可以说，元文本在规范和引导作者创作走向和读者接收趣味方面有着不可替代的功能和作用，热奈特对此着墨不多，为以后对元文本的研究留下了较大的阐释空间。第四类是广文本（architext），后来赵毅衡先生也称之为型文本，与叙事话语和文学类型的范畴划分相关。对世界的范畴化和分类可以说是人的天性之一，相对于克里斯蒂娃和巴特大而无度的文本间性概念，广文本具有较强的可操作性。第五类也就是最后一类则是承文本（hypertext），也称为"超文本"，以一种非评论关系将 A 文本和 B 文本联系起来，前者是在后者的基础上嫁接或派生，如同文本的改写、仿写，甚至跨越不同的体裁。

热奈特的跨文本理论坚守结构主义立场，构建了一个互文性

---

① 热奈特.热奈特论文集［M］.史忠义，译.天津：百花文艺出版社，2001：69.
② GENETTE G. Paratexts：Thresholds of Interpretation［M］, trans. LEWIN J E. Cambridge：Cambridge University Press，1997.

理论体系，凭借五种文本类型的切分，将克里斯蒂娃飘逸的文本间性理论予以规范和细化，具备较高的可操作性。显然，克里斯蒂娃和热奈特对于同一互文性概念给出了截然不同的解读，前者强调无边界的文本，后者追求稳定系统的互文关系，辛斌对此给予了十分精辟的点评，"互文性一开始就被后结构主义者用来挑战认为意义是客观和稳定的传统观念。与后结构主义相对，结构主义者则运用互文性概念来寻求意义的稳定性和批评的确定性。同一术语在不同的理论家那里似乎获得了截然相反的解释和运用，表明了互文性是一个多么灵活的概念"[①]。从内涵来看，热奈特的跨文本性不是一个具体的文本类型，而是文本的一种状态，或者说是文学性的体现。热奈特的"跨文本性"和克里斯蒂娃的"文本间性"都属于互文性的范畴，前者的内涵更广，为了对两者做出区分，史忠义指出，在某些特定语言环境下，把同学科不同文本之间的互文性叫作文本间性，而把不同学科间不同文本的互文性叫作跨文本性，尝试赋予两个术语新的含义[②]。

（五）伴随文本

1. 伴随文本的界定与分类

在克里斯蒂娃的互文性理论和热奈特跨文本分类的基础上，赵毅衡提出了更为完备、具有较强操作性和包容度的伴随文本概念，这一概念能够同时适用于语言学和非语言学领域。在赵毅衡看来，"任何一个符号文本，都携带了大量社会约定和联系，这些约定和联系往往不显现于文本之中，而只是被文本'顺便'携带着，……隐藏于文本之后、文本之外，或文本边缘，却积极参

---

[①] 辛斌.互文性:非稳定意义和稳定意义[J].南京师大学报（社会科学版），2006（3）:119.

[②] 史忠义.20世纪法国小说诗学:比较文学和诗学文选[M].开封:河南大学出版社，2008:105.

与文本意义的构成，严重地影响意义解释"①。为了便于微观层面的操作和分析，赵毅衡依据各伴随文本的关系指向和功能作用，进一步切分为六大类：副文本、型文本、前文本、元文本、链文本、先/后文本；分别凸显以下六大因素：框架、类型、引用、评论、链接、续写。同时，根据各伴随文本的主导功能和趋向，将六大类大致做了三个层次的划分：显性伴随文本（副文本和型文本）、生成性伴随文本（前文本）和解释性伴随文本（元文本、链文本和先/后文本），分别对应文本的三个基本要素：文本本身、发出者、接受者。其中，时间向度也是考虑因素之一，有在文本生成之前产生的伴随文本，如前文本；有与文本同时产生的伴随文本，如副文本和型文本；也有在文本之后产生的伴随文本，如元文本和链文本，而先/后文本本身即体现了时间向度。

2. 伴随文本的基本内涵

根据上面的分类，下文依据赵毅衡的理论阐述依次讨论伴随文本的六大类型。副文本（paratext）是"显露"在文本表现层的伴随因素，可以说是文本的"框架因素"，如书籍的封面、版次、插图、序言、作者等信息，电影的片头片尾主题曲，唱片的封套以及商品的包装标签等，副文本往往落于文本的边缘，甚至超越文本边界，借助其他媒介来体现，如CD唱片的外封套。不可否认的是，副文本对于文本的接受作用重大，然而过于痴迷副文本而忽视文本本身，就会出现"买椟还珠"的荒唐举动。型文本（architext）也是文本显性框架的一部分，强调文本所属的集群与类型，即文化背景下的"范畴化"，是文本与文化的媒介，归类标准不一而足，如派别、风格、体裁、作者、时代，甚至同一奖项或同一平台，其类别往往可以通过副文本或文本形式体现。型文本可以说是表意和解释的基本程式，一盏红灯，是喜

---

① 赵毅衡.符号学:原理与推演[M].南京:南京大学出版社，2016:139.

宴、停车信号，还是商店的招牌，则要看灯的类别归属：红灯笼、交通灯、招牌灯。前文本（pretext）是"一个文化中先前的文本对此文本产生的影响，是文本生成时受到的全部文化语境的压力，是文本生成之前的所有文化文本组成的网络"[①]。这一定义与克里斯蒂娃的互文性理论极为接近，强调文本间性。前文本有狭义和广义之分，狭义前文本指"一次具体的文本创作实践中的那些能有迹可循的各种典故、戏仿、暗示等'引用因素'"；广义前文本则指"文本生成时所受的全部文化语境压力，不仅包括那些被'引用'了的文本，同时也包括那些被'排除'了的文本"[②]。对于广义前文本中的被"引用"与被"排除"，前者也许只是冰山一角，更多的伴随文本的深度解读依赖于文本中作者没有写出的、有意无意遮蔽的内容。

元文本（metatext）是"关于文本的文本"，可以是评论，也可以是预告、新闻或花絮，在时间向度上可以在文本接受之前，也可以在文本接受之后。链文本（linktext）是"接受者解释某文本时，主动或被动地与某些文本'链接'起来一同接受的其他文本"[③]。此处的链文本不同于前面的型文本，后者强调类型，前者强调同时在场，正如购买商品房时，型文本可能指的是同一户型，链文本则是购房时考虑的各种因素，如周边购物环境、交通出行、学区房、居住人群等因素。先/后文本（proceeding/ensuing text）是有明确相互关系的两个文本，如仿作、续集、后传、甚至"山寨"、恶搞等。不同于热奈特的承文本，只强调了后文本，忽略了先文本。这里需要区分一下先文本与前文本，前文本是文本产生前的全部文化语境压力，而先文本则较为具体和

---

① 赵毅衡.符号学:原理与推演[M].南京:南京大学出版社，2016:143.
② 李玮,蒋晓丽.试对"伴随文本"理论进行修正与扩展[J].甘肃社会科学，2012（4）:252.
③ 赵毅衡.符号学:原理与推演[M].南京:南京大学出版社，2016:145.

明确,"前文本是文本出乎其中的文化网络……,而先/后文本,则关系非常明确。后文本的情节,从一个特定先文本化出……一个文本对先文本的依赖,远远超出一个文本产生时依赖前文本的明显程度"[①]。例如,胡戈的网络短片《一个馒头引发的血案》,其先文本是陈凯歌执导的电影《无极》,讽刺其中的馒头情节,析出了《无极》原本具有的"崇高意义"。坊间流行曲《你总是脚太软》讽刺中国男足在冲刺世界杯过程中的屡屡折戟,其先文本是任贤齐的歌曲《心太软》。

值得一提的是,在六种伴随文本中,除了先/后文本外,其他五种是任何文本都具备的。先/后文本是部分文本才具有的,某些文本自身则是独立的存在,尤其在追求原创的艺术领域更是如此。在与文艺领域相对的日常生活中,人类的全部行为,或依潮流而行或随传统而动,先/后文本几乎随处可见,我们的衣食住行、一举一动,无不闪烁着先文本的身影。

3. 伴随文本的价值

根据赵毅衡的伴随文本理论,克里斯蒂娃的文本间性只是相当于六种伴随文本理论中的前文本和先文本,增加了热奈特跨文本理论体系中没有的链文本和先文本,使伴随文本理论更显细化、微观和具有可操作性,并跨越了语言和文学领域,步入非语言符号领域,同时兼顾了文本的生成、解释以及文本自身,呈现不可忽视的系统性和完备性,使我们对语境(context)的全方位深度解读成为可能。

依据伴随文本理论,面对任何一个符号文本,我们都可以轻松找出其伴随文本,解开符号表意的秘诀。以我们熟悉的四六级考试这一符号文本为例,考试工作人员、监考人员、命题人以及考生本身都是必不可少的副文本,也包括现场医护人员、安保、

---

① 赵毅衡.符号学:原理与推演[M].南京:南京大学出版社,2016:147.

考场纪律要求和金属探测仪等。标准化测试的理念、听说读写的均衡发展等则属于前文本,四六级考试本身的题型变化、分值分配、听说比重等则是型文本,而历年考试真题自然是先文本,是考生复习过程中不可或缺的备考资源,根据真题出版的模拟题则是后文本,其参考对象大多是最近考过的或即将进行的一次四六级考试真题。对四六级考试本身的评论、建议以及相应的考前预测和考后解析则是元文本,而始终无法根除的各类培训班、作弊产业链等则属于链文本。

可以毫不夸张地说,伴随文本控制着符号文本的生产和解释,无论符号发出者和接受者是否意识到。一旦失去伴随文本的支撑,符号表意则是无本之木、无源之水,原本实实在在的符号文本则如置身真空状态,空空如也。"一旦洗尽文本携带的所有伴随文本,就切断了文本与文化的联系,文本就会解体成为一堆不可解的感知集合"[1]。

现实生活中,对伴随文本的执着和狂热已成社会常态,所谓的"爱屋及乌"就是链文本的体现——对于影视作品,观众凡言情、武侠题材必看,这体现了观众对型文本的执着;受众对体育影视评论乃至演艺人员的八卦传闻有着难以割舍的嗜好,则是热衷元文本的体现。这导致整个文化产业、影视行当无不依赖消费者对伴随文本的偏执而从中牟利。

正如伴随文本理论的提出者赵毅衡所说的:"我们的思想意识本来就是一部合起的伴随文本词典,等着解读时来翻开,来激发。……从这个意义上来说,我们在读到一个文本之前,已经理解这个文本;也只有理解了的文本,才能被我们理解。"[2]

---

[1] 赵毅衡.符号学:原理与推演[M].南京:南京大学出版社,2016:151.
[2] 赵毅衡.符号学:原理与推演[M].南京:南京大学出版社,2016:154.

4. 伴随文本理论的批评与反批评

赵毅衡的伴随文本理论在学界引起较大反响,拓展了"文本间性"的内涵,但对其伴随文本的分类,一些学者有着不同的声音和看法。李玮、蒋晓丽指出,"严谨的科学研究要求研究者对事物的分类要做到'穷举'和'互斥'"①。对于赵毅衡的伴随文本理论而言,"穷举"方面应无问题,六种伴随文本的分类已经比较齐备和系统。李玮、蒋晓丽认为,伴随文本理论在"显性""生成"与"解释"三分类之间,以及"文本生成前就已经出现的""文本出现后才带上的"两分类之间存在部分"不互斥"的问题。② 例如,赵毅衡强调,伴随文本可显可隐,在归类时,却只将副文本和型文本归入显性伴随文本,其他四类伴随文本却不一定是隐性的,也有凸显和标出的时候;对于生成和解释的区分,部分伴随文本两者的功能兼而有之,而非只有一种;同样的问题,也存在于文本生成前和文本出现后的区分中。

笔者认为,伴随文本的分类应是合理得当的,其遵循的原则是伴随文本的主导功能和趋向,个别种类之间的部分重叠和互斥并不影响主导伴随文本的呈现趋向和时间维度。热奈特在提出自己的跨文本理论时也强调说,五种跨文本类型不是封闭孤立的,彼此之间总存在一定的接触和重叠,其彼此关系既丰富又重要。③ 例如,型文本的特点往往通过副文本得以展现,先/后文本也往往带有一定的评论意味,体现部分元文本的功能;同样,元文本的顺利实施也离不开前文本、先/后文本的辅助。

---

① 李玮,蒋晓丽.试对"伴随文本"理论进行修正与扩展[J].甘肃社会科学,2012(4):252.
② 李玮,蒋晓丽.试对"伴随文本"理论进行修正与扩展[J].甘肃社会科学,2012(4):252.
③ 热奈特.热奈特论文集[M].史忠义,译.天津:百花文艺出版社,2001:77.

## （六） 实例分析[②]

从上一章的论述可知，交际过程中，姿势、表情、语调、音高等伴随文本对于情感功能的实现发挥着重要作用，指称性和情感性也密不可分。通过本章的分析，伴随文本对于文本自身的阐释也会发挥不可忽视的导向作用，使文本成为浸透社会文化因素的"复合体"，其作用如同符码，实现元语言的阐释功能，因而指称性和元语言性也密不可分。例如，写好的著作在出版前，往往盛行请名人或大家为之写序；同时，在各大学报或期刊发表由阅读者撰写的书评，其实也是发挥伴随文本的阐释作用，一方面可以吸引读者，激发潜在读者的阅读愿望，另一方面也潜移默化地引导读者对文本的解释方式。

从型文本来看，冯小刚的贺岁电影已成系列，几乎每一部作品都会给观众带来美好的期待，并作为前文本为其未来的贺岁片造势，如《甲方乙方》《大腕》《手机》《私人定制》等，观众看到导演的名字，也就有了相应的心理预期和阐释方式。同样，吴京自导自演的作品《战狼》，深受院线好评，其后文本《战狼 II》也随之创下国产电影历史最高票房纪录及全球单一市场单片最高票房纪录。继承了型文本的一贯优势，吴京在新作《流浪地球》中担任出品人并主演，更是掀起了新的观影热潮，刷新票房纪录。在副文本方面，原本不起眼的商品或画作，一旦以惊人的价格出售或加上大家的名号，购者可能趋之若鹜，也是副文本的框架因素在发挥作用。

在前文本上，任何文本都无法脱离社会文化历史等语境因素

---

[①] 分析中的部分实例和图片来自超星慕课《意义生活:符号学导论》，特此感谢。赵毅衡，陆正兰，彭佳，等.意义生活:符号学导论［EB/OL］.（2017—09—01）. https://mooc1-2.chaoxing.com/course/200142106.html.

的影响。随着网络时代的到来，评论文本（即元文本）的形式也不断翻新，如豆瓣网、优酷网、百度网吧等，链文本的呈现也更为方便，如读者在亚马逊平台购书，购买或浏览一本书时网页往往会出现购买或浏览此书的顾客也同步关注等行为，如图5-3。

图5-3 评论文本和链文本举例

## 三、信息与诗性功能

### （一）语言的诗性功能

当交流趋向于信息本身时，凸显的是语言的诗性功能。1958年雅各布森在《语言学与诗学》一文中提出语言的诗性功能（poetic function），实现了语言学和诗学的联姻，诗性功能不再是文学语言所独有的，日常生活语言也能展现这一特点，只是语言的主导成分和趋势不同而已。诗学和语言学的彼此融合自始至终处于雅各布森学术研究的核心，而诗性功能可以说是雅各布森最负盛名、也着力最多的语言六功能之一，并从实践中探究了诗性功能的实现路径。

雅各布森指出，远离语言学的普遍问题来开展诗性功能的研究注定是难见成效的；同样，对语言的探究也无法脱离诗性功能来开展。任何试图将诗性功能局限为诗歌所独有，或认为诗歌研究就是对诗性功能的研究的做法，都是过分简化的，是误导性的。诗性功能不是诗歌等文学语言唯一的功能，而是其主导性、决定性功能，在其他言语活动中，也会体现诗性功能，只是弱化为辅助性功能而已。因此,诗性功能的语言学研究必须跨越诗歌的门槛,而对诗歌的语言学研究也不能仅仅局限为诗性功能,例如,以第三人称叙述为主的史诗蕴含指称功能,而第一人称或第二人称的抒情诗则同时表现了情感功能或意动功能。① 显然,"主导不是诸功能中某一种的垄断,而是一种不同功能的等级序列"②。

不同于具有明确指称性的语境(对象),诗性功能凸显的是语言本身,往往缺乏明确指称;诗性功能更多关注语言的形式,而非交际内容,形式的微调或代码的更换都会导致原有的诗意荡然无存。然而,日常生活语言的主导趋向是交际内容,同样的所指可由不同的能指(言语)来呈现。正如我们常说言语符号是思想的媒介和载体,我们经由它们寻觅其背后的所指,一旦理解,言辞本身就不再重要,正所谓"得意忘言"或"得意忘形",如《庄子·杂篇·外物》中所说:"言者所以在意,得意而忘言。"雅各布森指出:"当语词作为语词被感知,而非作为被命名客体的再现或一种情感的宣泄,当语词及其组合、意义、内外形式获得了自身的分量和价值,而非对现实冷漠的指代,诗性就到场了。"③ 正是文学作品自身独特的语言结构和功能等"区别性特征"体现了"文学性"(literariness),将文学语言与日常生活语言区别开来,文学语言指向自身,信息的自指赋予了形式本身以意义,能指即为所指;日常生活语言则以其他功能为主导,如指称功能、意动功能或情感功能。正如雅各布森所说,诗性功能

---

① JAKOBSON R. Linguistics and Poetics [M] // JAKOBSON R. Language in Literature. London: The Belknap Press, 1987: 69.
② 张杰. 20 世纪俄苏文学批评理论史 [M]. 北京:北京大学出版社,2017:290.
③ JAKOBSON R. What is Poetry? [M]. JAKOBSON R. Language in Literature. London: The Belknap Press, 1987: 378.

"通过提高符号的可触知性，加深了符号和客体的根本分裂"[1]，符号的指称性被压制，不再指向外部世界，而是反观自我，实现了诗性功能，也是诗之为诗的根本原因。

对于诗性功能的语言学实现路径，即诗歌必不可少的特征，雅各布森从索绪尔的聚合（paradigmatic）和组合（syntagmatic）概念延伸出了选择（selection）和结合（combination）两个概念，选择基于对等（equivalence），即同义反义、相似相异等，而结合源于邻近（congruity），形成序列。在雅各布森看来，"诗性功能的实现路径就是将对等原则从选择轴投射到了组合轴上"[2]。聚合轴上原本隐而不显的对等原则在组合轴上得以标出、凸显，成为实现诗性功能不可缺少的工具，可以表现在一首诗内部不同音节之间的韵律、词性、长短等。其中，最突出的例子要数中国的对联或"对子"了，其对内容的要求倒在其次，更注重台词的工整对仗、朗朗上口。杜甫《登高》一诗的颔联和颈联，"无边落木萧萧下，不尽长江滚滚来"和"万里悲秋常作客，百年多病独登台"，对仗就极为工整。

（二）文学性、陌生化和前推论

终其一生，雅各布森无论身处何处，在其周围总是能够形成一个崇尚人文思维和科学精神的研究团队：从莫斯科语言小组和诗歌语言研究学会到布拉格语言学小组再到美国语言学小组，而雅各布森本人对语言结构的动态功能考察、对部分和整体关系的重视、对变量和不变量的探究和对语言普遍规律的求索则伴随其一生，成为其学术体系中不变的核心。

---

[1] JAKOBSON R. Linguistics and Poetics [M] // JAKOBSON R. Language in Literature. London: The Belknap Press, 1987: 70.

[2] JAKOBSON R. Linguistics and Poetics [M] // JAKOBSON R. Language in Literature. London: The Belknap Press, 1987: 71.

1. 文学性

雅各布森于 1919 年提出的"文学性"(literariness)是其语言学诗学的核心概念，推动了 20 世纪文学研究从以作者为中心到以文本为中心的转向，是连结俄国形式主义、布拉格学派和法国结构主义的纽带。

为了确立文学学科独立的学科地位，区别于心理学、社会学、文化史等邻近学科，雅各布森在研究俄罗斯未来派诗人的一篇文章中指出："文学学科的研究对象不是文学的全部，而是文学性，即一部作品何以成为文学作品。"[①] 那么，相对于以往文学研究对作家思想、道德、传记甚至历史的重视，雅各布森强调文学性是文学材料的区别性特征（distinctive features），是文学语言本身，是文学语言区别于日常生活语言的独有特征。正如同绘画的研究对象是视觉材料，音乐的研究对象是声音，舞蹈的研究对象是动作本身，语言的自我指涉体现了诗性功能，也是文学性的具体表现。雅各布森对文学性的界定，促进了文学研究从作者到文本的转变，也实现了诗学和语言学的联姻——语言学研究一般语言，而诗学研究艺术语言；诗学在文学中占据首要地位，诗学又是语言学的一部分。

通过文学性的概念，雅各布森确立了文学的独立学科地位，融合了诗学与语言学，在《语言学与诗学》一文中进一步指出文学性的具体研究范畴："诗学研究的首要问题是什么使语言信息成为艺术品呢？诗学在文学研究中占据主要位置的原因在于它的主要研究对象是语言艺术相对于其他艺术和其他语言行为的区别性特征。……正如绘画分析关注图形结构，诗学主要分析语言结构。既然语言学是关于语言结构的学科，诗学自然成为语言学不

---

① ERLICH V. Russian Formalism: History-Doctrine [M]. The Hague: Mouton Publishers, 1980: 172.

·第五章 指称性与诗性·

可或缺的一部分。"① 语言结构，即文学作品的内在规律和结构特征，成为诗学的主要研究对象。为了说明这一点，雅各布森在其学术生涯早期将传统的文学史研究比作一个"众多国产学科组成的松散聚合体"，其研究方法如同警察查案的做法，"在接到一个命令去逮捕一个嫌犯时，会将嫌犯公寓内见到的一切人证、物证一并带来，甚至包括街上恰巧路过的行人"②。同样，传统文学史家对文学的研究与这一做法相似，"不加区分地将道德观念、心理学、政治学、哲学一并囊括进来"，显得大而无当，缺乏研究重心和侧重点，自然无法凸显文学的独立学科地位。为了解决这一问题和困境，年轻的雅各布森大声疾呼："文学史若想成为一门科学，必须把艺术手法作为自身唯一的关注。"③ 对艺术手法（artistic device）的痴迷与探究成为雅各布森语言学诗学研究的重点，文学作品中的其他构成要素如意识形态、情感内容和人物心理等方面被刻意搁置一旁。

1975年5月20日在同德国科隆大学语言学院的师生们的座谈会上，雅各布森探讨了文学的实质（literary substance），指出其与内容的不同，强调了诗学独特的研究对象。④ 雅各布森指出，艺术品的翻译难以实现真正意义上的翻译，即便一个诗人翻译另一个诗人的作品，原作的一些特点得以保留，大部分却失去

---

① JAKOBSON R. Linguistics and poetics [M] // JAKOBSON R. Language in Literature. London: The Belknap Press, 1987: 63.

② ERLICH V. Russian Formalism: History-Doctrine [M]. The Hague: Mouton Publishers, 1980: 71.

③ ERLICH V. Russian Formalism: History-Doctrine [M]. The Hague: Mouton Publishers, 1980: 76.

④ JAKOBSON R, KITRON S. On Poetic Intentions and Linguistics Devices in Poetry: A Discussion with Professors and Students at the University of Cologne [J]. Poetics Today, 1980 (1): 87—96.

了，翻译过来的作品甚至说是一首新诗也不为过。[1] 这一观点同样适用于艺术作品在不同媒介之间的转换，如诗转换为绘画、小说拍成电影等，艺术的形式发生变换，符号的结构随之改变，对于诗而言，是语言的结构发生了变化。不可否认的是，不同艺术形式之间能够转换，彼此之间必然存在一些共同要素，如内容得以保留，但本质的重要特征已经失去。相对于内容层面，雅各布森指出："诗性价值在于表达层面——词语最广泛意义上的表达。正是语言的外部和内部形式决定了诗之所以为诗。"[2] 因此，雅各布森的诗学主要探究符号结构，也就是从符号学层面入手分析，或者更准确地说，雅各布森语言学诗学的研究对象是艺术作品的语言符号。雅各布森始终秉持这一观点，在《语言学与诗学》一文结束时大声疾呼："我们所有人必须意识到，一个对语言的诗性功能充耳不闻的语言学家和一个对语言问题漠不关心、对语言学方法知之甚少的文学家同样都是十足的时代落伍者。"[3]

基于"文学性"概念的求索，语言学和诗学在雅各布森这里水乳交融般地融合在了一起，创立了文学史和语言理论上独具魅力的语言学诗学。

2. 陌生化

与雅各布森的文学性概念具有同等重要文论地位的大家是其同时代的维克多·什克洛夫斯基（Viktor Shklovsky, 1893—

---

[1] JAKOBSON R, KITRON S. On Poetic Intentions and Linguistics Devices in Poetry: A Discussion with Professors and Students at the University of Cologne [J]. Poetics Today, 1980 (1): 90.

[2] JAKOBSON R. On Poetic Intentions and Linguistic Devices in Poetry: A Discussion with Professors and Students in the University of Cologne [M] // JAKOBSON R. Verbal Art, Verbal Sign, Verbal Time. Minneapolis: University of Minnesota Press, 1985: 72.

[3] JAKOBSON R. Linguistics and Poetics [M] // JAKOBSON R. Language in Literature. London: The Belknap Press, 1987: 94.

1984)提出的陌生化(ostranenie)理论。"陌生化"和"文学性"两种文论概念具有异曲同工之妙,均表现为对文学形式的重视,强调语言的诗性功能,共同推动20世纪西方文论从"作者为中心"向"文本为中心"的转变。作为俄国形式主义的代表理论家之一,彼得堡诗歌语言研究会的创始人之一,奥波亚兹(彼得堡诗歌语言研究会的俄文缩写音译)的领袖人物,什克洛夫斯基提出的陌生化理论为文学形式的分析提供了重要的分析方法和理论依据,在世界文坛和我国都引起了巨大反响,后虽因政治压力而被迫宣称放弃这一文论,其影响力却日久弥坚。

为了强调文学研究的纯粹性,剥离其与社会意识形态的关联,什克洛夫斯基以其一贯的夸张好战言辞宣称:"艺术总是独立于生活,它的色彩永远不会反映城堡上空飘扬的旗帜的颜色。"[①] 如同雅各布森对艺术手法的强调与痴迷,什克洛夫斯基强调艺术不是对生活的模仿与反映,艺术创作有其独立的内在规律和法则。什克洛夫斯基在其名著《散文理论》中宣称:"我的文学理论是研究文学的内部规律。如果用工厂方面的情况来作比喻,那么,我感兴趣的不是世界棉纱市场的行情,不是托拉斯的政策,而只是棉纱的支数和纺织方法。"[②] 这里的内部形式和规律是指形式主义分析作品的原则和方法,形式主义不是对文学经典的否定,而是对经典作品的形式结构和构成路径进行细细探究,以求揭示其内在规律和独立存在方式。在什克洛夫斯基看来,文学作品的形式和内容不是二元对立,形式和文学的另一形式相对立,"一个新的形式不是为了表达一个新内容,而是为了取代已经丧失其艺术性的旧形式。……文学作品是纯形式,它不

---

① 张杰.20世纪俄苏文学批评理论史[M].北京:北京大学出版社,2017:272.
② 张杰.20世纪俄苏文学批评理论史[M].北京:北京大学出版社,2017:272.

是物，不是材料，而是材料之比"①。

　　相对于以往文论对诗歌意象（poetic image）的强调和用词上的省力原则（the law of economy），年轻的什克洛夫斯基在《作为技巧的艺术》一文中提出了"陌生化"的概念。② 在谈论"陌生化"之前，什克洛夫斯基首先谈及了与陌生化相对的"自动化"（automatization），"我们习惯了恐惧，心就不再害怕；习惯了美丽，心就拒绝欣赏；习惯了身边的人，心就无法感受到个体的美。艺术让世界重新变得真实可感"③。自动化的生活使事物变得无足轻重，艺术使世界重获意义，我们中多少人已经忘却了首次握笔写字时的激动，忘记了初讲外语时的兴奋，我们中又有多少人几乎难以回想起几天前的日常活动，因为感知的毫不费力和自动化，所以几乎没有留下任何记忆痕迹，在当代认知科学上已经证明了这一点——认知投入越少，记忆留存越少。自动化几乎吞噬了一切：家人、衣着、恐惧、喜悦和对生活的感受，自动化的生活犹如从未生活过，就像生活在海边的人对海浪的声音，无论是咆哮还是窃窃私语，都置若罔闻。什克洛夫斯基指出："艺术之所以存在，就是为使人恢复对生活的感受，就是为使人感受事物，使石头显示出石头的质感。艺术的目的是要人感觉到事物，而不是仅仅知道事物。艺术的技巧就是使对象陌生，增加感觉的难度和时间长度，因为感觉本身就是审美目的，必须设法延长。艺术是体验对象的艺术构成的一种方式；而对象本身并不重要。"④

---

　　① 张杰.20世纪俄苏文学批评理论史［M］.北京：北京大学出版社，2017：272.
　　② SHKLOVSKY V. Art, as Device［J］, trans. BERLINA A. Poetics Today, 2016, 36（3）: 151—174.
　　③ SHKLOVSKY V. Art, as Device［J］, trans. BERLINA A. Poetics Today, 2016, 36（3）: 151.
　　④ 张杰.20世纪俄苏文学批评理论史［M］.北京：北京大学出版社，2017：273.

显然，艺术不是对生活的模仿和反映，而是通过艺术加工和处理的手法使对象陌生，增强审美过程中的审美感受，"这种从审美认识、审美目的向审美感受和审美过程的转向，实际上是形式主义者把批评由创作中心转向以文学作品和对文学作品接受为中心的必然结果"[①]。艺术陌生化的实现是通过语言的陌生化来实现的，什克洛夫斯基指出托尔斯泰在《战争与和平》中陌生化手法的运用就是"不以名字本身来称呼事物或事件，而是以似乎第一次看到或第一次发生的方式来描述它们"（not calling a thing or event by its name but describing it as if seen for the first time, as if happening for the first time）[②]，如用一小片白色面包来代替圣餐，一小块绘彩纸版代替点缀，艺术语言在凸显审美感受方面"如何描述"比"描述什么"更为重要。在什克洛夫斯基看来，艺术语言的陌生化处理也揭示了艺术语言和日常生活语言的不同。[③] 什克洛夫斯基指出，两者虽然都是语言的交际手段，日常生活语言基于意义的自动生成机制，以传递信息为主，一切都是自动的、下意识的，言者和听者几乎都无法感受到言语交际过程的存在，几乎不存在任何诗学价值；艺术语言则通过对语言的加工、扭曲、变形等陌生化处理，使读者倍感新意，阻止意义的自动生成，延长语言的接受过程，凸显语言自身的美学价值和诗学功能。[④] 然而，值得强调的是，文学创作并非越陌生文学性就越强，这里存在一定的限度和规约，即文学创作陌生化和生活化的融合，而应考虑到读者的接受效果。

---

① 张杰. 20世纪俄苏文学批评理论史 [M]. 北京：北京大学出版社，2017：273.
② BERLINA A. Viktor Shklovsky: A Reader [M]. New York: Bloomsbury Publishing Inc., 2017: 81.
③ BERLINA A. Viktor Shklovsky: A Reader [M]. New York: Bloomsbury Publishing Inc., 2017: 93.
④ BERLINA A. Viktor Shklovsky: A Reader [M]. New York: Bloomsbury Publishing Inc., 2017: 94.

3. 两者对比

雅各布森和什克洛夫斯基在文学性和诗性功能的看法上有着相似之处，也有侧重点的不同，两人均关注文学作品的形式本身，认为文学形式本身就是目的和内容，坚持文学语言和日常生活语言的区分。然而，两者的实现路径不同，雅各布森重视诗歌语言的自我指涉，通过对等原则和平行法则实现诗性功能；什克洛夫斯基强调文学语言的陌生化处理技巧带来的接受效果。从双轴关系来看，雅各布森通过双轴关系，利用选择轴向组合轴的投射，实现对等原则和平行结构，而什克洛夫斯基的陌生化理论本质上也是双轴关系中的聚合轴宽幅选择远远超出了我们日常生活的理解而产生的陌生化效果。

无可否认的是，什克洛夫斯基在100年前提出的"陌生化"（making it strange）、"自动化"（automatization）和"可感性"（perceptibility）等术语在20世纪文论界掀起了一股前所未有的、充满陌生化的清新之风，至今仍有现实意义和理论诠释力。相对于雅各布森而言，什克洛夫斯基的文论更像是未来派诗歌实验的原理剖析，而非文学学科的系统方法论，诗学、语言学和符号学的当代融合在雅各布森的语言学诗学理论中得到最充分的体现。雅各布森指出，文学语言的诗性功能在于凸显能指与所指的疏离，以区分于日常生活语言中能指和所指的"亲密无间"，没有这种区分，符号与客体之间的联系自动生成，我们对现实的感知也会日渐消退。对于雅各布森而言，"当前的首要问题不是感知层面主体和客体之间的互动，而是符号和指称对象之间的关系；不是读者对待现实的态度，而是诗人自身对待语言的态度"[1]。

---

[1] ERLICH V. Russian Formalism: History-Doctrine [M]. The Hague: Mouton Publishers, 1980: 181.

雅各布森通过对文学语言的近距离观察和语言学剖析，凸显了诗歌语言中的对等原则和平行结构，在语法的诗歌和诗歌的语法中完美诠释了文学语言尤其是诗歌的诗性功能。

4. 前推论

什克洛夫斯基的陌生化理论堪称俄国形式主义的旗帜，而与俄国形式主义有着深厚理论渊源的布拉格学派主要人物穆卡洛夫斯基提出了"前推论"（foregrounding）概念，两者有着某种程度的吻合，陌生化是自动化的对立，前推本身也是一种凸显，是对自动化的解构。穆卡洛夫斯基基于索绪尔的语言符号理论，其前推论更为看重系统和结构。若把一首诗看作一个系统，部分成分的前推必然伴随着某些成分的后移，成为前推成分的背景，而前推成分则是系统中的主导成分，诗歌的不同成分彼此关联成为一个不可分割的整体。

穆卡洛夫斯基在《标准语言和诗歌语言》一文中谈及诗歌语言与标准语言的不同时指出，"诗歌语言的作用就在于为话语提供最大限度的前推。前推是与自动化相对的，也就是非自动化。一个行为的自动化程度越高，有意识的处理就越少，而其前推程度越高，就越成为完全有意识的行为。客观地说，自动化是对事件的程式化，前推则意味着违反这个程式"[①]。穆卡洛夫斯基进一步解释说，相对于诗歌语言的前推，自然科学语言是最纯粹的标准语言，在熟悉术语的基础上，其处理完全是自动化、下意识的，任何新颖的被前推的科学术语都会迅速在意义生成和接受上自动化。除了科学语言，散文和新闻文体等标准语言中也存在大量前推的例子，但其总是"服从于表达，目的是吸引读者（或听

---

[①] 赵毅衡.符号学文学论文集[M].天津:百花文艺出版社,2004:18.

众）更加关注前推表达方式呈现的话题内容"[1]。显然，在标准语言中，主导功能是语言的指称功能，前推手法的运用是辅助性的，为主导功能服务。在诗歌语言中，前推得到最大化的展现，交际内容处于背景中，凸显前推手法本身，展现诗性功能的主导地位。从系统的视角来看，一件文艺作品中所有成分（内容、形式）的前推是不可能的，全部成分的前推只会走向新的整体的自动化，部分成分占据前推位置必然伴随其他成分的背景位置，正是主导成分创造了诗歌等文艺作品中这种"多样性的统一"（unity in variety），有和谐相处，也有冲突，有趋向主导成分的聚合（convergence），也有非主导成分抵制这一趋势的分散（divergence）。[2] 正是由于非主导成分的抵制才更显主导成分的存在，两者之间的张力越大，越能凸显前推手法下的主导。一个缺乏或尚未充分建立标准规范的语言，对语言本身的诗性扭曲显然难以实现前推和凸显；另外，对诗人而言，一个标准语言规范不足的语言能够给诗人提供的语言表现手法也是有限的。在穆卡洛夫斯基看来，"诗歌作品中前推与未前推的成分的相互关系构成了它的包含了聚合与分散的动力性结构。这种结构构成了一个不可分割的艺术整体，因为每一个成分的价值都取决于它与总体的关系"[3]。

穆卡洛夫斯基的前推论与什克罗夫斯基的陌生化理论的共同之处在于，两者都凸显了诗歌语言对陌生化的推崇和对自动化的抵触；另外，相对于什克洛夫斯基的陌生化理论，前推论在分析诗歌等文学语言时更多地强调动态系统和结构，以及主导成分的

---

[1] MUKAROVSKY J. Standard Language and Poetic Language [M]// FREEDMAN D. Linguistics and Literary Style. New York: The Mit Press, 1970: 42.
[2] MUKAROVSKY J. Standard Language and Poetic Language [M]// FREEDMAN D. Linguistics and Literary Style. New York: The Mit Press, 1970: 43.
[3] 赵毅衡. 符号学文学论文集[M]. 天津:百花文艺出版社, 2004:21.

凸显。此外,与同属布拉格学派的雅各布森的诗性功能理论相比较,两者都秉持动态的系统结构观念、认同诗歌语言与日常生活语言在主导成分上的不同,但两者探讨的实现前景化的路径不同,穆卡洛夫斯基强调诗歌语言对标准规范语言的变异和扭曲,雅各布森重视诗歌语言中平行结构和对等原则的运用。总之,无论是俄国的形式主义,还是布拉格学派,都认可语言中诗性功能的存在,强调诗歌语言与日常生活语言的不同,只是不同学者对诗性功能的研究侧重点和实现路径不同。

(三) 双轴关系

符号的双轴关系,可以说是符号学史上提出较早且影响深远的一对概念。其最早是由瑞士语言学家索绪尔提出的,后在多个领域得以应用,显示出强大的生命力,诗学领域也是如此。

1. 对等原则与平行结构

组合轴(syntagmatic)和聚合轴(paradigmatic)是符号文本的两个基本展开向度。组合指符号构成文本的排列组合方式,聚合原来被索绪尔以联想关系(associative relation)来表示,后来的符号学家称之为聚合轴。雅各布森在20世纪50年代在《隐喻和转喻的两极》一文中通过对失语症的研究,提出聚合轴基于选择,组合轴基于邻近,分别以选择轴(axis of selection)和结合轴(axis of combination)命名。[①] 聚合轴基于选择和替换,建立于各要素之间的联想关系,后来雅各布森称之为对等原则(principle of equivalence),各要素之间地位对等,可表现为同义、反义、相似或相近等,在文本中往往隐而不显;组合轴基于邻近和语境,与语言规则相关,通过一定的排列组合方式外显

---

① JAKOBSON R, HALLE M. Fundamentals of Language [M]. The Hague: Mouton Press, 1956: 76.

于文本。任何言语行为，或者任一语链本身都是选择轴和组合轴共同作用的结果，选择轴的要素确定必然考虑组合轴上的需要，也只有组合成形，才能明白隐而不显的聚合轴的运作思量。两者无先后次序之分，往往须经过多轮试推才能最后确定。符号文本的构建需要双轴操作，而对符号文本的深度诠释则需要深入选择和组合构筑的立体空间内，探析文本背后的伴随文本。一场球赛的出场阵容、一届春晚的节目单以及一桌饭菜的背后都有符号双轴运行的痕迹，都是意义求索的符号活动，是人类思维的基本方式。

这里值得一提的是对等原则，在日常生活中，我们依据这一原则选择词语用于句子，展现用词的丰富和多样，对等原则只在选择轴上发挥作用，不外显于文本。然而，在诗歌中，由于平行结构（parallelism）的运用，组合而成的句子在词性、韵律、音节等层面形成对应和呼应，原本选择轴专属的对等原则也被运用于组合轴，成为系统的主导构造手法，隐而不显的对等原则（选择轴）和外显于外的对等原则（组合轴）交相辉映，体现一种诗性的美。例如，生活中脍炙人口的"僧敲月下门""春风又绿江南岸"中的"敲"和"绿"蕴含了选择轴上不在场的诸多语言成分，而"抬头望明月，低头思故乡"中的"抬头"和"低头"、"望"与"思"以及"明月"和"故乡"，本是选择轴上隐而不见的对等成分，此处展现为组合轴上外显的对等平行，正如雅各布森在《语言学与诗学》一文中指出的——"诗性功能将对原则从选择轴投射到了组合轴上"[1]。

对于诗歌语言中对等原则和平行结构的运用，田星有一段十分精彩的阐述：

---

[1] JAKOBSON R. Linguistics and Poetics [M] // JAKOBSON R. Language in Literature. London: The Belknap Press, 1987: 71.

语言依据选择和组合这两个轴构建着自身，诗歌则运用"对等原则"有意识地"破坏"这两个轴的惯常运作来达成——"诗性功能"的关键是"对等原则"在组合轴上起作用。"对等原则"发挥作用，就普通语言来说，在语言链之外；而就诗歌而言，在语言链之内。因此，从自然语言的角度来看，诗歌语言是一种破碎的语言，"对等原则"使得文本不再由线性的语言链构成，而是将其分成各种对等单位，小到语音，大到句段，小的对等单位再构成大的对等单位。由此，诗歌语言从整体上显示为一种对称的层级结构，即一种平行的趋向。这种"平行"，无论是基于声音、语法范畴，或是各种词汇范畴，是对等原则提升至语言的构造手段而带来的自然结果。"平行"由此创造了诗歌内部各种关系的网络，使得诗歌成为一个联合的整体，突出了诗歌的相对自主性。语言的对等越显著，其线性特点就越弱，这样，诗歌语言失去了惯常的描述性。于是，在内部的"投射"运动中，词语充分进行它们的游戏，不再指向客体世界，而重新找回了自身。①

通过对等原则和平行结构的运用，语言表现出明显的自我指涉性，依据陌生化理论中的读者接受效果，抑或前推论中的语言变异，均能吸引读者的注意力投向语言符号本身，语言本身被感知，而非作为客体的再现，无论是日常生活语言还是诗歌语言，都能展现一种诗性的美。

组合轴基于邻近，聚合轴依据选择，相对而言，聚合的选择具有更多向度，同义反义、近似相反，不一而足。不同文本聚合段的宽窄幅度不同，同一文本不同元素的聚合段也有差异，从而在组合层面形成不同的文体风格。雅各布森尝试对双轴关系做出进

---

① 张杰.20世纪俄苏文学批评理论史［M］.北京:北京大学出版社，2017:294.

一步分析，指出隐喻（metaphor）基于相似，而转喻（metonymy）依据相邻，双轴同时发生作用，当其中一轴占据主导时，就会表现出不同的文体风格，如浪漫主义展现为隐喻聚合，多运用象征意象，现实主义是转喻组合，借助人物氛围、情节时空等共现现实。①

2. 展面与刺点

罗兰·巴特（Roland Barthes，1915—1980），法国文论家、符号学家，其生前的最后一本重要著作《明室——摄影纵横谈》（*La chambre claire: note sur la photographie*）从符号学角度谈论了摄影艺术，里面提出了一对有趣的概念"Studium/Punctum"②，赵毅衡将之翻译为"展面/刺点"③，形象地传达了这对概念的内涵。这对概念与符号双轴理论以及前推论在学理上都有着密切的联系。

对摄影有着强烈爱好的巴特一直思考着照片的含义，并尝试从不同切入点进行解释，大部分照片给人平淡无奇之感，偶有照片令人内心突受触动，却无法向他人传达或向他人传达之后也不被理解，其背后的深层原因何在，直到看到大兵与修女的同框照，如图5-4的左图，巴特的困惑才得以解决。在巴特看来，"这张照片的价值就在于，它同时显示了两种毫无关联的要素，这两种要素不属于同一个世界，是不同质的"④。第一种要素是广延性的，依据我们的知识和文化，道德和理性，很容易被感知，巴特认为，"这些照片让我感觉到的，属于中间情感，不好

---

① JAKOBSON R, HALLE M. Fundamentals of Language [M]. The Hague: Mouton Press, 1956: 78.

② 巴特.明室:摄影纵横谈 [M].赵克非，译.北京:文化艺术出版社，2003.

③ 赵毅衡.刺点:当代诗歌与符号双轴关系 [J].西南民族大学学报（人文社会科学版），2012（10）:180.

④ 巴特.明室:摄影纵横谈 [M].赵克非，译.北京:文化艺术出版社，2003:34.

不坏"①，他称之为 Studium（展面）。第二种要素要么损害、要么加强原有的展面的感觉，然而不是寻觅而得，而是"这个要素从照片上出来，像一个箭似地把我射穿了……有刺伤、小孔、小斑点的意思，还有被针扎了一下的意思……正是这种偶然的东西刺痛了我"②，巴特称之为 Punctum（刺点）。在巴特看来，摄影中展面体现的是文化，是创造者和消费者之间签订的一种协议，无论我们喜欢与否，都能看出照片背后摄影师的创作意图，是单向度的照片；刺点常常是个细节，是一件东西的局部，并非刻意为之，但或多或少潜藏着一种扩展的力量，这种力量常常是隐喻式的，却触动了读者的心。例如，巴特在一张照片中（图 5-4 的右图）评论说"我放弃了一切知识，一切文化……我只看到男孩丹东式的大领子，女孩手指上包扎的那块纱布……"③。在另两幅照片中的评论中，巴特说："我能够说出名字的东西不可能真正刺激得了我。不能说出名字，是一个十分明显的慌乱的征兆……产生效果的地方却难以定位，这效果没有标记，无以名之；然而这效果很锋利，并且落在我身上的某个地方，它尖锐而压抑，在无声地呐喊……让语言竭力去描述，而这种描述总会错过产生效果的点。"④

---

① 巴特.明室:摄影纵横谈[M].赵克非，译.北京:文化艺术出版社，2003:40.
② 巴特.明室:摄影纵横谈[M].赵克非，译.北京:文化艺术出版社，2003:41.
③ 巴特.明室:摄影纵横谈[M].赵克非，译.北京:文化艺术出版社，2003:80.
④ 巴特.明室:摄影纵横谈[M].赵克非，译.北京:文化艺术出版社，2003:82-83.

图 5-4　大兵和修女、男孩和女孩

对于展面与刺点的关系，我们可以认为，艺术活动中，任何体裁、风格的正态化处理带给读者的只是一丝丝的厌倦情绪和漫不经心的感受，均质化的文本无法让读者感受到阅读的喜悦，只有自动化处理的无奈。此时，巧妙地突破常规、结构或语言变异，就会产生陌生化的效果，犹如穆卡洛夫斯基的前推凸显。从双轴关系来看，刺点就是"在一个组分上聚合操作的拓宽，就使这个组分突出成为亮点"①。正如北宋王安石的"春风又绿江南岸"和唐代诗人贾岛的"僧敲月下门"中的"绿"和"敲"两字，其背后的选择轴之多样，令人叫好，凸显的聚合宽幅在组合段上投下浓影，形成刺点，压迫其他组分的聚合轴形成展面，刺点的形成离不开展面的背景烘托。相对于雅各布森提出的对等原则从选择轴映射到组合轴上的诗性功能，"刺点理论以符号双轴关系为基础，注重从组合轴透视不同部分的聚合轴是否匀质的角度来探讨文本表意的特点。相比较而言，雅各布森的平行结构和对等关系理论更倾向于讨论一种展面的诗歌美感，而刺点理论则注重讨论相反情况下的诗性功能如何呈现"②。

不同的诗学理论的侧重点不同，诗性功能的实现路径因而呈

---

① 赵毅衡.刺点：当代诗歌与符号双轴关系［J］.西南民族大学学报（人文社会科学版），2012（10）：179.
② 云燕.刺点理论对诗性理论的扩展——以多多的诗歌为例［J］.中国语言文学研究，2017（春之卷）：105.

现一种多样化的趋势。对于艺术而言，尤其是诗歌，"艺术的前行方向始终是出乎人的意外的……诗歌的本质是反定义的。也就是说，诗歌本身就是文化的刺点，在文化这个文本集合中，诗必须是刺点文本"①。

（四）实例分析①

诗性与交际过程的其他因素也是紧密相连的，当符号侧重于信息本身时，就表现为诗性功能，此时，符号本身并非不再传达意义，失去了指称性，而是信息本身，即形式，成为最主要的部分。同时，诗性和情感性以及意动性也是不可分的，诗歌文本自身往往最能凸显符号发送者（诗人）感人的情感，打动符号接受者。此外，缺乏对诗歌符码的元语言知识储备，便很难能够真正欣赏到诗歌和文学作品的诗性之美。

如上文所述，不同诗学理论虽侧重点略有不同，但均指向信息本身，凸显形式之美，只是在诗性功能实现的路径上存在差异。在诗性功能的实现路径上，雅各布森从文本的自我指涉出发强调对等原则和平行结构，什克洛夫斯基侧重文学语言的陌生化处理技巧，穆卡洛夫斯基则从系统和结构出发强调主导成分的前推凸显和次要成分的后移处于背景，与巴特的展面/刺点理论有异曲同工之妙。

在诗性功能上，广告词和商家的店名也有异曲同工之妙，彭佳在超星慕课《意义生活：符号学导论》中从符号学视角分析了部分实例，如图5-5，通过"面""王子""好吃""再来"和

---

① 赵毅衡.刺点:当代诗歌与符号双轴关系［J］.西南民族大学学报（人文社会科学版），2012（10）:182.

② 分析中的部分实例和图片来自超星慕课《意义生活:符号学导论》，特此感谢。赵毅衡，陆正兰，彭佳，等.意义生活:符号学导论［EB/OL］.（2017-09-01）.https://mooc1-2.chaoxing.com/course/200142106.html.

"美的"等音节的重复,将聚合轴上的对等原则投射到行文中语句的组合上,从而展现文字自身的形式之美。

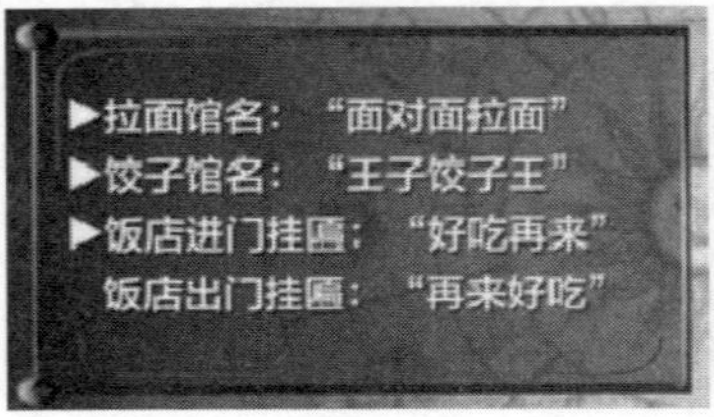

> ▶拉面馆名:"面对面拉面"
> ▶饺子馆名:"王子饺子王"
> ▶饭店进门挂匾:"好吃再来"
> 饭店出门挂匾:"再来好吃"
>
> 捷豹广告语:
> Don't Dream It. Drive It.
> 美的广告语:
> "美的电器,美的享受"。

图5-5 店名和广告词

在中国诗歌中,这种类似的音节重复手段和对等平行原则也随处可见。以中国最古老的诗集《诗经》为例,有大量的篇章以平行结构出现,复现的诗句结构带来一种诗性的意境。如下文《诗经·关雎》。

**关雎**

关关雎鸠,在河之洲。窈窕淑女,君子好逑。
参差荇菜,左右流之。窈窕淑女,寤寐求之。
求之不得,寤寐思服。悠哉悠哉,辗转反侧。
参差荇菜,左右采之。窈窕淑女,琴瑟友之。
参差荇菜,左右芼之。窈窕淑女,钟鼓乐之。

在这样一首短短的诗词中,复现的诗句和字词比比皆是,如"窈窕淑女"出现了4次,"参差荇菜"和"左右"出现了3次,"寤寐"出现了两次,但是我们不会觉得重复与多余,反而能感受到一种诗性的韵味,尤其在反复吟唱之中,更觉其美。更不用说该诗中多处出现的对应,如第一行的"参差荇菜,左右流之。窈窕淑女,寤寐求之",前后用词形成对等,而最后两行中除了重复之外,其余部分对仗也极为工整,如"左右采之"和"左右芼之""琴瑟友之"和"钟鼓乐之",对等原则从选择轴投射到了组合轴上。

再如马致远的词作《天净沙·秋思》中前两句"枯藤老树昏鸦,小桥流水人家"刻画的意境我们已经相当熟悉,12 个字构成的 6 个名词短语本身就形成了词性上的对等和音节上的押韵,本是选择轴上隐而不见的对等成分,此处展现为组合轴上外显的对等平行。在同一诗句内部,又存在有生命之物和无生命之物的对立,如"枯藤老树"和"昏鸦"、"小桥流水"和"人家"。在意境上,"枯藤老树昏鸦"营造的画面的黯淡色彩也与"小桥流水人家"带来的欢快节奏形成对应,紧随其后的"古道西风瘦马,夕阳西下,断肠人在天涯"画风陡转急下,旅途人的飘零孤寂之感跃然纸上,与上句的欢快氛围形成更为鲜明的对比。

汉乐府民歌《江南》则将这一对等原则和平行结构运用至极致。

> 江南可采莲,
> 莲叶何田田。
> 鱼戏莲叶间。
> 鱼戏莲叶东,
> 鱼戏莲叶西,
> 鱼戏莲叶南,
> 鱼戏莲叶北。

除了"鱼戏莲叶"一句的重复,原本是选择轴上的东、西、南、北,在组合轴上也呈现出了对等与平行,将采莲人比作鱼儿,其活跃姿态显露无遗。

犹如托尔斯泰在《战争与和平》中运用的陌生化手法,称"圣餐"为一小片白色面包,生活用词中的陌生化处理方式也很多。例如,"一轮明月"可能平淡无奇,若称为"一镜明月",意境自然不同,再如秀发,关于"一头秀发"的意义我们的大脑会自动获取，若称为"一瀑秀发"则有陌生化效果，也可以称之为前推和刺点效果，其他的例子还有"一抹橙红""一杯渴望"和"一蓬绿意"等。

## 四、文化标出性与泛艺术化

雅各布森的诗性功能和文学性概念、什克洛夫斯基的陌生化理论、穆卡洛夫斯基的前推论以及巴特的展面/刺点理论显示了诗学理论的不同侧面和诗性功能实现的不同路径，这些文论的背后往往与语言学领域的一对概念——标记（marked）与非标记（unmarked），有着学理上的密切联系，"标记/非标记"这一对语言学概念在文化领域中也可以得到很好的应用。另外，主要栖身于文学诗歌领域的诗性功能也日益延伸至日常生活，掀起一股泛艺术化的潮流，呼唤符号学意义上的解读。

### （一）文化标出性

语言学上的标出这一概念最早出现在布拉格学派的两位主要代表人物特鲁别茨柯依和雅各布森的书信往来之中，前者是音位学的创始人，后者是语言学诗学的倡导者，两人围绕浊辅音和清辅音在发音、使用方面的不对称现象展开讨论，并在学界引发热烈反响。[①] 生成语言学的创始人乔姆斯基也提出了"markedness"[②]这一术语，赵毅衡将之翻译为"标出性"[③]，显得简洁明了，用于文化标出性理论。简而言之，标出项（the marked）就是使用较少

---

[①] JAKOBSON R. Nikolai Trubetzkoy Letters and Notes [M]. The Hague: Mouton, 1975: 162.

[②] CHOMSKY N, Halle M. The Sound Pattern of English [M]. New York: Harper & Row, 1968.

[③] 赵毅衡. 符号学：原理与推演[M]. 南京：南京大学出版社，2016: 275.

的一项，非标出项（the unmarked）是使用相对较多的一项，或者说是正常项。相对于非标出项，标出项是一种前推和陌生化处理，是展面上的刺点，或者通俗地讲，标出项代表非主流、亚文化。可以说，这一概念的区分显然基于二元对立的逻辑，然而，其内涵却较为复杂。

在自然界，标出现象也普遍存在，与文明社会不同的是，雄性相对于雌性是标出项，如能开屏的雄性孔雀、长鬃毛的雄狮、头顶鹿角的雄性公鹿以及男人的胡须与毛发，相对于它们的配偶，它们醒目的外在特征可以说是一种"雄性标出"，有助于求偶成功，使其在繁殖力方面胜出。在现代文明社会，标出性发生翻转，女性成为标出项，热衷服饰和打扮，并成为长期以来一种潜移默化的习惯，一种自觉自愿的行为，男性则倾向于本色示人，是非标出项。正像我国许多节日的设定，很多是为弱势的一方而设，节日本身就是一种标出项，过节就是突破常规甚或狂欢，非标出项为标出项举行庆祝活动，以示尊重和爱护，如妇女节、儿童节以及教师节等，意义不在场才需要符号，节日本身就是一种符号，标出项从过节中得到些许安慰和补偿，节后的日子一如既往。

语言学研究中的标出性强调其形态，无论是语音、词法还是句法，多体现在符形层面，且相对比较稳定。文化层面的标出性，侧重点不在形态，而在符用层面，且变动不居，是动态的、相对的。基于语言标记理论，赵毅衡提出文化标出性理论，相对于语言学层面的二元对立，他尝试从三元层面进行探讨，原来的"标出项/非标出项"被切分为"正项－中项－异项"，如图5-6，其中，正项和中项合称为非标出项，异项为标出项。[1] 相对于原来的二元对立关系，三元对立关系中的中项为新增项目，中项在

---

[1] 赵毅衡.符号学:原理与推演[M].南京:南京大学出版社,2016.

三元关系中具有十分重要的意义和作用，却不能独立存在，总是被二元范畴之一挟持。在文化标出性理论中，"非标出项因为被文化视为'正常'，才获得为中项代言的意义权力；反过来说也是对的，正是因为非标出项能为中项代言，才被认为是正常"①。貌似相近的两句政治口号，"不是我们的敌人就是我们的朋友"和"不是我们的朋友就是我们的敌人"，或者说"非敌即友"和"非友即敌"，前者团结了一切可以团结的人，是中国共产党的统一战线政策，后者标出性的标准过低而将中间力量（中项）推向了敌对阵营，增强了敌人的势力，在文化标出性方面，中项的作用和地位不容小觑，是符号自带的"结构性排他"属性。

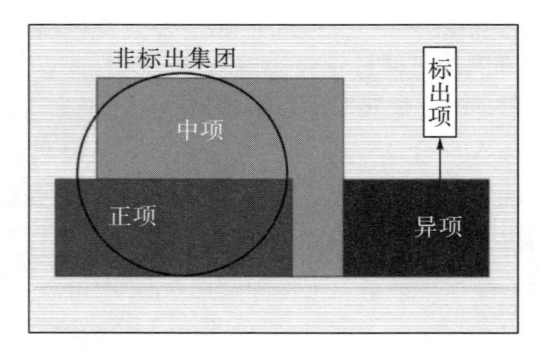

图5-6 正项、中项和异项

对立双方，谁争取到了中项，谁就确立了自己的地位。任何二元对立的文化范畴，都落在正项/异项/中项三个范畴之间的动力性关系中。② 正是由于中项的介入和易边，文化标出性的三元关系始终处于动态变化之中，"中项偏边"是文化标出性存在的基础，"中项易边"则是文化标出性变化的动因。标出性的标准必须维持在一定的水准上，使大多数人处于正项，显得"正常"，

---

① 赵毅衡.符号学:原理与推演[M].南京:南京大学出版社，2016:285.
② 赵毅衡.符号学:原理与推演[M].南京:南京大学出版社，2016:286.

否则就会陷入尴尬甚至危险的境地。正所谓"法不责众"，当社会上大多数人都不正常的时候，或者对正项的认同感极低的时候，那也是中项易边或翻转的开始。这种正项和异项对中项的争夺以及标出性的翻转逻辑背后体现的是一种实质性的对话关系，这一三元关系与皮尔斯的三分范畴观相对应，并且，中项作为区分正项与异项的边界，具有符号域中边界的多语性。①

（二）泛艺术化

当符号指向自身时，就展现为诗性功能，这里的诗性即艺术性，具有跳过指称专注于解释项的特点，外延尽量少，内涵才会丰富。正如朗格所说，"每一件真正的艺术作品都有脱离尘寰的倾向。它所创造的最直接的效果，是一种离开现实的'他性'"②。艺术不直指对象，只是对指称的戏弄，因而增大了无限衍义的可能。艺术品作为"物－符号－艺术"的三联体，以筷子为例，取食是其使用功能，代表中国文化则是实用表意，制作精美加框悬挂于展厅，则完全失去了使用功能，成为艺术品，只发挥艺术表意功能。③

从标出性的角度来看，艺术更关注异项，只有对异项的关注，才能带来陌生化和前推的接受效果。异项艺术关注的正是文化中的标出性，是展面中的刺点，异项艺术美就是标出性之美。换句话说，当代社会，任何符号，只要具有标出性，就具有了艺术价值。

清朝覆灭之后，一代文豪辜鸿铭依然留长辫、穿长袍马褂，

---

① 彭佳.对话主义本体:皮尔斯和洛特曼符号学视域中的文化标出性理论[J].符号与传媒，2015（11）:202.
② 朗格.情感与形式[M].刘大基，傅志强，周发祥，译.北京:中国社会科学出版社，1986:55.
③ 赵毅衡.符号学:原理与推演[M].南京:南京大学出版社，2016:299.

胡适对此评之为"立异以为高",即以异项示人,反而现出自身的高明。这一做法与艺术标出性相吻合,类似于当代的行为艺术。这种剑走偏锋的做法,背后深层次的原因在于,社会中项,即大多数人,认同非标出性以维护正常秩序,但是内心的不安,转化成对被排斥因素隐秘的欲望。不是中项对标出性的认同,而是中项对自己参与边缘化异项的歉疚①。这也在一定程度上解释了芙蓉姐姐、凤姐等成为"网红"的原因,异项艺术也得以籍此平衡"中项偏边"给异项带来的压制和边缘化,提供了标出项释放负面情绪的渠道。这也解释了为什么我们中的大多数人对社会边缘人或边缘文化很感兴趣,持有一种混合"歉疚"和"倾慕"的复杂情愫,因为正是我们"边缘化"了他们,而又"羡慕"他们不必循规蹈矩地生活。

社会中被压制的愿望可以通过艺术得到"曲线认同",艺术化正是以文化常态和社会生活的"非艺术"为展面,是艺术标出性倾斜的前提和条件。例如,在古代,"父母之命,媒妁之言"下的包办婚姻是正项和中项认同的非标出项,自由恋爱则是异项,文学作品中如《西厢记》《孔雀东南飞》《梁山伯与祝英台》《红楼梦》中为人称颂的爱情故事,正是以异项为原型,是异项的艺术,是当时社会的非标出项所不认同的。异项一旦离开艺术,走向生活,就会陷入被边缘和被排斥的地位,失去艺术展示中的魅力。

当代社会的全面泛艺术化则"让艺术超出文化和日常生活的范畴,渗透到经济、政治中去,使所有的表意都变成了艺术符号,都具有艺术符号的各种特点"②。社会生活的方方面面,如政治、经济、文化和日常生活,"诗性"成为主导,一切文本都

---

① 赵毅衡.符号学:原理与推演[M].南京:南京大学出版社,2016:307.
② 赵毅衡.符号学:原理与推演[M].南京:南京大学出版社,2016:312.

是艺术性文本，没有明显的指称功能，人工造景屡见不鲜，政治明星和学术明星频频登场。从接受效果来看，娱乐成为全社会接受信息的基本方式，如课堂娱乐化、古典音乐的"表演性"、非视觉符号文本的"图像转向"以及网络表情符的"趣我"与"浅平化"等现象。当社会生活甚至严肃的政治都全面艺术化，刻意去探究符号文本背后的指称时，就多多少少显得有些无奈和不合时宜了，学术的独立、政治的严谨乃至阅读思考的深度都会逐渐变得遥不可及。泛艺术化带来的另一后果是艺术本身逐渐丧失了标出性，泛艺术化"淹没"了艺术本身，艺术标出的难度和压力不断增大，终至"明知不可为而为之"的两难处境。

100多年前的英国唯美主义诗人奥斯卡·王尔德（Oscar Wilde，1854—1900）流传甚广的两句名言"不是艺术模仿生活，而是生活模仿艺术"和"成为一件艺术品，就是生活的目标"，竟成了当前社会的真实写照和预言。

## 五、 结语

本章讨论了雅各布森言语交际理论六因素中的语境与指称功能、信息与诗性功能，对其当代的符指拓展和在社会文化生活中的具体表现进行了相对深入的实例分析。

指称功能毋庸置疑是语言学家们讨论最多的一项语言功能，然而，语境的符指拓展在当代也有新的表现，不局限于以往的语境论、互文对话和跨文本，当代的伴随文本理论使虚无缥缈的互文性更加系统完备，且具有实际可操作性。

基于诗性功能的文学理论精彩纷呈，从雅各布森的文学性和双轴关系，到陌生化、前推论以及展面/刺点理论，虽然它们隶属于不同的诗学理论，但在诗性功能本质属性的理解上并无太大差异，只是表现为不同的诗性功能实现路径，正所谓殊途同归。

当代社会的文化标出性和泛艺术化也是诗性功能在当代社会文化生活中的进一步展现,也在一定程度上反映了当代社会以诗性为主导,指称性渐次下降的特点,我们进入了一个泛艺术化的时代。

# 第六章
# 元语言性与交际性

本章对代码和元语言功能、接触和交际功能进行了较为深入的符指拓展，追溯了元语言从逻辑学、哲学的发轫到语言学领域的拓展，再到符号学视域下的范畴化以及面对解释漩涡和评价漩涡的阐释效应，从寒暄语的概念上拓展至当代基于寒暄技术的网络表情符、图像转向和超接触性，并对元语言和寒暄语在语言教学领域的应用进行了深入的思考。

## 一、引言

在上一章对指称性和诗性符指拓展的基础上，本章对代码和元语言功能、接触和交际功能进行了符号学意义上的当代意指拓展。

代码和接触作为雅各布森依据通讯理论特意增加的两个要素，分别对应元语言功能和交际功能，交际功能最初虽已由英国人类学家马林诺夫斯基提出，元语言功能却是雅各布森对符号学做出的重大贡献。正是由于代码和接触两个要素的介入，发挥了不可忽视的桥梁和枢纽作用，使言语交际理论成为一个系统完备的整体，前者作用于信息和语境，明确意指内涵，后者连接发送者和接受者，以关系为导向。元语言功能的提出为表面化和浅平化的言语和非言语交际行为提供了深度的理论阐释，是交际行为中的"大脑中枢"和"指挥系统"。交际功能为情感性和意动性搭建了沟通的桥梁和枢纽，在人际交往日益频繁和寒暄技术不断更迭的当代，交际性的研究十分重要。

代码和元语言原本是现代逻辑学和哲学用语，伴随着哲学的语言学转向，逐渐进入语言学领域，在符号学日益成为"显学"的今天，代码和元语言功能的作用愈发重要，面对当代的多元文化语境，元语言能够应对不断涌现的解释漩涡。

接触和交际功能，既指物理通道是否畅通，也指心理联系如注意力和兴趣，更可以指社会规约如程序语等。在寒暄技术日益提高的今天，接触和交际功能的符指内涵也发生了巨大的变化，涌现了网络表情符、图像转向和群选经典等现象，接触性成为当代社会的主导因素，甚至可以说是主导中的主导，我们进入了一个"超接触性"的时代，呼唤新的学理阐释。

在语言教学领域，元语言和寒暄语也能发挥重要作用。

## 二、代码与元语言功能

### （一）对象语言和元语言

现代逻辑和哲学中很早区分了"对象语言"（object language）和"元语言"（metalanguage）这一对概念，前者谈论客观世界，后者谈论语言自身。[1] 这可以说是语言特有的现象，语言可以指称、描述外部世界、宇宙万物，也可以以自身为对象，描述语言本身。两种语言属于不同层面，若处于同一语境中，同一语言单位既指称外部世界，又指称自身，就可能出现语义混淆的可能。

---

[1] TARSKI A. Logic, Semantics, Metamathematics: Papers from 1923 to 1938 [M], trans. WOODGER J H. Oxford: The Clarendon Press, 1956.

例如，以下面的课堂片段为例来说明："When the teacher asked Johnny to name two pronouns, he replied, 'who, me ?'"① 从对象语言层面来看，Jonny 并不确定老师的提问对象是不是自己，也就无从谈及对问题的回答了；然而从元语言层面来看，"who"和"me"恰是两个代词（疑问代词和人称代词），正好回答了老师的提问。再看另一例："Author James Thurber depended on words for entertainment. He told me once about a trick he played on a nurse during one of his hospital stays. He asked her what seven-letter word had three Us in it. She thought and then said, 'I don't know, but it must be unusual."② 这里的语言之妙和上一例一样，护士到底回答了 James Thurber 的问题了吗？从她的回答"我不知道"来看，显然没有；然而，从元语言层面来看，"unusual"正是答案。

这样的例子举不胜举，我们依然记得猜过的谜语"太平洋的中间是什么？（平）"或者"What's the difference between here and there? (The letter t)"③。这类谜语和上文的对话片段往往以对象语言的层面出现，而其语义解释则可以出现在两个层面，产生语义误解或混淆。值得说明的是，这里的对象语言和元语言分层不同于我们平常所说的一词多义现象，如"The bank（银行，抑或岸边）was the scene of crime"④，一词多义从语言层面来看，还是属于同一层面的，也就是对象语言层面，没有涉及元语言层面。

作为雅各布森六因素六功能理论的一对概念，代码（code）和元语言功能（metalingual function）可以说在符号学领域被首

---

① 刘福长. 语言学中的"对象语言"和"元语言"[J]. 现代外语，1989（3）:19.
② 刘福长. 语言学中的"对象语言"和"元语言"[J]. 现代外语，1989（3）:20.
③ 刘福长. 语言学中的"对象语言"和"元语言"[J]. 现代外语，1989（3）:21.
④ 刘福长. 语言学中的"对象语言"和"元语言"[J]. 现代外语，1989（3）:21.

次提及；逻辑学和哲学视角下元语言必然比对象语言高出一个层次。针对这一观点，雅各布森提出文本自携元语言的概念，是其对符号学的一个重要贡献。雅各布森认为，元语言不仅仅是逻辑学家和语言学家必要的科学工具，在日常语言中发挥着重要作用，只是我们经常运用元语言功能而不自知。[①] 当交谈双方需要确定彼此是否使用了相同的符码，谈话的重点就在符码本身，发挥元语言功能，例如谈话之中，对话一方有时会询问对方某一表达方式的含义，或者表示不明白对方在说什么。除此之外，任何语言学习的过程，尤其是儿童母语的习得过程，都大量使用了元语言操作，失语症患者在某种程度上也可以界定为元语言能力的丧失。

雅各布森在谈论诗性功能是对等原则从选择轴向组合轴的投射这一逻辑时，顺便谈及诗性功能和元语言功能的对立，强调元语言功能运用组合建立对等关系，而诗性功能运用对等关系创建组合。[②] 两者的侧重点不同，元语言功能以语言代码为所指对象，诗性功能以表达信息为所指对象，前者引导解释，后者呼唤诗意，均与客观世界中的对象保持一定的距离。从语言层面来看，语言代码展现的是元语言层面，而信息本身则仍属于对象语言的范畴，虽然语言的诗性不指向对象，而指向自身。

对象语言也可以称之为自然语言，是对外部世界的指称，元语言有时称为纯理语言，它指用来分析和描写另一种语言的语言或一套符号。自然语言是人类交际过程中用以传达信息的物质载体，是人们逻辑思维的物质承担者。[③] 王铭玉对元语言功能的理

---

[①] JAKOBSON R. Linguistics and Poetics [M] // JAKOBSON R. Language in Literature. London: The Belknap Press, 1987: 69.

[②] JAKOBSON R. Linguistics and Poetics [M] // JAKOBSON R. Language in Literature. London: The Belknap Press, 1987: 71.

[③] 王铭玉. 俄语学者对功能语言学的贡献 [J]. 外语学刊, 2001 (3): 51.

解十分精辟独到："如果我们依据语言的基本功能来解释语言发生过程，来阐述信息交流理论，这种基本思想和方法可称为元语言功能主义。元语言功能主义的代表人物可推至罗曼·雅各布森。[①] 并将雅各布森的语言六功能理论提升到元语言功能主义核心思想的层面。换一个角度来看，目前笔者对雅各布森言语交际理论的研究和阐释也是元语言功能的运用，言语交际理论是关于语言功能本身，是元语言功能主义的核心思想，对言语交际理论的研究和阐释是否属于元元语言呢？

总之，语言的理解靠阐释，而阐释又使语言得以实现，这就是元语言功能的真谛。[②] "元语言不仅是意义实现的先决条件，元语言也是意义存在的先决条件。面对一个文本，任何解释努力背后必须有元语言集合，这样文本才必定有意义可供解释。文本并不具有独立的本体存在，文本面对解释才存在。"[③]

（二）元语言的形成和语言学的元语言

1. 元和元语言

德国数学家希尔伯特（David Hilbert，1862—1943）于 20 世纪 20 年代左右在《数学基础》（Foundations of Mathmatics）首次创造 "metamathematics"（元数学）一词以区分 "mathematics"（数学），"元数学"指用数学方法来研究数学本身的研究，能够产生元理论，即关于其他数学理论的数学理论。元数学尤为强调从系统之内或从系统之外开展逻辑推理的不同，例如 "2+2=4" 属于数学问题，而要证明 "2+2=4" 这一命题本身是正确的则是元数学问题。从此以后，前缀 "meta-" 犹如开挂一般，风靡学

---

[①] 王铭玉.俄语学者对功能语言学的贡献［J］.外语学刊，2001（3）:51.
[②] 王铭玉.俄语学者对功能语言学的贡献［J］.外语学刊，2001（3）:52.
[③] 赵毅衡.符号学:原理与推演[M].南京:南京大学出版社，2016:223.

术界，以"meta-"开头的概念、术语和理论不断涌现，如元分析、元理论、元科学等名词不一而足。其风行的背后代表着一种研究理念的转变，因为"'元（meta-）'是标志研究'层面'转变的一种哲学语言，指人们讨论的对象由客体（object）转变为'讨论（talk）'本身"①。

波兰现代逻辑学家塔尔斯基（Alfred Tarski，1901—1983）在1933年用波兰语写了《形式化语言中的真值概念》（"The Concept of Truth in Formalized Languages"）一文，1956年出现英译本，对符号逻辑、语义学和语言哲学做出巨大贡献。该文认为："本文基本上只围绕一个问题——真理的定义，以特定语言为依据，意在创建一个实质上适当、形式上正确的'真值句子'的定义。"② 亚里士多德认为，一个句子是真的，如果它与事实相符，这一观点被认为是真理符合论。莱布尼茨（Gottfried Wilhelm Leibniz，1646—1716）则认为，真理有两种：一是事实的真理，如亚里士多德所言；二是推断的真理，后世称之为真理二元论。两种真理论相持不下，持续多年，塔尔斯基则从语义入手，提出语义真理论，即X是真的，当且仅当P，以解决"说谎者悖论"，即说谎者说自己在说谎，强调一个给定语言的句子的真理概念不能在这个语言内被一致性地定义出来。这就是塔尔斯基的语言层次论，将对象语言（object language）和元语言（metalanguage）区分开来，也是元语言的概念被首次提出。可以说，悖论存在的深层次原因在于，悖论中的语句既用来描述客观世界，又反指自身，同一语句身兼两职：对象语言和元语言，自然引发语义混淆。依据语言层次论，说谎者悖论则可以表述为："我说的是谎

---

① 刘森林. 元语用论概述 [J]. 解放军外国语学院学报，2001，24 (4):6.
② TARSKI A. Logic, Semantics, Metamathematics: Papers from 1923 to 1938 [M], trans. WOODGER J H. Oxford: The Clarendon Press, 1956: 152.

话"是真的，当且仅当我说的是谎话。其中，引号部分是元语言，不带引号的对应部分是对象语言。在塔尔斯基看来，"说谎者悖论之所以产生，是因为对象语言是语义封闭的、含有反身自用的语义概念。只有在元语言中，才能提及对象语言的表达式，才能谈论对象语言的性质和特点"①，也就是说，"必须区分对象语言和元语言，关于一语句的真、假的表述，必须用层次上高于这种语言的语言来表述"②。

塔尔斯基的语言层次论独开先河，对萦绕已久的悖论能够独辟蹊径予以解答，然而，语言分层能否无限进行？如果可以，那么最后一个层级的元语言由谁来定义和解释？还有，语言层次论原本用于数学语言，即符号逻辑语言，能否适用于自然语言？这些问题值得思考，虽然塔尔斯基对此持否定态度。

塔尔斯基的语言层次论在哲学、逻辑学领域引发巨大反响，其首次提出的元语言概念也成为学界流行语。然而，早在1922年，英国哲学家罗素（Bertrand Arthur William Russell, 1872—1970）在为维特根斯坦（Ludwig Josef Johann Wittgenstein, 1889—1951）著作英译本《逻辑哲学导论》（*Tractatus Logico-Philosophicus*, 1922）写序时，已表达了对元语言的语言层次论的初步看法，"任何语言都有一个自身无法阐述的结构，这一结构却能被拥有新结构的另一语言阐释，语言之间的这种等级阐释，也许可以无限下去"（Every language has, as Mr Wittgenstein says, a structure concerning which, in the language, nothing can be said, but that there may be another language dealing with the structure of the first language, and having itself a new structure, and that to this

---

① 毕富生，刘爱河. 塔尔斯基的真理理论及其对语义学的贡献［J］. 山西大学学报（哲学社会科学版），2001，24（2）：12.
② 毕富生，刘爱河. 塔尔斯基的真理理论及其对语义学的贡献［J］. 山西大学学报（哲学社会科学版），2001，24（2）：12.

hierarchy of languages there may be no limit)[①]。显然，语言是分层的，每一层的语言阐释依赖于上一层、更高一层的元语言，语言自身只是阐释的对象（对象语），对象语和元语言不断更迭，以此类推，并无限延伸。因此对元语言的阐释则可以称之为元元语言，如同皮尔斯符号三分模式中再现体和解释项之间的不断转换和无限衍义。

此外，与塔尔斯基同时代的德国逻辑学家鲁道夫·卡尔纳普（Rudolf Carnap，1891—1970）于1934年在其德文版专著《语言的逻辑句法》（*The Logical Syntax of Language*，1937年出版英译版）一书中明确提出对象语言和句法语言的区分，两种语言角色不同，前者作为研究对象，后者讨论研究对象，这一区分与塔尔斯基的语言分层论思想遥相呼应（We are concerned with two languages: in the first place with the language which is the object of our investigation— we shall call this the object-language— and, secondly, with the language in which we speak about the syntactical forms of the object-language— we shall call this the syntax language)[②]。

2. 语言学的元语言

自从塔尔斯基提出元语言这一术语以来，"元语言一直是逻辑学和哲学研究的婢女"[③]，很长一段时间，语言学领域的元语言研究跟在逻辑学和哲学后面亦步亦趋，并没有尝试对元语言的理论和研究方法进行学科体系性构建。

语言学家李葆嘉对此做出了创造性探索，尝试区分了逻辑学的元语言与语言学的元语言。

---

① RUSSELL B. Introduction [M]. WITTGENSTEIN L. Tractatus Logico-Philosophicus. London: Kegan Paul, 1922: 19.
② CARNAP R. Logical Syntax of Language [M]. London: Routledge, 1937: 4.
③ 安华林. 元语言理论的形成和语言学的元语言观 [J]. 内蒙古社会科学（汉文版），2005，26（1）:106.

既然逻辑学与语言学属于不同学科,那么从语言学立场出发探索元语言,也就势必形成逻辑学的元语言和语言学的元语言之分野。前者把元语言作为解决逻辑问题的工具,强调的是形式系统或形式句法,只考虑符号的种类、排列以及符号序列之间的变换而不考虑其意义。后者把元语言作为语义习得和语义解释的工具,包括语言的元符号(元概念、元词语)与元结构(元句法),因此强调其语义性和系统性。元句法相对封闭,研究起来相对比较简单,而元符号的研究,由于其面广量大,无疑是一个浩大工程。因此,语言学的元语言研究的关键与首要任务在于建立元符号系统。①

显然,相对于逻辑学和哲学领域的元语言概念,语言学的元语言概念的覆盖范围更为广泛,使用也更为灵活,然而,"语言学家只注意形式化'元'语言的逻辑性,而忽视了自然语言作为元语言对语言本身的技术性描写功能"②。因此,语言学的元语言研究的理论基础应基于自然语言而非符号化的人工语言,应遵循严格的技术路线,从自然语言中提取,而不是完全由人工创制,应有广泛的应用价值,而非单纯为定义真理服务。③

李葆嘉则根据层级性元语言理论,将元符号进一步切分为习义元语言的词元、释义元语言的基元、析义元语言的义元和认知元语言的知元,词元和基元属于自然语符,义元和知元属于人工语符。④ 与此同时,安华林也提出了语言学元语言的三大分

---

① 李葆嘉.汉语幼儿习义元语言研究[J].南京师范大学文学院学报,2015(2):160.
② 封宗信.语言学的元语言及其研究现状[J].外语教学与研究(外国语文双月刊),2005,37(6):404.
③ 安华林.元语言理论的形成和语言学的元语言观[J].内蒙古社会科学(汉文版),2005,26(1):107.
④ 李葆嘉.汉语幼儿习义元语言研究[J].南京师范大学文学院学报,2015(2):159.

类——交际解说元语言、词典释义元语言和语义分析元语言[1]，与李葆嘉先生的看法一脉相传。交际解说元语言（习义元语言的词元）可以用来满足日常生活交际需要和语言教学需要，具有"习得性"和天然的"元"性质，可以作为源语言和目标语教学的选词范围与标准，对于儿童母语习得和二语学习者学习外语都有较高参考价值。词典释义元语言（释义元语言的基元）是词典释义采用的最低数量词汇，百科、语文和学习者词典因辞书性质的不同，需要的最低数量词汇也随之不同，与交际解说元语言的区别在于其经过统计、筛选、限量等环节优化处理。风靡世界的英美五大主流学习者词典（朗文、牛津、麦克米伦、剑桥、柯林斯）的释义用词都是限定在一定的范围内，词量在 2000~3500 词，运用释义元语言已成为英美主流学习者词典的编撰趋势和亮点。语义分析元语言（析义元语言的义元）可以用来分解义素、进行义场建构和义征分析，最终用于信息处理和认知，与释义元语言相比，语义分析元语言凸显了人工规定性。以上三种元语言的层次不同，彼此之间的关系如下："交际解说元语言是整个元语言系统的基础，词典释义元语言是对交际解说元语言的优化和扩展，语义分析元语言是对词典释义元语言的深化和细化。"[2] 当然，经过信息处理层面的形式化、算法化运作的人类普遍概念和跨语言对比则是认知元语言的知元功能，即最高层面。

显然，语言学领域的元语言概念和范围已远远大于雅各布森提出的元语言功能，后者仅提及日常生活交际和儿童母语习得，属于交际解说元语言的范畴，也是最基础的层面。从日常交际的元语言到词典释义的技术性元语言，再到深层次的语义分析元语

---

[1] 安华林.元语言理论的形成和语言学的元语言观 [J].内蒙古社会科学（汉文版），2005，26（1）:107.

[2] 安华林.元语言理论的形成和语言学的元语言观 [J].内蒙古社会科学（汉文版），2005，26（1）:108.

言,乃至更深一层的"元语言的元语言",这样的层层递进和步步深入,最后的元语言层次落至何处,也许是信息处理、人工智能和机器翻译等领域,凸显了认知元语言的知元。

总之,自从塔尔斯基的语言分层论提出对象语言、元语言和元元语言的概念以来,哲学和逻辑学领域运用元语言解决悖论、探寻真理,语言学领域则运用元语言指导语言教学、词典释义、语义分析、信息处理以及人工智能,元语言焕发出勃勃生机和活力。

(三) 符号学视域下的元语言

1. 元语言的阐释效应

雅各布森符号六因素中的代码(code),语言学中有时也称为语码,符号学中则称之为符码。代码或符码本身无法表达意义,但能够掌控意义植入和构建的规则。符号才是携带意义的感知,符码的集合则称为元语言,也就是说符码形成体系,构成元语言才能发挥阐释作用。在实际使用中,符码和元语言有时混用。对于同一符号文本或者说同一个人,每次解释行为发生时,调动的代码集合,即元语言因素,也是不同的,因此,"元语言集合变动不居"[1]。

有意义的地方,就有元语言运作的身影,元语言总是能够从文本中压迫出意义来,断无不可解之理,即便是面对无法解释的文本,没有解释也是一种解释。"不是符号文本要求相应的元语言来解释它,而是元语言强迫符号文本产生可解的意义。"[2] 乔姆斯基在其专著《句法结构》(*Syntactic Structures*)中创造出一个

---

[1] 赵毅衡.符号学:原理与推演[M].南京:南京大学出版社,2016:223.
[2] 赵毅衡.符号学:原理与推演[M].南京:南京大学出版社,2016:224.

合乎句法的无意义句子："Colorless green ideas sleep furiously."①其中，"colorless"和"green"相冲突，"sleep"和"furiously"难以融合，但此句在学者中依然引发了诸多解释，赵元任也参与其中，1985年斯坦福大学还为此专门举办了一场竞赛来解说此句。一句几乎毫无意义的句子能够解释出许多含义，元语言功不可没，运用不同的元语言，解释也随之不同。同样的元语言现象也体现在杜甫《秋兴八首》中的诗句"香稻啄余鹦鹉粒"以及徐冰的《天书》（如图6-1）中，貌似不可解的诗句和文字却依然引发了如潮热评和不断涌现的阐释，是接受者调动不同元语言因素的结果。徐冰从1987到1991年，用4年的时间以特有的耐心和技艺刻制了4000多个自己创造出来的字，却没有一个是可释读的，也就是说全部都是没有意义的。然而，当这些字通过雕版印刷并装帧成线装书的时候，就呈现出不可避免的元语言冲突——严肃、庄重的形式下却没有任何意义。

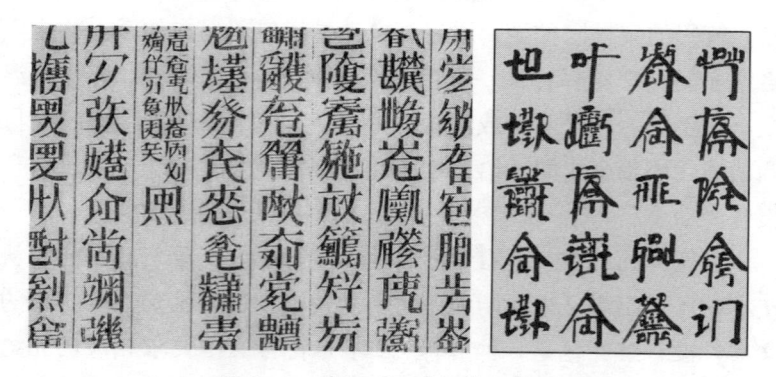

图6-1 徐冰《天书》作品截图

总之，元语言基于代码，以阐释为导向，元语言压迫出的解释不是唯一的，也不是正确的，而是众多解释中的一个。当然，

---

① CHOMSKY N. Syntactic Structures [M]. Hague: Mouton, 1957: 15.

对于科学实用文本，元语言集合往往是固定的，解释也追求唯一性，而艺术文本的元语言集合则是多变的，说不尽的哈姆雷特和莎士比亚，原因也在于此。

2. 元语言的构成

每一次阐释的背后，都是接受者运用不同元语言因素调制而成的元语言集合在发挥作用，犹如烹饪或调制鸡尾酒，原料、食材、配方或食谱往往是固定的，每次的味道却又如此独特。元语言具有"可调节性"，"解释符号文本的元语言集合，是每次解释时用各种元素因素配置起来的"①。

赵毅衡认为，元语言因素可以大致分为如下三类：（社会文化的）语境元语言、（解释者的）能力元语言、（文本自身的）自携元语言。② 人无时无刻不处于文化中，对文本的阐释自然离不开文化的潜移默化；每一个阐释者的社会地位、成长阅历、人生经历不同，对事物的感知理解也大大不同，即便是同卵双胞胎也会不同。符号文本的自携元语言，是雅各布森的一大符号学贡献，文本是阐释的对象，但文本自身及上文提到的各类伴随文本，也参与组成元语言集合，其中，文本自身的体裁是元语言集合中一个不可忽视的因素。新闻和影视的体裁显然不同，2001年"9·11"事件中美国世贸大厦倒塌的恐怖混乱画面，不少人通过电视看到，却误以为是电影画面，没有想到是实实在在的新闻报道，直到关注到画面旁边的新闻报道人员等伴随文本的辅助提醒，才会调动不同于电影画面的元语言因素展开阐释。

体裁是文本与文化之间的"写法与读法契约"，它的最大作用是"指示接受者应当如何解释眼前的符号文本"③。体裁展现

---

① 赵毅衡. 符号学：原理与推演[M]. 南京：南京大学出版社，2016：230.
② 赵毅衡. 符号学：原理与推演[M]. 南京：南京大学出版社，2016：227.
③ 赵毅衡. 符号学：原理与推演[M]. 南京：南京大学出版社，2016：135.

在文本的形式特征上，唐诗宋词元曲各有各的形式特征和要求，对我们的读写加以规约和指导。所以，从本质上看，"体裁的形式特征是个指示符号"①，体裁就是文本自携元语言，是一种期待，对接受者的接受行为加以指引。换句话说，诗之所以为诗，是因为我们以诗的方式读之或写之。倘若没有经过特定的文化熏陶与训练，对体裁的形式特征视而不见，虽然在理解日常生活语言上没有问题，却难以领略文学作品的魅力，因为文学作品是自然语言基础之上的二度模塑符号系统。正如英国文论家卡勒所说："任何缺乏文学知识或对文学传统知之甚少的读者面对一首诗时是茫然的，他无法按照文学作品的要求来读因为缺乏这方面的'文学能力'。"②

3. 解释漩涡与评价漩涡

如前所述，元语言具有不同的层级，层控关系是元语言的根本，且元语言自身也是变动不居的，具有临时调节性。不同主体之间或者同一人在不同瞬间的元语言可能不同，带来不同的阐释结果，但彼此之间并无元语言冲突，因为不同的元语言引发阐释差异，这都是可以理解的。

然而，"在同一个（或同一批）解释者的同一次解释努力中，使用了不同的元语言集合"，在同一层次、同一批次的解释努力中，共存的不同元语言集合必然产生不同的意义解释，或大致相近或彼此相左，然而，截然不同的意义之间关系如何，是相互冲突、一方取消另一方，还是保留差异、彼此和谐共存，这种"同层次元语言冲突"，称为"解释漩涡"③。哈姆雷特的名言"To be or not to be, that's a question"（生存还是毁灭，这是个问

---

① 赵毅衡. 符号学：原理与推演[M]. 南京：南京大学出版社，2016：135.
② CULLER J. Structuralist Poetics: Structuralism, Linguistics and the Study of Literature [M]. London: Routledge Classics, 2002: 132.
③ 赵毅衡. 符号学：原理与推演[M]. 南京：南京大学出版社，2016：231.

题），即是同一次解释活动中的元语言冲突。

依据元语言的层控关系，上一级元语言为解释下一级元语言而生，彼此层次不同，不会发生元语言引发的解释冲突，然而，在同一层次内出现不同的元语言，也就是两套不同的意义标准，一旦彼此无法协同，这种解释冲突就无可避免。关于解释漩涡，赵毅衡认为，向解释敞开的文本，提供文本自携元语言因素，并且呼唤其他元语言因素。元语言因素的集合和分化，是解释行为形成的。不同的元语言集合之间的协同或冲突，发生在解释中，而不是发生在文本中。① 解释漩涡中的不同元语言集合，彼此之间的关系比较微妙，若能彼此协同，则可犹如诗情画意、图文并茂、水乳交融一般，自然催生出明确清晰的意义阐释，也许在冲突中保持动态的平衡，和而不同，犹如我们常见的鸭兔同图、黑天使白天使同图，具体可参见图6-2和图6-3②；更有可能势不两立、彼此相左，引发对象文本中原本并不存在的混乱和动荡，犹如明星"人设崩塌"这一现象。

图6-2 白天使和黑天使同图

---

① 赵毅衡.符号学:原理与推演[M].南京:南京大学出版社，2016:232.
② 这两幅图来自赵毅衡.符号学:原理与推演[M].南京:南京大学出版社，2016:233-234.

图6-3　鸭兔同图

同一层次的元语言冲突产生解释漩涡，而更高一层的元元语言冲突则产生评价漩涡①，文化、意识形态等都可以说是元元语言集合。评价漩涡内的元元语言的彼此关系同解释漩涡相似，只是其主体更多的是以集团或民族等形式呈现。

总之，无论个人层面的解释漩涡，还是集体文化层面的评价漩涡，都是发生在同一层面的，不同层面之间无法冲突。漩涡往往是多元的显现，是单一的对立。在全球经济一体化、国别关系错综复杂的当今时代，解释元语言、评价元语言的多元路径已成为常态，漩涡随处可见，谁能从容处理漩涡，谁就能胜出，个人如此，国家也是如此。

可以说，一套整体性的符码，推不出无限衍义；一个排斥冲突性元语言的文化，是恐惧评价漩涡的文化；一个无需对立制衡的意义进程，必定引向灾难。②

---

① 赵毅衡.符号学:原理与推演[M].南京:南京大学出版社，2016:236.
② 赵毅衡.符号学:原理与推演[M].南京:南京大学出版社，2016:390.

（四）实例分析①

元语言的核心在于阐释，是交际过程中的中枢系统，没有了元语言系统，六因素中的指称性、诗性、情感性、意动性以及交际性，都变得无意义可言。

科技实用文本属于强编码，符码很少变化，解释往往也是固定的。文化艺术文本则是弱编码，符码难以确定，解释也是开放式的，如图 6-4 左图中的元素周期表，含义清晰明了，而图 6-4 右图中的画作《蒙娜丽莎的微笑》，已经有数不尽的阐释，任何阐释都是一种解释，只要能够自圆其说，即解释者拥有自己的一套符码。个人层面的编码也是变动不居的，古代贤达尊奉的"穷则独善其身，达则兼济天下"本身就反映了两套不同的编码。

图 6-4 科技符码与艺术符码举例

符码针对单独的符号文本，元语言则是解释活动中一整套的规则体系，如同一门语言中的语法体系和词典释义，决定着意义的存在和实现，能够对对象语言进行阐释。著名的图灵测试，如

---

① 分析中的部分实例和图片来自超星慕课《意义生活:符号学导论》，特此感谢。赵毅衡，陆正兰，彭佳，等. 意义生活:符号学导论［EB/OL］. (2017-09-01). https://mooc1-2.chaoxing.com/course/200142106.html.

·雅各布森六因素新论·

图6-5所示，如果一台机器能够与人类展开对话（通过电传设备）而不能被辨别出其机器身份，那么则称这台机器具有智能。根据图中的回答，图6-5左图中的回答显然是一个机器，图6-5右图中被测者则可能是人类，机器只能回答对错，而人类则具备元语言性，能够谈论对象语言。元语言也是分层次的，如南宋词人辛弃疾的词作《丑奴儿·书博山道中壁》："少年不识愁滋味，爱上层楼。爱上层楼，为赋新词强说愁。而今识尽愁滋味，欲说还休。欲说还休，却道'天凉好个秋！'"① 在这一首词中，清晰划分了"愁"的两个不同层次，运用对比手法，词浅意深，令人回味无穷。

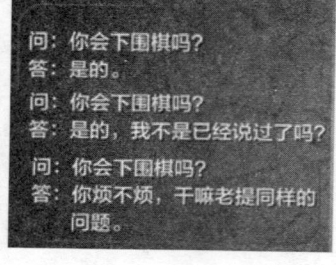

图6-5 图灵测试举例

在同一个解释活动中，出现两个甚至更多的元语言集合是我们经常遇到的情况。两种解释彼此协同、形成反讽或陷入漩涡，彰显了人性的复杂，反映出生活的常态。唐代诗人白居易的诗作《卖炭翁》中的诗句"可怜身上衣正单，心忧炭贱愿天寒"，描绘了卖炭翁在天寒地冻之中冻得瑟瑟发抖，为了顺利售出木炭，反而希望天气能够更冷一些的心态，在同一解释活动之中，两种元语言集合形成反讽，更显卖炭翁的凄凉处境。再如，2012年莫言在瑞典文学院的报告大厅举行诺贝尔文学奖演讲，他这样描述

---

① 辛弃疾.辛弃疾词集[M].崔铭，导读.上海：上海古籍出版社，2013：96.

自己的童年经历:"我母亲经常提醒我少说话,她希望我能做一个沉默寡言、安稳大方的孩子。但在我身上,却显露出极强的说话能力和极大的说话欲望,这无疑是极大的危险,但我说故事的能力,又带给了她愉悦,这使她陷入深深的矛盾之中。"对于莫言的"能说会道",他母亲在欣赏的同时,又有深深的担忧,恰是两种元语言集合在同一解释活动中的涌现,母亲一方面是担心儿子耍贫嘴,前途堪忧,另一方面又从中得到无尽乐趣,始终纠结于到底是喜欢莫言多讲话还是不喜欢。更有意思的是,"莫言"这一名字本身强调的是沉默为金,然而莫言本人却是非常爱说话的,这也是一种元语言集合冲突之下的反讽。历史上的唐太宗李世民是一代明君,开创贞观之治,且从谏如流,与大臣魏征的故事更是流传千古,然而,在对李世民的符号评价上却始终绕不过其登基之时的玄武门弑父杀兄行径,这一评价漩涡难以调和。

解释者自身的能力元语言也能够推动或消解解释漩涡,如图6-6中,左图为演员斯琴高娃,右图为《康熙王朝》中斯琴高娃扮演的人物角色孝庄皇后,历史人物有一张明星对应的扮相在当代已是司空见惯的现象,如陈道明饰演的康熙。对于熟悉斯琴高娃的人,注意力可能放在斯琴高娃这一演员身上,对于熟悉清朝这段历史的人,注意力可能放在了孝庄皇后身上,也许两者兼而有之,演员和被塑造的角色之间和谐相处,互相成就对方,协同之下的元语言集合冲突并非总是对解释起干扰或破坏作用。对于不认识斯琴高娃的人而言,尤其是外国人,这一元语言冲突是不存在的,解释漩涡被消解,符号的接受者只关注故事本身。

图6-6　演员斯琴高娃与电视剧《康熙王朝》中的孝庄皇后形象

2019年春节前后，娱乐圈闹得沸沸扬扬的"吴秀波事件"和"翟天临事件"，都是一种明星"人设崩塌"的表现，在对于同一人物、同一符号的同一解释活动中，存在两种元语言集合，在事件出现后，两种元语言集合无法彼此协同，也无法共存于漩涡，只是一方消解了另一方的强烈反讽。

## 三、接触与交际功能

### （一）交际功能

寒暄语（phatic communion）[①] 的概念最早是由英国人类学家马林诺夫斯基提出的，指朋友、熟人或陌生人之间漫无边际的交谈，既非指称，也非意动，不是用来传递信息，也不是用来说服听话者采取行动，只是用来构建轻松愉快的社交氛围，远离尴尬、敌意和沉闷，以人际互动为主导，这一功能在雅各布森提出

---

[①] MALINOWSKI B. The Problems of Meaning in Primitive Language [M] // OGDEN C K, RICHARDS I A. The Meaning of Meaning. New York：A Harvest Book，1923：296-336.

的六因素六功能理论中依次被称为接触（contact）和交际功能（phatic function）[①]，既指交际双方的物理通道畅通（physical channel），也包括彼此的心理联系（psychological connection）。此时的交际功能已不仅仅局限于语言符号，手势、表情、肢体动作等非言语符号也包括在内。我们拿起话筒时习惯的喂喂声，时不时地确认对方是否在听的"你在吗"，面对面交谈时听话者对谈话的回应，无论是时不时的"嗯嗯"声还是摇头、摆手等非言语信号，都是交际功能的展现；交际的顺畅进行既需要确保物理通道的畅通，又呼唤交际双方对交流本身的关注和肯定。人是社会性动物，需要他者在场，交际双方见面、分别或相处时的沉默不语或面无表情的状态传递给对方的是不友好的信息，甚或敌意，即便是无心之举。婴儿的牙牙学语、鹦鹉学舌以及英国议会上出现的"filibuster"，本身可能无信息内容可言，却和交际渠道的畅通与否息息相关。父母的唠叨、妻子的啰嗦、恋人间的絮语、婴儿含糊不清的"咿咿呀呀"和孩子放学后喋喋不休的表述，此时需要的是一副耐心倾听的耳朵和时不时的回应，从而从中获得一种发自内心的愉悦、一种交际渠道畅通的快乐。

值得一提的是，交际行为本身的重复（repetition）和复现（recurrent）在保持接触、保证交际渠道畅通方面也发挥着重要作用，从社会文化层面来看，也是当代广告、网红、娱乐明星和明星学者追求人气、曝光率和点击率的体现。

在当代社会，随着因特网的出现和即时通迅软件等社交软件（social software）的盛行，QQ群、微信群等虚拟社区（cyber-communities）也随之出现，从单一的语言符号到多媒体的呈现，尤其是表情符的运用和图像转向（picture turn），使言

---

[①] JAKOBSON R. Linguistics and Poetics [M] // JAKOBSON R. Language in Literature. London：The Belknap Press，1987：68.

语交际六因素和六功能中的接触和交际功能在当代呈现出新的面貌，呼唤新的学理阐释。在图像转向的趋势下，图像逐渐取代语言文字成为意义世界的主要表达手段，而在虚拟社区，相对于传统的面对面言语交流所拥有的全景式信息（言语、姿势、表情、手势等语言和非语言符号），不断涌现的网络表情符一定程度上弥补了这一缺陷，也是其日益盛行的深层原因之一。

（二）寒暄语

从语言学的角度来看，实现交际功能的话语被称为寒暄语（phatic utterance），寒暄是一种言语行为，主要目的在于建立与维护交际双方的社交关系或社会关系，而不是向对方提供具体的交际内容。[1]某一话语行为是否属于寒暄语范围或者是否以交际功能为主导，取决于这一话语是否传递具体的交际内容，是否依赖于语境以明确其指称功能，"寒暄语的理解不以语言解码为基础，而依赖说话人的交际意图"[2]。一部分寒暄语往往是下意识的、脱口而出的，不需要太多的认知付出和字斟句酌，与同事见面的一声招呼"早！"，随口而出的问候"今天天气不错啊"，依据寒暄程度的差异，可以区分为规约性寒暄和情境性寒暄。[3] 规约性寒暄的标准化、程序化程度较高，认知付出更少，往往"有很深的文化烙印，不同文化中寒暄的套语有很大的不同，交际者之间对这些寒暄语一般有共同的心理感知和知识背景"[4]，如英美人士之间见面的"how are you?"，中国人见面的"吃了吗？""去哪里啊？"等。规约性寒暄语往往用于关系不太熟的同事、熟人或陌生人之间，对于家人和朋友，同样的规约性寒暄往往变成

---

[1] 冉永平.礼貌的关联论初探[J].现代外语，2002（2）:392.
[2] 冉永平.礼貌的关联论初探[J].现代外语，2002（2）:394.
[3] 刘平.寒暄的语言游戏性质[J].外语学刊，2009（5）:76.
[4] 刘平.寒暄的语言游戏性质[J].外语学刊，2009（5）:76.

了信息的传递,工作一天从单位回到家中已经很晚了,妻子的关照"吃了吗?"显然不是寒暄,而是获取信息,而随之而来的一句"工作挺累吧!"则属于寒暄,是情境性寒暄。"情境性寒暄是交际者为达到寒暄目的而采用的临时的言语形式,稳定性较弱,话语结构和进行信息传递的话语貌似"①,如看到同事穿的衣服很漂亮而发出的脱口而出的称赞。情境性寒暄往往发生在关系较为亲密的人群之间,虽有少许的信息传递功能,但主要意图是寒暄,维持或增进彼此关系,以交际功能为主导。

寒暄语,尤其是情景性寒暄语,表现出一定的多样性和动态性,能够根据交际对象的不同和情景的变化而采取不同的寒暄语。例如,和同事朋友之间戏谑式的"发型不错啊,哪里剪的?"自然不能用于上级领导,在大雪纷飞、天寒地冻的日子来句"今天天气不错啊!"确实有些不合时宜,却意外地体现了反讽的寒暄效果。同样,不同的人,因为性格和言语风格的不同,采用的寒暄语也千变万化,有人惜字如金,有人十分健谈,有人乐于赞美,有人擅长开嘲讽式或自嘲式玩笑。

总之,寒暄语也许从某种程度上来看似乎是一种废话连篇,却是人们交际过程中不可或缺的润滑剂,是交谈顺利进行的保障,更是维系亲情、友情乃至爱情的纽带。如果把寒暄语也算作钱冠连的"程式性言语"之一,那么"人对于语言须臾不离的依赖状态即人类的基本生存状态之一是:人活在语言中,人不得不活在语言中,人活在程式性语言行为中"②。

此外,寒暄或交际功能已不仅仅限于语言符号,而是可以扩充到手势、表情、交谈距离、图像、媒介等非言语符号和多媒体领域,只要上述行为不以信息传递为目的,而主要以建立、维持

---

① 刘平.寒暄的语言游戏性质[J].外语学刊,2009(5):76.
② 钱冠连.语言:人类最后的家园[M].北京:商务印书馆,2005:20.

人际关系为主导。在 Laver 看来，寒暄语可以大致分为两个阶段：初始阶段（opening phase）和结束阶段（closing phase），前者是为正式的实质性交谈做好铺垫，后者是为未来的继续交往奠定基础。① 每一阶段都由不同的步骤（move）组成，例如，对于路上偶遇或生意社交场合的寒暄，在初始阶段，先是交谈双方的眼神交流，眼神的接触是双方开启交谈意愿的第一步，伴随而来的是双方在较远距离时的手势交流，用于表达问候或认出对方，紧跟着是显示友好或社交性礼节的面部表情呈现，在合适的交谈距离内，展示不同的姿势和肢体语言，随即开启固化的语言符号交流，即寒暄语，最终进入正式的实质性会谈或平稳步入结束阶段，视情况而定。同样，结束阶段也是由不同步骤组成的，以逐步化解离别可能带来的不快，强化双方面谈的喜悦和对下次见面的期待。总之，在寒暄交谈的初始和结束两个阶段中，言语只是其中的一部分，非语言符号也发挥了重要作用；而且，这种寒暄交谈的程式性言语行为不是可有可无的"small talk"（闲谈、聊天），而是日常交际中极为重要的一个维度，"对程式性语言行为的考察基本上是对语言行为的考察，又是对人的基本生存状态的考察"②。

（三）寒暄技术

寒暄的交际功能不仅仅限于语言符号，也可以扩展至肢体语言、面部表情、手势等非语言符号，甚至也可扩展至技术层面。以因特网为基础的各种社交软件，如微信、QQ 等本身也主要发挥着类似于寒暄语的功能，我们可以称之为"寒暄技术"

---

① LAVER J. Communicative Functions of Phatic Communion [M] // ADOM K, HARRIS R M, KEY M R. Organization of Behavior in Face-to-Face Interaction. The Hague: Mouton Publishers, 1975: 219.

② 钱冠连. 语言：人类最后的家园 [M]. 北京：商务印书馆，2005：23.

(phatic technology)①。

1. 寒暄技术的定义和内涵

随着因特网和社交网络等相关技术的快速发展，软件技术和人们的社交生活日益融合，英国斯旺西大学（Swansea University）的 Wang 等学者首次提出"寒暄技术"（phatic technology）的概念，她现在朴次茅斯大学（University of Portsmouth）工作。受马林诺夫斯基的寒暄语概念影响，Wang 等学者从网络技术的社会文化维度入手，指出"如果一项技术的主要功能或用途是建立、发展并维持人际关系，那么可以定义为寒暄技术。这一技术的用户以人际互动为目标"②。许多技术或网站具有一定的人际互动功能，如亚马逊平台上的反馈评论，淘宝网上的旺旺平台，然而，这些功能是附加的，其主要功能是销售商品。寒暄技术的主导功能是形成虚拟社群，维系人际互动，发展人际关系，并成了使用者日常社交生活中不可缺少的一部分。在有些情况下，寒暄技术的使用已成为其用户社群的一种文化，未能使用这一寒暄技术的社会成员往往感到落伍或难以融入这一虚拟社群。不可否认的是，寒暄技术的发展必然离不开用户社群，是用户反馈和技术改进共建的结果，其用户体验也会经历从用户最初的排斥、技术的改进、用户的接纳和推广，直至融入使用者的日常生活，成为虚拟社群文化的一部分。总之，"寒暄技术是通讯技术的一种，其交流的本质在于维系关系而非交流信息"③。这一技术和其用户社群植根于特定的社会语境中，并与这一语境中所有的人类交

---

① WANG V, TUCKER J V, RIHLL T E. On Phatic Technologies for Creating and Maintaining Human Relationships [J]. Technology in Society，2011，33（3）：44—51.

② WANG V, TUCKER J V, RIHLL T E. On Phatic Technologies for Creating and Maintaining Human Relationships [J]. Technology in Society，2011，33（3）：46.

③ WANG V, TUCKER J V, RIHLL T E. On Phatic Technologies for Creating and Maintaining Human Relationships [J]. Technology in Society，2011，33（3）：45.

际活动相关。

Wang 等学者的寒暄技术概念将语言学领域的寒暄语从语言符号扩展到技术层面,从发挥寒暄和交际功能的角度来看,语言和技术都可被看作是创建维系人际关系的工具;寒暄语和寒暄技术的主导功能主要在于建立、发展和维系关系,"既非指称事物,也非传递信息"[1]。

2. 寒暄技术和现代性

Wang 等学者运用英国著名社会理论家和社会学家吉登斯关于现代性理论和现代性发展的理论来分析寒暄技术在当代发展的背后深层原因。[2] 现代性（modernity）可以说是一种抽象的社会理论,一种思考社会结构、个人和群体行为的工具。[3] 正是现代性的一些重要时代特征推动了对寒暄技术的社会需求,以及它的兴起和发展。在吉登斯看来,现代性具有如下三个主要特征。[4] 第一是时空的分离（separation of time and space）,在因特网技术下,传统的时区空间划分不再成立,特定的时区与特定的方位地点不再对应,本地性（locality）可以忽略不计,地球犹如一个互通有无的村庄。第二是脱域机制的发展（development of disembedding mechanisms）,基于时空的分离和因特网技术,人类的社交和社会活动能够脱离本土化语境,跨越时空距离,不再是传统的面对面交流,更多的是信任和依赖虚拟技术,在虚拟社区中实现人际交往的再植入和融合（reembedding）。第三是知识

---

[1] WANG V, TUCKER J V, RIHLL T E. On Phatic Technologies for Creating and Maintaining Human Relationships [J]. Technology in Society, 2011, 33 (3): 48.

[2] WANG V, TUCKER J V, HAINES K. Phatic Technologies in Modern Society [J]. Technology in Society, 2012, 34 (1): 88.

[3] GIDDENS A. The Consequences of Modernity [M]. Cambridge: Polity Press, 1990.

[4] GIDDENS A. The Consequences of Modernity [M]. Cambridge: Polity Press, 1990: 53.

的反思性获取（reflexive appropriation of knowledge），现代性的一个重要特征不是对新事物的热情拥抱，而是全方位的整体性反思，包括对反思本身的反思（reflection upon the nature of reflection itself）。人类对自身行动的反思性管控（reflexive monitoring of action）已成为社会生活的常态，在这一反思性机制下，一切社会活动在不断涌现的关于自身的知识中不断被重新审视和重组，与传统的固化截然不同，"所有的科学以流沙为基础"（all science rest upon shifting sand）[1]，没有什么是确定的。

在 Wang 等学者看来，正是现代性的上述特征推动了寒暄技术的发展，寒暄技术的自身特点也顺应了现代性视域下人类的社会需求。[2] 对群体和社区的渴望，对归属感的追求，对人际关系的维系，无论是古代还是现代，这种情感诉求都是一样的。随着全球化和人类流动性的增加，乡土文化和宗室情结在城市化进程中难以为继，在钢筋混凝土建造的现代大厦中，我们都是熟悉的陌生人。以因特网为基础的寒暄技术能够跨越时空距离（time-space separation），以虚拟社区（virtual community）的形式将现代人"脱域"（disembedding）的社交生活和情感需求重新置入（reembedding），我们不再信任坐在对面的陌生人，因为彼此缺乏了解，更愿意相信寒暄技术搭建的虚拟社区中的彼此，其中一些也许彼此时常进行深度交流（文本、语音和视频），但素未谋面。寒暄技术也将雅各布森六因素六功能理论中的接触和交际功能得以充分的运用和呈现，相信我们都不会忘记 Facebook 和 QQ 上的"戳一戳"功能，"戳"一下既非指称，也非传递信息，只是打一声招呼，告诉对方彼此的存在和接触渠道

---

[1] GIDDENS A. The Consequences of Modernity [M]. Cambridge: Polity Press, 1990: 39.

[2] WANG V, TUCKER J V, HAINES K. Phatic Technologies in Modern Society [J]. Technology in Society, 2012, 34 (1): 84—93

的畅通,更不用说微信群(虚拟社区)中层出不穷的握手、点赞、送花等表情符展现的交际功能了。

另外,反思性(reflexivity)在寒暄技术中得到充分的呈现。使用微信和 QQ 等社交软件时,我们输入的文本呈现在屏幕上,发送语音和视频,即便发送失误,也能瞬间撤回。与对方的互动交流,无论是语音、视频还是文字,无论何时都可反复查看。相比之下,传统的面对面交流内容只能倾听一次,无法回放,谈话内容只有交谈双方明白,保存的时长和精确度依赖于谈话者的记忆力。总之,寒暄技术的发展使人类对自身行为的反思性管控(reflexive monitoring of action)发展到极致,"一个人可以反复多次重新生活、重新经历、重新享受社会交流。他们具有重复价值"①。

总之,寒暄技术的发展顺应了人类的现代性社交诉求,这正是其魅力之所在,因此,人类不是被迫信任和使用寒暄技术,相反,寒暄技术的使用已成为人类社交生活的常态。

3. 网络表情符与图像转向

顺应现代性而发展的寒暄技术凸显了网络表情符号的作用,呈现了文字向图像的转向。2015 年 11 月牛津词典将"笑哭了"表情符(face with tears of joy)作为年度热词,具体可参见图 6-8。2016 年 1 月 20 日发生的"帝吧出征"事件中,数量众多的大陆网民涌入台湾地区的社交媒体,展现了网络表情符的魅力和攻势。我们日常在微信、QQ 等虚拟社区的活动中,虽然对文字的运用是必然的,但网络表情符、图像、视频的使用已逐渐演变得不可缺少(参见图 6-9),甚至上升为主导趋势。毋庸置疑,上述趋势"正在对我国互联网的视觉文化、群体身份认同、

---

① WANG V, TUCKER J V, HAINES K. Phatic Technologies in Modern Society [J]. Technology in Society, 2012 (1): 91.

话语体系的更新都产生着潜移默化的影响和推动力"①。

图 6-7 "笑哭了"表情符

图 6-8 "喜怒哀乐"表情符

early的网络交流仍然是以文字为主,强调语言的措辞和优美,而今的交流逐渐被图文并茂、声色俱有的图像、视频所代替。图像文化模式取代语言文化模式成为把握和理解世界的主要思维模式;随着视觉时代的到来以及图像文化的转向,当下的文化也日益偏离了以语言为中心的理性文化模式,转向以图像为中心的感性文化模式。②相对于理性的文字,感性的图像更易为人接受,具有视觉冲击力,更受大众的喜爱,也是当代景观社会兴起的潜在原因。我们对世界的理解无须能指、所指的转换,直接以图像文本的形式呈现,在这种直观的快速把握世界的方式中,沉思和凝视变得奢侈,深度的思考和解读成为稀有。图像化的拟像虽然逼真,然而,图像不是真相,眼见不一定为实。

---

① 余晓冬,黄亚音.从"帝吧出征"看表情包在网络交流中的功能[J].传媒观察,2016(5):16.
② 杨向荣.图像转向抑或图像霸权——读图时代的图文表征及其反思[J].中国文学批评,2015(1):100.

以寒暄技术为基础的虚拟社区中,"自我范畴化"的身份认同使得群体固化了内群成员的相似性以及外群成员的差异性[1],使自我得到了认同,找到了归属感。同时,在以表情包为代表的网络亚文化中,摹拟成为主导,符号代替了实质成为聊天交往的主要内容[2],各种网络表情符的"刷屏"已成为虚拟社区的常态,一件小事都能引发"表情包大战"的集体狂欢,指称的明确和信息的交流成为无关紧要之事,保持接触和互动以维系关系才是重要的,基于寒暄技术的交际功能得以充分发挥。

　　此外,基于寒暄技术的虚拟社区的拟人际传播,相对于真实生活中的面对面传播,交谈双方的手势、面部表情、肢体动作、眼神交流、服饰、音高等信息都是无法传递的,由此丧失的大量信息通过夸张、生动甚至反讽式的网络表情符(如"笑哭了"一类的表情符)得以凸显和弥补。人类为了超越时空的限制而创造了语言和文字,结果又导致文字遮蔽了现实的时空,(网络表情符)这个新的交流符号正在逆向释放出被封闭在文字字符内的身体动作与声音,似乎试图溯回原始的身体在场交流方式[3],以重新构建属于自己的交流场域。如同寒暄语一样,简单、直白的套话对应固定的场景,达到创建、维系人际关系的目的,网络表情符也有相对固定统一的对白模式,如收到红包时的网络表情符"谢谢老板红包"和"这个发红包的好帅",初次见面时的"握手"和"抱拳"表情符,以及夸奖别人时的"点赞"和"送花",有时甚至为了发网络表情符而发,对符号本身的关注呈现出一种

---

[1] 余晓冬,黄亚音.从"帝吧出征"看表情包在网络交流中的功能[J].传媒观察,2016(5):17.

[2] 余晓冬,黄亚音.从"帝吧出征"看表情包在网络交流中的功能[J].传媒观察,2016(5):18.

[3] 梁国伟,王芳.蕴藏在网络动漫表情符号中的人类诗性思维[J].新闻界,2009(5):90.

诗性的美。

总之，网络表情符号的大量使用，将原本以指称性为主的表意模式，转换为以诗性和接触性为主的表意模式[1]，充分凸显了寒暄技术的时代特点——以维系关系为主导，消弭深度的意义交流，强调接触与趣我，虽然有时给人一种人格幼稚化、交流浅平化和同质化的感觉。

（四）重复和再现：超接触性时代的到来

在符号学视域下，交际行为本身的重复（repetition）和复现（recurrent）在保持接触和交际功能方面也发挥着重要作用，引领我们进入超接触性的时代。相对于其他因素，接触性成为主导因素，不再追求元语言交流深度，而是以交际功能为导向，接触性自带的娱乐化和浅平化在当代社会文化生活中也得到精彩纷呈的展现。

在社交媒介中，我们发信息时已经习惯的一个言语风格就是"重要的事情说三遍"，虚拟社区中，面对同一事件，几乎总是以千篇一律的网络表情符或文字回复来推进事件，如网络上曾流传的"海泉十问"（如图6—9），短短几行，"为什么"出现次数达到十次之多，在这种以重复为特征的声嘶力竭的话语中，我们无法从中捕捉到内容的深度、表达的严谨，文字更多凸显的是趣我、娱乐化和浅平化等交际特点。

---

[1] 饶广祥，魏清露."趣我"与浅平化：网络表情符号的传播与反思[J]. 福建师范大学学报（哲学社会科学版），2018（2）:167.

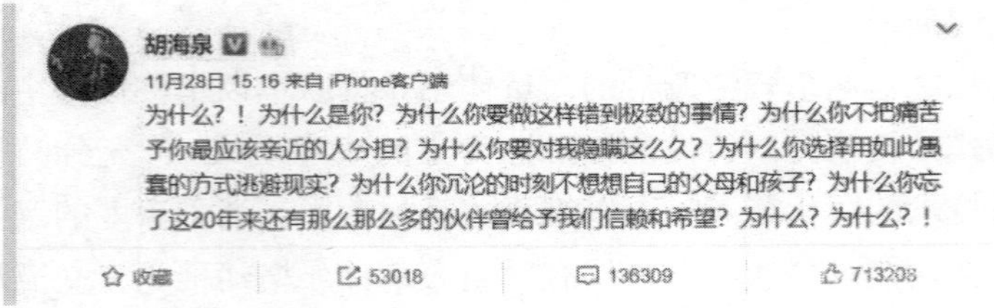

·雅各布森六因素新论·

图6—9 歌手胡海泉"海泉十问"微博截图

　　同样，在文学、文艺领域，经典的重估与更新，是通过文论家、影评家等专业人士在聚合轴上进行深度比较和评判等元语言导向之后，赋予文本（文学、影视作品）特殊的身份和地位。在接触性得以凸显的当代，随着寒暄技术和虚拟社区的盛行，原本并未参与经典评估的大众进场了，经典重估已逐渐被群选经典所代替，"大众，这个来到文学场的新玩家，有巨大的经济资本（票房），有重要的社会资本（票选），而且愿意把这两者转换成符号资本（群选经典）"①。群选经典是脱离了聚合轴的单轴操作（组合轴），没有严谨的同类作家和影视作品的对比，有的是通过投票、点击、在线阅读和观看形成的人气累加与重复，一旦数量达到一定的极值，达到家喻户晓的程度，其经典地位自然得以确立，即便作品本身的质量可能平庸不堪。"群选经典的方式，实是连接，连接，再连接。是组合轴上的连接操作。"② 通过群选经典的方式，参与狂欢的大众既有与明星作者的抽象联系，也有与相同爱好者的具体接触，被后期现代性原子化的孤独自我也因此获得了符号式的身份认同和情感满足。

　　文学作品如此，影视作品如此，广告、网红、明星等也是如此。对他们而言，人气和曝光率极为重要，传统的"酒香不怕巷

---

① 赵毅衡.符号学:原理与推演[M].南京:南京大学出版社,2016:380.
② 赵毅衡.符号学:原理与推演[M].南京:南京大学出版社,2016:377.

子深"在接触性主导的当代社会,几乎失去了和同类产品进行分析比较的元语言舞台。群选经典不是严谨批评的结果,而是点击跟随的凸显和群选经典的"选民",称之为粉丝可能更为准确,探讨作品本身的优劣也是难以为继和不合时宜的,粉丝眼中的经典是用来追随和崇拜的,不是拿来评判的,"整个文化成为单轴运动:经典无须深度,潮流缺乏宽度,剩下的只有横向的线性粘连,只有粉丝式的群体优势"①。群选经典的构筑方式是自下而上的,存续期也是转瞬即逝的,群选经典一旦和读者或接受者失去接触,就会淡出舞台,新的经典迅速涌现,这完全不同于历史性批评性经典的经久不衰。

基于当代寒暄技术的群选经典提供了全民狂欢的舞台,在凸显接触性和交际功能的同时,我们也应清醒地认识到它的另一面。一个无须批评的文本,不是正常的文本;一个无须批判的文化,不是正常的文化。当我们完全接受一人一点击的纯数量经典化,文化民粹主义就会全盘获胜:几十亿找不到意义的人,手伸向自己的点击制造的文本身份。②

人类从使用符号的动物,升级为使用元符号的动物,在超接触性的时代,更是升级为依靠符号彼此接触的动物。互联网的发展、寒暄技术的挺进,人类之间的接触方式也随之发生了日新月异的变化,这一点也凸显在用词上,原本的"失踪"一词逐渐被更为生动形象的"失联"所取代,以凸显网络接触性在当代的重要。加拿大传播学家麦克卢汉提出的"媒介即讯息"(the medium is the message)③更是很早就预测到了不同时代接触方式的更迭本身所蕴含的意义和价值。

---

① 赵毅衡.符号学:原理与推演[M].南京:南京大学出版社,2016:380.
② 赵毅衡.符号学:原理与推演[M].南京:南京大学出版社,2016:380.
③ MCLUHAN M. 1964. Understanding Media: The Extensions of Man [M]. London: Routledge and Kepan Paul.

越是封闭的系统,由于元语言单一,就越能解决如何生活的问题;越是开放的体系,元语言组成复杂化,越是无法提供答案。符号泛滥的结果是形成"选择悖论"(paradox of choice),即"开放后的自动封闭"。[1] 在符号泛滥的后期现代社会,我们无法依靠元语言为自己的选择提供一个意义。接触性在这时候闪亮登场,依靠重复和再现,为我们的选择提供了一个可供复制的样本。这一点在广告文本中得到了充分的运用,铺天盖地的广告无时无刻不在环绕着我们,"不厌其烦地重复,起初让人厌烦,甚至愤怒反感;渐渐让人熟视无睹,无可奈何听之任之;最后则是接触性潜移默化地起了作用"[2]。接触性成为后期现代社会人类解决"选择性悖论"的"灵丹妙药",我们的装修风格、日常生活中的衣食住行、孩子的教育、老人的赡养等方面,我们的生活已渐渐演化为对现行摹本(先文本)的复制和仿制。

(五)实例分析[3]

当符号表意侧重于媒介时,如文字、图像、声音等,占领渠道则意味着保持接触,而当代交际活动中基于寒暄技术的图像转向和多媒体表情符也体现了媒介的更迭带来的变化。此时的交际主导意图不是传递信息,也不是促使他人采取行动,而是建立、维系和发展人际关系,以关系为导向。

正如同代码连结着信息和语境,接触是符号发送者和接受者保持沟通和交流的桥梁和枢纽。没有接触渠道的畅通,符号发送

---

[1] 赵毅衡.符号学:原理与推演[M].南京:南京大学出版社,2016:368.
[2] 赵毅衡.哲学符号学:意义世界的形成[M].成都:四川大学出版社,2017:334.
[3] 分析中的部分实例和图片来自超星慕课《意义生活:符号学导论》,特此感谢。赵毅衡,陆正兰,彭佳,等.意义生活:符号学导论[EB/OL].(2017-09-01). https://mooc1-2.chaoxing.com/course/200142106.html.

者的情感态度无法得到传达，符号接受者的意动行为也无法得到保障，融洽和睦的人际关系更无法实现。随着寒暄技术的发展，以接触性为主导的交际性在当代也得到了最大限度的展现和发展。在本章分析的基础上，下一章中，笔者将通过游戏理论、弹幕和微信文化等更进一步阐述当代的超接触性主导特征和它的具体应用。

母亲的叮咛、妻子的唠叨以及恋人间的絮语，多半是些无关紧要的内容，其主要目的不在于传递信息，而是保持接触，以说明彼此的相互需要和关系的亲密无间。彭佳在超星慕课《意义生活：符号学导论》中从符号学视角分析了角色紫薇与尔康（图6-10）、男孩和女孩争吵（图6-11）的两个实例。如图6-10中，以琼瑶的作品为例，《还珠格格》中的紫薇因为尔康和晴儿的交往而生气吃醋时的对话即体现了接触性为主导的特点。从两人短短的一番对话中，"看雪看星星看月亮，从诗词歌赋谈到人生哲学"被重复到令人厌烦的地步，在外人看来难以忍受，但对于恋爱中的尔康和紫薇而言，这种重复的恋人絮语却是两人亲密关系的明证和对彼此的情感依赖，使两人沉醉在一股浓浓的爱意之中。

同样，家人、恋人之间的争吵很多时候并无实际意义，也无多少道理可讲，更多的是为了证明对方是否在乎和重视自己，争吵本身的符号意义已大于争吵的内容，正如生活经验告诉我们，一对从未发生过争执的夫妻在彼此关系上也是令人费解的。如图6-12中男孩和女孩之间的争吵，彼此之间只是重复着"残酷""无情"和"不可理喻"几个字眼，这种斗气式的争吵几乎没有传递任何信息，也不是为了促使对方采取行动，只是为了占领交际渠道，证明彼此之间的感情。

"她说你们一起看雪看星星看月亮,从诗词歌赋谈到人生哲学……我都没有和你一起看雪看星星看月亮,从诗词歌赋谈到人生哲学。"

文字与图片引用自电视剧《还珠格格》

"都是我的错我的错,我不该和她一起看雪看星星看月亮,从诗词歌赋谈到人生哲学……我答应你今后只和你一起看雪看星星看月亮,从诗词歌赋谈到人生哲学……"

文字与图片引用自电视剧《还珠格格》

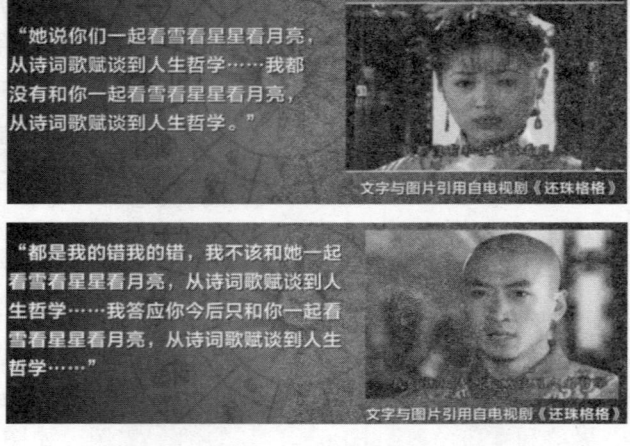

图6-10 电视剧《还珠格格》截图

女:"你残酷,你无情,你不可理喻!"
男:"我怎么残酷,怎么无情,怎么不可理喻?"
女:"你就是残酷,就是无情,就是不可理喻!"
男:"我没有残酷,没有无情,没有不可理喻!"
女:"你就是残酷,就是无情,就是不可理喻!就是就是!"
男:"我没有残酷,没有无情,没有不可理喻!就不是就不是!"

图6-11 男孩、女孩争吵举例

## 四、语言教学中的元语言和寒暄语

### (一)元语言

元语言不仅仅是一个哲学、语言学和符号学概念,在语言教学领域中也可以得到广泛的应用,很多时候我们可能在使用而不自知。除了词典释义元语言的使用,离开了元语言的语言教学可能很难有效开展,"Do you understand what I mean?" "Sorry, could you explain it?" "What do you mean by this?" "Could you say it again?"等类似的元语言课堂话语我们几乎都耳熟能详。

然而，在外语教学方法的采用上，由于国家教育政策、西方教育理念等多种因素的影响，忽略和排斥元语言的现象始终存在。在外语教学上，反对传统语法语言点教学，主张听说教学法（audio-lingual approach）、浸入式教学法（immersion approach）等的师生不在少数，认为"只有在真实的语境下教学生进行有意义的交流，才是语言教学的目的，而讲授语言和语法知识，并不能提高学生的交际能力"①。在他们看来，外语教学的重心自然是"teach English"，而"teach about English"的元语言教学行为（语音、词汇、句法、语用等知识）是无用的。这一交际为主的教学思路，对于刚刚接触英语的幼儿或少儿英语教学也许是可行的，鼓励表达流利胜于表达正确，强调自然真实语境和交际行为，但对于具有一定母语基础和逻辑思维能力的大中学生和成年人而言，忽略元语言的代码作用，往往会使学习者"知其然而不知其所以然"，对其整体语言能力的提高不利。一个语音语调优秀、口语流利但基本语法、句法错误频出的学习者不是一个好的学习者，忽略元语言作用而希冀学习者在大量语料中自行把握、总结语言规律是难以奏效且不符合中国英语教学现状的。正如我国语言学家胡壮麟所说："交际教学法不是外语教学的万应灵药。它有优点，也有缺点。同样，语法教学不应为交际能力差承担责任。当前的趋势是交际教学法正向交际—语法教学法过渡……提高交际能力是个综合工程。把语法教学当枪把子打，不能解决问题。"②

因此，在语言教学中，不是要忽略语法教学，而是要在强调

---

① 谢小平."元语言"：外语教学分析的新视角［J］.华东理工大学学报（社会科学版），2009，28（2）：170.

② 胡壮麟.对中国英语教育的若干思考［J］.外语研究，2002（3）：5.

交际能力的同时，有意识培养学习者的元语言意识，使其不仅能够使用对象语言表达思想和情感，而且能够用元语言来分析言语行为和文本篇章。同样，离开了元语言的运用，有效的课堂教学和组织也会成为无源之水，无本之木，只剩下模仿和强记，始终囚禁在语言自身的牢笼而不得突破，无法从元语言层面俯视对象语言。

### （二）寒暄语

寒暄语这一说法源自马林诺夫斯基[1]，在言语交际行为中使用十分频繁，主要用于建立、协调和维持人际关系，本身并不传递信息，或以意动为目的。寒暄语是人际关系的润滑剂，我们日常生活的语言运用不可能全以传递信息为目的，而是有相当一部分只是所谓的套话或无用的废话。

这些无用的废话恰恰成为语言学习的难点，学习者对语言的指称功能运用十分娴熟，这也是外语课堂教学的重点，然而，对于如何通过闲聊融入社群、创建和维系关系却往往令语言学习者一筹莫展。在和外国朋友交往时，我们的语言学习者擅长的是一本正经地讲话，不会闲聊和互动，不懂如何恰当地开启一个话题，不了解如何得体地结束一段谈话，通过这种"尬聊"是很难和对方建立较为亲密的朋友和商贸关系的，这其中有跨文化交际的因素，但是，对语言寒暄功能的忽视和不了解也是其中的一个原因。

然而，对于语言教学，学界更多的是强调跨文化语用能力的培养，这当然十分重要，然而，对寒暄语的掌握和在交际中恰当

---

[1] MALINOWSKI B. The Problems of Meaning in Primitive Language [M] // OGDEN C K, RICHARDS I A. The Meaning of Meaning. New York: A Harvest Book, 1923: 296-336.

运用语言的寒暄功能也是一个不容忽视的方面,而且,在寒暄技术不断发展的今天,寒暄功能的表现形式也在不断变化。目前学界在这方面的研究相对较少,对寒暄语的知识匮乏最终会成为学习者交际能力发展的障碍和绊脚石。

## 五、 结语

本章对元语言性和交际性进行了较为深入的当代符指拓展,并探讨了两者在语言教学领域的可能应用与推广。

从逻辑学和哲学领域发展而来的"元"和"元语言"概念,在语言学和符号学领域也得到了飞速的发展。前者在区分对象语言和元语言的基础上用来解决悖论、探寻真理,后者用来指导语言教学词典释义和人工智能信息处理等方面。而在符号学领域,元语言的阐释作用被发挥至极致,在面对解释漩涡和评价漩涡时元语言能够发挥良好的模塑、诠释和指导作用,这一符指拓展已远远超出雅各布森交际解说元语言功能的范畴。

随着当代互联网技术的发展,马林诺夫斯基的"寒暄语"概念已拓展至"寒暄技术"概念,主要用于创建维系人际关系,既非指称事物,也非传递信息,能够跨越时空距离,以虚拟社区的形式将现代人"脱域"的社交生活和情感需求重新置入,凸显知识和经验的"反思性获取"。人类不再被迫使用寒暄技术,而是乐在其中,随之发展出网络表情符,呈现文字向图像的转向,指称的明确和信息的交流愈发被忽视,保持接触和互动以维系关系才是重要的,将原本以指称性为主的表意模式,通过重复和再现,切换成为以诗性和接触性为主的表意模式。人类从使用符号升级为使用元符号,在接触性主导的当代,更是依靠符号互相接触,不再追求元语言的深度交流,而是以交际功能为导向,追逐接触性自带的娱乐化、浅平化和同质化。

元语言和寒暄语在语言教学领域也有着广泛的应用空间。相对于学界对交际教学法的普遍重视，有意识培养学生的元语言意识，使其"知其然并知其所以然"，在语篇层面、言语行为分析和交流的深度上得以提升；在语言教学环节对寒暄语的重视也能避免交际过程中直奔主题式的"尬聊"和过于一本正经的交谈，给交谈双方的言语互动增加一些融洽、趣味和活力元素。

# 第七章
# 言语交际理论的当代价值和具体应用

本章从交际社会学和游戏理论视角对基于寒暄技术的交际功能进行了重新审视和理论诠释，消解了结构主义的主客体二元对立关系，凸显了个体自主性。通过对弹幕现象、微信文化、礼物类型划分、雄辩的沉默以及儿童语言功能习得等方面进行理论阐释，展示了言语交际理论的当代价值和具体应用。

## 一、引言

罗曼·雅各布森于20世纪60年代提出的言语交际理论，在当代依然有巨大的理论阐释力和现实意义，尤其在媒介技术更迭、充满符号危机的网络时代。

从前面章节的分析可以看出，当代文化中言语交际理论的六因素之间交互关系复杂，彼此关联，形成主导因素为主的功能等级序列。例如，意动性为主导的文本，离不开指称性、情感性和元语言性的协同，而诗性为主导的文本，也伴随着一定的指称性、情感性以及元语言性，更不用说六因素中的接触维系着符号发送者和接受者，代码联结着信息和语境，两者在六因素、六功能的复杂交互关系上发挥着桥梁和枢纽作用。但是，六因素、六功能在当代文化语境下也大体呈现三高三低的趋势：情感性在下降，意动性上升；指称性在下降，诗性在增加；元语言性在下降，交际性在上升。在当代文化生活中，意动性为主导的文化现象随处可见，日常生活也日益泛艺术化，在意动性和诗性增加的同时，以重复和复现为特征的接触性一跃成为"主导中的主导"，三个主导因素渐次合一，互相促进，形成了一个具"超接触性"（super-phaticity）的时代特色。[①]

下文尝试从游戏理论视角对超接触性展开进一步的学理阐释，将原本仅仅意在建立和维系人际关系的交际功能和寒暄技术升华至人天性中对游戏和快乐的追逐——人类心理和行为中普遍存在的一种状态。

此外，本章还尝试用言语交际理论的六因素、六功能来分析弹幕和微信文化、当代不同主导趋向的礼物类型、"沉默"的不同内涵以及儿童语言功能习得顺序等方面，以凸显言语交际理论的当代阐释力和现实意义。

## 二、超接触性——主导中的主导

### （一）游戏理论

#### 1. 齐美尔的交际社会学

相对于英国人类学家马林诺夫斯基于1923年提出的"寒暄语"（phatic communion）概念，德国社会学家和哲学家齐美尔早在1910年10月就在德国的一次社会学会议上发表了类似交际社会学的主题演讲，此文次年以德文发表，1949年被译为英文

---

① 赵毅衡.哲学符号学：意义世界的形成［M］.成都：四川大学出版社，2017：332.

"The Sociology of Sociability"①。在柯泽看来,"齐美尔最早创立了以人际交往、人们之间的会谈和会话,也即社交性(sociability)为核心概念的形式社会学,他甚至将社会的交往性特征直接称为'游戏形式'(play form)"②。

齐美尔讨论的会话和会谈中的社交性与马林诺夫斯基对寒暄语的论述有相似之处,这种看似漫无边际、东拉西扯的闲聊对于建立和维系人际关系十分重要,交谈双方都从中得到极大的愉悦和享受。在日常生活的不同时刻,不同于诗歌或文学语言,人们谈话或为传递信息,或为敦促他人采取行动,或为表达个人情感,然而,"在社交中,谈话本身即是目的;在纯粹社交性的谈话中,谈话内容仅仅是保持谈话顺利进行的一个不可缺少的载体而已,交谈双方活泼生动的互动足以说明这一切"③。为了保持社交的纯粹性,谈话内容的自由、散漫和随意是其特点,讲故事、说笑话、彼此问候,甚至插科打诨都是其常见的表现形式,谈话内容变动不居,有规约性的也有情境性的,日常事务和生活重压之下顾虑重重的人在这种自由、轻松的社交性谈话气氛下也会感觉现实的重担远离了自己;一旦话题转向生意、谈判或其他严肃事务,作为社交的谈话性质也随之改变。

2. 斯蒂芬森的传播游戏理论

威廉·斯蒂芬森(William Stephenson,1902—1989),英裔美国物理学家、心理学家和传播学家,具有自然科学和人文科学的双重学术背景,从荷兰语言学家和历史学家赫伊津哈

---

① SIMMEL G,HUGHES E C. The Sociology of Sociability [J]. American Journal of Sociology,1949,55(3):254—261.
② 柯泽.斯蒂芬逊传播游戏理论的思想史背景[J].新闻大学,2017(3):112.
③ SIMMEL G,HUGHES E C. The Sociology of Sociability [J]. American Journal of Sociology,1949,55(3):259.

(Huizinga) 的专著《游戏的人》(*Homo Ludens*)[①] 汲取了"游戏"这一重要概念，1964 年发表《新闻阅读的鲁登尼克理论》("The Ludenic Theory of Newsreading")[②] 一文，在其基础上，1967 年出版了专著《大众传播的游戏理论》(*The Play Theory of Mass Communication*)，提出大众传播中的游戏理论，强调传播中的游戏和快乐——人类心理和行为中普遍共存的一种状态。

斯蒂芬森认为，"虽然大多数传播活动具有工具性，主要功能是传递信息，但是有一部分传播本身没有信息传播的特征，传播活动本身就是目的，因为它能够带给人快乐，甚至有时我们忘我地投入其中，连快乐都感觉不到（因为快乐只是事后的追溯）"[③]。相对于传统的传播控制论、信息传递、权利意志等过于功利性、工具性和功能性的概念，斯蒂芬森更看重传播快乐 (communication-pleasure) 的一面，强调受众在会话和社交过程中的内心体验和自我，以游戏本身为目的，不带功利和媚俗，一种纯粹的合乎情理的快乐和愉悦。斯蒂芬森的这一游戏理论同样可以用来解读言语交际过程中的寒暄功能，帮助我们从新的视角看待交际功能，"会话和社交性是斯蒂芬森传播游戏理论的核心内容，会话包括人们彼此之间的社交性会话，也包括受众在观看节目或者阅读新闻的时候自己内心与节目或者故事中人物之间的想象性的会话……会话是社交性的基础，斯蒂芬森将这种建立在会话基础上的社交称作游戏"[④]。相对于传统的工具色彩浓厚的传播效果论，在斯蒂芬森的传播游戏论中，游戏和快乐成为主导

---

① HUIZINGA J. Homo Ludens: A Study of the Play-Element in Culture [M]. London: Routledge & Kegan Paul, 1938.
② STEPHENSON W. The Ludenic Theory of Newsreading [J]. Journalism & Mass Communication Quarterly, 1964, 41 (3): 367-374.
③ 刘海龙. 传播游戏理论再思考 [J]. 新闻学论集, 2008 (20): 191.
④ 柯泽. 序一 [M] // 宗益祥. 游戏人, Q 方法与传播学: 威廉·斯蒂芬森的传播游戏理论研究. 北京: 中国政法大学出版社, 2017: 12.

·第七章　言语交际理论的当代价值和具体应用·

成分,"受众反转为传播的主体,受众不过是借用传播从事一种游戏活动,并在游戏中彰显生命的活力和价值,体验生命存在的快乐,……他高扬的是人本主义哲学的旗帜,这一理论为人的价值和尊严而辩"①。

　　根据游戏理论,寒暄功能不再仅仅是步入正式会谈和交流的垫脚石,不仅仅是日常生活中见面的例行问候,而是生活中不可缺少的一部分,是带给我们愉悦的一个日常习惯,是展现自我存在的明证。正如斯蒂芬森所说,当两个人见面寒暄时,时而严肃,时而诙谐,时而心不在焉,时而热情洋溢,活力四射,谈话本身没有明显的目的,不是刻意取悦对方,也非试图说服对方,以谋求私利,然而,交谈双方都十分享受这一交流过程,这就是传播快乐(communication-pleasure),与之相对应的是传播痛苦(communication-pain),以意动功能为导向,试图说服对方采取行动,前者提升自我(a gain in self),后者丧失自我(a loss of self)。② 这样蕴含主体性的寒暄好似孩童的游戏,不带功利目的,却最大限度地愉悦了自我。正如斯蒂芬森所说,"大众传播之最妙者,当是允许阅者沉浸于主观游戏之中者。复杂精妙的主观游戏闪烁着神话与幻想的迷人色彩。……人们每天从繁忙的工作中疲惫而归,大众媒介成为他们在闲暇时光体会自我存在的明灯"③。

　　可以说,斯蒂芬森游戏理论的意义在于将具有自主性的自我从结构功能主义的桎梏中解放出来,结构功能主义强调主客体二

---

① 柯泽.序一[M]//宗益祥.游戏人,Q方法与传播学:威廉·斯蒂芬森的传播游戏理论研究.北京:中国政法大学出版社,2017:4.
② STEPHENSON W. The Ludenic Theory of Newsreading[J]. Journalism & Mass Communication Quarterly, 1964, 41(3):373.
③ 宗益祥.游戏人,Q方法与传播学:威廉·斯蒂芬森的传播游戏理论研究[M].北京:中国政法大学出版社,2017:83.

元思想，自己是主体，世界始终是自我分析和征服的对象，自我的每一行动都是"手段－目的"导向的（means-ends model），发挥特定的功能。对结构功能主义的弊端，学者胡翼青有一段十分精辟的阐述：

> ……20世纪60年代以后美国传播学家乃至整个社会科学界的知识转型……在那次"回到人"的革命中，结构功能主义在社会科学界的统治性地位虽然没有被连根拔起，但在思想家圈子里，这些东西早就没有了生命力。
>
> 然而，我们也不能忽略的是，有些自称回到人的研究，如施拉姆以及卡茨和他的使用满足理论，其实只是结构功能主义的延续和拓展。
>
> 当世界被功能化之后，作为主体的人也就不能幸免。人存在的意义必须由人与世界的关系确定，所以当世界彻底物质化和功能化以后，人本身的意义也就功能化了。人与人的关系也降格为空洞的"有用"的关系。结构功能主义表面上是在研究人，但实际上它研究的仅仅是人与世界的功能性关系以及人与人之间的功能关系，而非活生生的人的观念序列和生活方式，并非人的差异性和独特性而是人的同一性和规律性，更可怕的是，它是可以编码和计算的。所以功能主义视野中的人恰恰是异化的"非人"。这种"非人"没有精神和观念层面的意义，只是抽象的功能聚合体。[①]

德国哲学家伽达默尔运用游戏概念来说明人的诠释过程时也表达了类似的观点，"人们沉浸在艺术作品中，既是对作品的体

---

[①] 胡翼青. 序二 [M] // 宗益祥. 游戏人，Q方法与传播学：威廉·斯蒂芬森的传播游戏理论研究. 北京：中国政法大学出版社，2017：21—23.

验，也是个人的表现，以游戏为中介，传统的主客体划分消失了"①。游戏理论本身对于雅各布森六因素、六功能中接触和交际功能的阐释具有启发意义。接触性不以信息传递为目的，也不是为了敦促他人采取行动，只是为了维系和发展人际关系。从功能主义视角来看，行为本身是带着一定的目的性，是"手段-目的"导向的。游戏理论则将交际行为中的接触性提升到了一个全新的层面，是人主体性的呈现，交际行为是自发的，是自我的驱动，我们在交往和交流中乐此不疲，创建和维系人际关系只是这一交际行为的副产品。在寒暄技术不断更迭的当代文化语境下，交际性的这一特征日益凸显，并逐渐成为主导，也就是我们称之为超接触性时代的到来。

（二）弹幕文化

1. 弹幕的起源与分类

弹幕，英文用"barrage"表示，又作"bullet curtain"，原本是一个军事术语，指空中密集的子弹犹如幕布一样，后被引用至电子游戏领域，尤指军事枪击类电子游戏，玩家通过操作键盘按钮帮助游戏角色躲过屏幕上密集的子弹，以此顺利闯关。在当前互联网时代的弹幕视频，特指用户在观看视频的同时发布即时评论文字，其他在同一时间节点浏览视频的用户都可以观看到，当同一时间节点的文字评论达到足够数量后，文字评论就会密密麻麻布满整个屏幕，十分壮观。"网络弹幕最早起源于 ACG 视频网站。ACG（animations, comics & games）原来特指来自日本的动漫，后来泛指一切动画、漫画和电子游戏"②。ACG 的常

---

① 刘海龙.大众传播理论:范式与流派［M］.北京:中国人民大学出版社，2008:16.

② 陈新儒.反讽时代的符号狂欢:广义叙述学视域下的网络弹幕文化［J］.符号与传媒，2015（11）:61.

用中文名称是"二次元",现在泛指整个性质相近的次文化圈。

显然,网络弹幕用户在观看视频时,有一种和成千上万网友在即时交流的感觉,所有人同时在线观看视频的感觉。根据载体的不同,陈新儒将之区分为录像弹幕(如图7-1)和直播弹幕,前者可以保存和回放,后者一旦错过直播时间,便无法获取弹幕内容。根据内容,弹幕也可大致区分为吐槽弹幕、科普弹幕、版聊弹幕和狂欢弹幕等。吐槽弹幕是最常见的形式,具有调侃的意味。科普弹幕意在拓展原文本的相关内容,提供背景知识。版聊弹幕的形成不同于原文本的全新内容,参与者可以尽情发挥。最有意思的是狂欢弹幕,"在短时间内大量在屏幕上出现的同样或类似内容的弹幕群,其特点是极强的爆发力和感染力,让接受者迅速感受到全民狂欢的气息,并不由自主地参与到其中"[1]。按照雅各布森的言语交际理论,符号侧重于信息本身时,就会发挥诗性功能,狂欢弹幕也能展现出一种诗性的美。

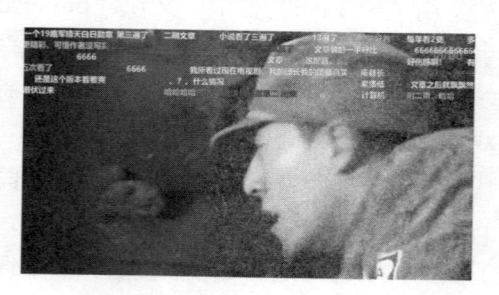

图7-1 录像弹幕举例

弹幕文化,又称"二次元文化",从2013年开始,在腾讯、优酷、爱奇艺等主流视频网站已逐渐演化为不可忽视的"二次元喧闹"现象,弹幕自身也从小众化的动漫爱好者群体拓展至大众

---

[1] 陈新儒.反讽时代的符号狂欢:广义叙述学视域下的网络弹幕文化[J].符号与传媒,2015(11):63.

化的经典影视剧观影群体，然而，研究人员对它的学术关注度与它本身引发的社会热点之间还存在一定的差距。在对经典影视剧进行创造、改编的录像弹幕中，在观影过程中，弹幕用户无厘头的弹幕行为类似于一种解构行为，文本自身成为一种开放性的存在，在诙谐、幽默和反讽中尝试去中心化，反对一切形式的"崇高"和"深刻"，以娱乐和恶搞为主。"影片本身的严肃背景以及意义传递已不再重要，此时观赏的重心不再是戏剧情节本身，而是变成一种精神上的消遣娱乐。"[1] 弹幕现象也可以被理解为一种重新部落化，是"虚拟客厅"[2]的呈现，在没有网络视频的时代，一家人围坐在客厅里观看电视，伴之以七嘴八舌的评论、闲聊和吐槽，不带有太多的目的和功利性，发挥寒暄功能，弹幕现象所体现的功能与此相似。

2. 弹幕文化的理论阐释

依据斯蒂芬森的游戏理论，有相当一部分传播行为不以信息传递为目的，传播活动本身就是一种目的，以快乐为目的，能够最大限度地愉悦自我，凸显自主性，将马林诺夫斯基基于会话和社交的寒暄功能提升至一个全新的层面：寒暄是快乐的，因为快乐，所以寒暄。这一传播游戏理论一直以来处于非主流状态，也没有一个恰当的媒介能够证明这一理论的适切性，"然而在当今的网络空间中，我们发现的确存在一种类似史蒂芬森所描述的更偏重于传播形式的媒介，其核心功能就是以高度即时性的信息形式呈现，为受众带来主观上的愉悦，这就是弹幕视频"[3]。

---

[1] 熊晓庆，高尚.经典影视剧的沦陷:弹幕狂欢下的审美嬗变及伦理反思[J].电影文学，2018（22）:68.

[2] 许良."虚拟客厅":弹幕评论的心理分析——以电视剧《人民的名义》为例[J].当代电视，2018（7）:81.

[3] 谢梅，何炬，冯宇乐.大众传播游戏理论视角下的弹幕视频研究[J].广播电影与电视，2014（2）:39.

弹幕文化与游戏理论有暗合相通之处，弹幕自身显然影响观影效果，尤其是在狂玩弹幕的诗性呈现中，视频内容上面布满了密密麻麻的文字，严重影响受众对视频内容的获取。然而，不同于传播效果主导的传播控制论，在这一妨碍视频观看的另类传播方式中，弹幕使用者的目的不在于从弹幕中获取信息，而是在发表弹幕的自主性行为中着力创造一个共同、即时的观影氛围，在观影的同时与成千上万个"知己"闲聊和寒暄，实现"虚拟客厅"和重新部落化的效果，以缓解后期现代性带来的个人孤立感。弹幕行为本身能够带给人以快乐，是一种纯粹的玩乐行为，弹幕用户忘我地投身其中，在使用弹幕进行自我表达时具有高度自主性，消解了传统的主客体二元划分，其衍生产品则是接触性和交际功能的实现。谢梅等针对弹幕文化开展了相应的访谈，"受访者普遍表示在使用弹幕进行评论的最大优点在于，用户可以随心所欲地在视频播放的任何时候发表观点并且不用考虑与评论对象之间的逻辑关系，因此这种评论行为更趋向于一种无明确目的的闲聊"[1]。

从伴随文本的理论出发，也有助于我们更好地理解弹幕文化，弹幕文本可以说是一个非常典型的伴随文本构成。各种弹幕种类的划分，如前面提到的吐槽弹幕、科普弹幕、版块弹幕、狂欢弹幕、录像弹幕和直播弹幕等是型文本的体现，副文本则往往作为文本的框架因素来呈现，如弹幕的上传者、上传时间、粉丝数量、播放次数、分享次数等方面。弹幕文本往往基于一个固定的文本，如电视剧或电影作品，弹幕文本自身对上一剧集的回顾和对下一剧集的提前预判形成先/后文本，视频网站上的相关推荐和往期节目等版块以及弹幕对相似角色"走错片场"的调侃评

---

[1] 谢梅，何炬，冯宇乐. 大众传播游戏理论视角下的弹幕视频研究 [J]. 广播电影与电视，2014（2）：37.

论则发挥了前文本的作用，指向其他相关内容的弹幕文本则形成链文本。弹幕文本自身更多是作为评论文本和同时文本而存在的，作为一种动态评论文本，实时反映着观众的观影体验，而对于其他观影者而言，弹幕文本和视频文本是在观看时同时被接受的，又可以称为"同时文本"，"作为同时文本的弹幕的作用就在于干预网络视频的叙述过程，为网络视频人为地增加情节，增加叙述性"[①]。当观影者对弹幕文本过于投入和关注时，为了看弹幕而来看视频，甚至基于弹幕文本另辟新的板块来讨论，就会形成伴随文本执着，如前面提到的狂欢弹幕和版聊弹幕。

（三）微信文化

1. 寒暄的起源

马林诺夫斯基首次提出寒暄语的概念，指出寒暄的目的在于避免沉默、化解敌意、承认对方在场和享受彼此的陪伴。雅各布森在《语言学与诗学》一文中指出寒暄的主要功能在于保持讲话者之间的接触，这里的接触既指说话双方物理层面的接触，也指心理上的联系，也可表现为社会规约层面的程序语使用，以确保双方进入并保持沟通状态。Kulkarni对雅各布森寒暄功能中的"接触"一词的具体含义做了进一步的探究，认为物理接触指的是为保证谈话的顺利进行，保持物理通道的畅通，如手机信号良好、电话线路正常等要素，心理接触指的是交谈双方展露的态度以表明彼此对谈话有兴趣，希望交谈继续下去。[②] 关注或注意力应是物理接触中首要的，没有谈话双方的关注或注意，寒暄或交谈自然无法进行。对于心理接触，显示兴趣和表达共识是至关重

---

[①] 薛晨. 弹幕视频的伴随文本构成及弹幕文本的传播特性研究 [J]. 重庆广播电视大学学报, 2016, 28 (6): 28.

[②] KULKARNI D. Exploring Jakobson's "phatic function" in instant messaging interactions [J]. Discourse & Communication, 2014, 8 (2): 3.

要的，因此，关注、兴趣和共识（attention, interest and agreement）是交谈双方得以寒暄并顺利交谈下去的重要因素。

在微信等寒暄技术盛行的当代，时空距离的障碍被瞬间消解，寒暄的三个要素（关注、兴趣和共识）也拥有了新的表现。

2. 微信与寒暄文化

微信（WeChat）是腾讯公司于 2011 年 1 月 21 日推出的一个为智能终端提供即时通讯服务的免费应用程序，由张小龙所带领的腾讯广州研发中心产品团队打造。微信目前是一个超过十亿人使用的手机应用，支持发送语音短信、视频、图片和文字，可以群聊，仅消耗少量流量，适用于大部分智能手机。

微信是继 QQ 之后的另一大寒暄技术载体，将人与人之间的交际功能提升到了一个前所未有的层面——十分便利的接触和交往，目前微信用户目前已逾十亿。每一个前来中国的外国友人，打开社交渠道、广交朋友的第一步也必然是下载安装微信 App。虽然微信后期也增加了微商等其他功能，但其主导功能仍然是社交软件，即寒暄技术的载体，主要用于建立、发展和维持人际关系，以人际互动为目标，寒暄技术的使用已成为人类社交生活的常态。在后期现代性视域下个体日益原子化和孤立的情形中，微信等寒暄技术为人际交往打开了新的通道。微信等寒暄技术充分体现了现代性理论中人与人交往的时空分离感和知识的反思性获取，不同时区、不同地点的微信好友均可以即时交流，每一条发出的文本、语音或视频在发出之前均可以反复自我检查和审视之后再发送，即便错误发送，也可以在两分钟之内撤回。

微信等寒暄技术也凸显了网络表情符的运用，人与人之间的交流不再是冷冰冰的文字互动，而是借助声情并茂的文字、语音和视频等多媒体。原本由于时空距离的障碍，面对面交流时无法呈现的语音、面部表情、肢体动作和眼神交流等均可以通过夸张、生动甚至反讽式的表情符的运用而得到一定程度的再现、凸显和弥补。我们通过微信等寒暄软件的人际交往也几乎到了不使用表情符就无法交往的程度，表情符在虚拟社区中的刷屏已成为常态，此时，信息的交流、指称的明确以及意动的目的已成为无关紧要之事，重在保持接触和人际互动，基于寒暄技术的人际交往功能被发挥到了前所未有的高度。不可否认的是，从符号的层面来看，多介质构筑的网络表情符在传情达义方面要远胜于抽象的文字本身———一朵鲜花、一个点赞的手势、一次握手甚至笑哭了的表情符所能传递的含义要远远多于文字本身。其中，图像转向也是一个不可忽略的事实，我们在使用微信时经常使用的一个功能就是截图或拍照，将图片或截图发送给对方，表达的内容十分具体和生动，是单纯的文字传递所无法企及的，而包含语音和动画的视频呈现更是将图像转向提升到一个新的高度。20世纪60年代盛行的麦克卢汉的"媒介即讯息"主张在当代得到了最佳诠释，媒介的更迭（从文字到图像再到多媒体）完全改变了人与人交往互动（接触）的方式，对人类的心理产生不可名状、潜移默化的影响。

即使没有在微信群或和与好友一对一的直接互动，个人在朋友圈的时时更新也是保持彼此接触的一种手法，在寒暄技术流行的当下，时常更新朋友圈能够让关心你的朋友时时了解你的近况、行踪以及喜怒哀乐。也许我们会遇到一两位在朋友圈经常刷屏的好友，日常琐事都会在朋友圈晒出，令人不胜其扰，几乎想取消对他（她）的关注，但这种重复和复现式的刷屏也是一种接触（物理层面和精神层面的），倘若真的取消关注或屏蔽，对于已经习惯了这种接触的彼此，也许会失去一份美好。在当代文化语境下，人是依靠符号相互接触的动物，可以说，不经常发朋友圈的微信好友是当代寒暄技术下的独行者。在朋友圈不断刷屏浏览却吝啬点赞的好友行为也是不可取的，点赞不是指称信息的传递、意动功能的实现，而是彼此接触畅通的体现。

不仅仅是用于个人交往的微信，对于其他商业软件，如今日头条或其他广告业务，其对于点击率和流量的重视也达到了无以复加的地步，因为这关系到商业利益。同样，对于网红和明星，保持与大众的接触也成了头等重要的事。

### 三、六因素、六功能的具体运用

（一）礼物类型划分[①]

中国是礼仪之邦，礼品是人际的工具，传达意义的媒介。在当代消费社会，人们对礼品的需求也不断攀升。在这个互联网时代，礼物的种类日益丰富，礼物的形态也发生了相应的变化，既有实物形态，也有虚拟形态。尽管如此，礼物本身的社会功能并不因社会变迁而改变，大致可分为工具型礼物和关系型礼物，前者多表现为求人办事，具有较强的目的性，后者多为维系人际关系，两种礼物本身的实用价值也有相应程度的区分。

从符号学的视角看，礼物本身也是一种符号，有发送者，有接受者，如同言语交际过程中的言者与听者，只不过前者是非言语符号，后者是言语符号。礼物符号中的主导功能不同，就会展现为不同的礼物类型。如果我们运用雅各布森言语交际理论的六因素与六功能来探析礼物的类型与社会功能，将会是一个有趣的切入点。

1. 情感性为主导的礼物符号：自我礼物

当礼物的接受者就是自身时，即送给自己的礼物，往往是表现礼物购买者自身的态度和情感，带有明显的情感性。此时，礼物的发送者和接受者合二为一，就是一人。生活中我们会给自己

---

[①] 文中对礼物的六种分类命名借鉴了赵星植对礼物的分类，特此感谢。赵星植.礼物作为社会交流符号的诸种类型［J］.《江苏社会科学》2013（6）:162−167。

购买许多物品，但物品何时成为礼物，两者的界限何在，任何商品都是一个"物-符号"二联体，物品要成为礼物，首先是要符号化，成为携带意义的感知。当明确某一物品或实体为"送给自己的礼物"时，这一物品就成为自我礼物。也许是辛勤工作一段时间之后的一次旅行，也许是疲惫一天之后的一次自斟自酌，也许是金榜题名之后和朋友的一场欢聚。礼尚往来，来而不往非礼也，对于自我礼物也是如此，接受自我礼物馈赠的自我，自然会报之以激励、融洽抑或更大的努力。自我礼物也是悦纳自我的一种体现。

2. 意动性为主导的礼物符号：关系礼物

当礼物倾向于接受者时，意动功能占据主导地位，在语言上的表现常见于呼唤语和祈使句，甚或命令，以敦促受话者采取一定的行动。在中国这样的人情关系社会中，礼物的意动性几乎可以说是礼物的基本属性。当礼物的符号价值大于或相当于其实用价值时，礼物重在传情达意，然而，一旦实用价值远远大于符号价值，如一个朋友或熟人带来一份十分贵重的礼品，就有可能接近"受贿"或"腐败"的边界了，此时，就不是送礼的问题了。

3. 指称性为主导的礼物符号：仪式性礼物

当礼物趋向于语境（context）时，凸显的是指称功能。指称或指涉功能是大部分信息传播或言语交际活动的主要功能，意在指出自身之外的一个语境，并传达有关该语境的具体的客观的情况，以实现明确传达意义的目的，即"所指优先"：语境或对象即意义之所在。仪式性礼物往往具有明确的指称对象，百日宴礼物自然是为庆祝宝宝百日，婚礼、寿宴和升学宴礼物自然是庆贺不同的仪式，指向不同的对象。在中国这种十分重视礼仪的国度，对于特定的仪式性礼物往往有十分详细的规定和描述，对礼物的选择也有相应的规定，一旦弄错，往往会冒犯到收礼者。仪式性礼物往往明确指向特定场合和情景，凸显指称功能。

4. 诗性为主导的礼物符号：诗性礼物

当礼物趋向于礼物本身时，就会凸显诗性功能（poetic function）。诗性功能通过凸显符号自身的可感知性，加深了符号和客体（即对象）的根本对立。此时，注意力集中在礼物本身，礼物本身成为主导性因素和意义之所在。在诗性礼物中，凸显的不是礼物的价值大小，而是礼物的形式。可以通过不同的手法来凸显礼物的形式，陌生化、前推，甚至展面/刺点理论，只要能够凸显礼物的形式本身，就能呈现一种诗性的美。一束玫瑰或一支蜡烛是司空见惯的，但有规则地在某一场合和地点摆出特定的造型，礼物的诗性自然就会出现。"'诗性礼物'的最大特点是利用礼物形式本身或送礼过程本身让受礼者印象深刻，甚至终生难忘。"[①]

5. 元语言性为主导的礼物符号：言语礼物

当礼物趋向于符码本身时，意在确保礼物的授受双方使用了相同或大致相近的符码，这一交流过程倾向于关注符码的具体使用和内涵而非礼物本身，发挥了元语言的作用。总之，元语言基于代码，以阐释为导向，元语言压迫出的解释不是唯一的，也不是正确的，而是众多解释中的一种。元语言性礼物的典型代表当然是言语礼物了，通过言语符号的作用，原本不是礼物的物品也被赋予了特殊的价值和含义，成为礼物，甚至言语本身也能成为礼物，如对对方语重心长的一番话，使对方感受到激励、被关心和被关怀。

6. 交际性为主导的礼物符号：虚拟礼物

当礼物趋向于接触时，交际功能成为主导功能。此时，建立、延长以及维持人际关系成为主要目的，礼物的价值大小、礼

---

① 赵星植.礼物作为社会交流符号的诸种类型［J］.江苏社会科学，2013（6）：166.

物的形式成为无关紧要之事，正所谓"千里送鹅毛，礼轻情意重"，以人际关系的确立和维护为主导，礼物本身的作用和功能只是辅助性的。譬如我们平时走亲访友，街坊邻居你来我往，拿来的东西无所谓贵贱，只要心意到了即可。即便是虚拟礼物，也能达到类似的作用，"这类礼物的作用就是占领渠道，保持情谊，是虚拟空间中人际交往的持续"[①]。

不可否认的是，某些礼物的功能不仅仅表现为一种，而是几种功能的混合，一份充满意动性的关系礼物，在一定程度上也发挥着接触和交际功能，维系着双方的情感，不过大多是以意动性为主导，目的性较强。无论是送给别人的礼物，还是给予自己的礼物，礼物本身多多少少总会展现着个人的情感和态度。因为，礼物类型的划分，是以主导功能为导向的，不同的功能之间体现的是一种等级序列。

（二）雄辩的沉默

"雄辩的沉默"（eloquent silence）[②] 不是人们交谈过程中为了呼吸换气的自然停顿（natural pause），也不是刻意保持沉默，而是交际过程中蕴含诸多交际功能的沉默，是语用学领域很早提出的一个术语概念。下文尝试运用雅各布森的言语交际理论的六因素、六功能对雄辩的沉默进行分析。

1. 指称性为主导的沉默

作为比勒提出的三大功能之一的指称功能，沉默本身能否指称外部世界，下面以在西方教堂举行的婚礼仪式为例，在这个仪式上，我们常常可以听到牧师或主婚人这样询问现场参加婚礼的

---

① 赵星植.礼物作为社会交流符号的诸种类型［J］.江苏社会科学，2013（6）：164.

② EPHRATT M. The functions of silence［J］. Journal of Pragmatics，2008，40（11）：1909-1938.

宾客：

> 今天，我们在上帝的注视下聚集于此，并且在这群人的面前，来见证（新郎名）和（新娘名）的神圣婚礼。这是个光荣的时刻，是自从亚当和夏娃在地上行走以来上帝便创立的时刻。因此，它不是鲁莽而又欠缺考虑的，而是虔诚而又严肃的。现在，有两位新人即将在这个神圣的婚礼中结合到一起。如果有任何人能够有正当的理由证明他们的结合不是合法的，请现在提出来或请永远保持沉默。①

此时此刻，如果没有人站出来或起身应答，众人的沉默发挥了指称功能，表达了对新郎、新娘婚礼的认可。这一情况，在开会时或课堂上我们也时常遇到，会议主持人在会议行将结束或讨论告一段落时，常会询问"大家还有什么要补充的吗？"老师在课堂上针对某一主题或问题进行一段时间的讲解之后，往往会问"大家还有什么问题吗？"众人的沉默往往代表着否定的指称功能。又如，我们时常填写各类表格，当表格上的信息与我们毫不相干时，如职务、博导等，我们往往会以空白对之，不填写任何内容，此时的空白也是一种否定的指称功能。

同样，在被动语态这一语法手段上，包含着施动者和受动者，对施动者的省略往往包含着这样的指称功能：施动者要么难以确定或不言而喻。文学作品中有时也会运用这一手法来表达丰富的指称内涵，在描述死亡场景时，紧随其后的一页往往以空白

---

① 英文为：We are gathered here today in the sight of God, and in the face of this company, to join together (Groom's name) and (Bride's name) in holy matrimony, which is an honorable estate, instituted of God, since the first man and the first woman walked on the earth. Therefore, it is not to be entered into unadvisedly or lightly, but reverently and soberly. Into this holy estate these two persons present come now to be joined. If any one can show just cause why they may not be lawfully joined together, let them speak now or forever hold their peace.

或全黑的页面处置，这本身就蕴含着指称功能。

2. 情感性为主导的沉默

所谓"此时无声胜有声"，于无声处见真情，沉默本身往往蕴含着言者丰富的情感。生命中充满喧嚣的声音，但也有无声的诉求，或愤怒，或幸福，或悲愤。马丁·路德·金（Martin Luther King, Jr., 1929—1968）曾经说过："We will remember not the words of our enemies, but the silence of our friends."这里的沉默传递的显然是一种冷漠。

日常生活中，我们参加宗教仪式时的沉默传递的是肃穆谦恭的态度，参加葬礼时的沉默则是代表一种悲痛的心绪。同样，亚伯拉罕·林肯（Abraham Lincoln, 1809—1865）在结束《葛底斯堡演说》（*Gettysburg Address*）时，听众久久的沉默代表着他们对牺牲战士的缅怀之情，更是对其最后一句"Government of the people, by the people, for the people, shall not perish from the earth"的久久思考。

3. 意动性为主导的沉默

在言语行为中，意动功能下的沉默本身就是一个话语标记（discourse marker），说话人的突然沉默在无形之中能够促使受话人采取相应的行动，引导谈话前进的方向，要么继续进行下去，要么随之终止。

同时，"概念性沉默则是说话者发挥意动功能而使用的一种方式，来避免唤醒某种神秘的力量，这种神秘的力量可以通过呼唤的方式而激活"[①]。例如，生活中一些禁忌话语，甚至在一些国家，不提倡在遇到小孩时夸其聪明或长相可爱，以防被"魔鬼"听到而将小孩"据为己有"，父母通常对这类称赞行为十分

---

① EPHRATT M. The functions of silence [J]. Journal of Pragmatics, 2008, 40 (11): 1920.

反感，这种刻意为之的沉默也可以称之为"预防性沉默"（preventive silence）。正如生活中的我们一般不提倡过于自诩聪明，或说自己身体很好，不会生病，可能话音刚落，就会发生不好的事情，这种民间流传的禁忌与上面概念性沉默引发的意动功能相似。在这种沉默之中，受话人，即意动功能的指向对象，是这种言语行为的实际参与者。

沉默本身有时也能够发挥言外行为的作用，成为一个直接或间接的言外行为（illocutionary act）。在生活中，我们有时会听到父母对孩子说："你要是再这样淘气，我就不理你了。"话语本身形成一种直接的言语行为，是一种威胁，而随后的沉默和不理不睬则是威胁的实现，是言外行为的实施。另外，我们常常说的默许就意味着沉默本身就代表着同意。

4. 交际性为主导的沉默

雅各布森六因素、六功能之一的交际功能（phatic communion）意在建立、维系人际关系，而非信息的传递或明确的指称，人与人之间保持交谈是重要的，说明交际渠道的畅通，尴尬的沉默是要刻意回避的。然而，沉默本身有时候也能达到同样的交际效果，尤其是亲近之人之间的沉默。

对于一个相处愉快的人，即便是两人之间默默无语，也是那么令人享受，更不用说恋人之间的含情脉脉、深情对望或者一生相濡以沫的花甲之年的老夫老妻相伴走于夕阳之下，这样的无声画面胜于言辞本身。沉默拉近了彼此之间的关系，缩短了心灵之间的距离，发挥了交际功能。这种交际功能也许是我们的一项本能，从处于母亲温暖的子宫时起，孩子就习惯了和母亲的"无声交流"，但又彼此"紧紧维系"，从离开子宫进入世界起，这一"联系"被切断，话语就变得重要了。

5. 诗性为主导的沉默

在雅各布森看来，当信息指向自身而非外部世界时就会发挥诗性功能，凸显的是信息本身；诗性功能通过对等原则形成组合关系，将对等关系从聚合轴投射到组合轴上。

雄辩的沉默不是文学或诗歌作品的对象，而是作者或诗人通过音步停顿、省略或空白行等手法将沉默作为美学序列的一部分，通过对等手法将这种蕴含沉默的序列手法凸显出来，实现诗性功能。① 例如，下文摘录一段诗节：

But then it was still too early.
"flee from me through the hours",
Proposed the Angel of Death, "anglean
not su contradictory factors
in something lost so mu in a minute
so fit"? ②

这一诗节通过刻意的省略来凸显诗性功能，如"anglean"代表"and"和"glean"，"su"和"mu"分别是"such"和"much"的省略，构建组合，并在诗文中形成独特的对等和平行。

此外，生活中我们不愿细说之物常用"此处省略若干字"来代替，这一处理手法也是诗性功能的凸显。

6. 元语言性为主导的沉默

元语言是与对象语言相对立的概念，是谈论语言自身的语言。假如我们来到一个陌生的国度，或者路上遇到一个外国友人，对方向我们焦急地询问什么，但对方说的语言我们丝毫不懂，此时我们茫然的表情，没有任何回应的沉默，已经向对方传递了彼此言语不通无法交流的符号信息。

再如，作为句法标记的停顿，也同样能够发挥元语言代码的

---

① EPHRATT M. The functions of silence [J]. Journal of Pragmatics, 2008, 40(11): 1925.

② EPHRATT M. The functions of silence [J]. Journal of Pragmatics, 2008, 40(11): 1926.

作用。如"The goose is ready to eat."句法中不同的停顿可以得到如下两句。"The goose is ready ○ to eat."和"The goose ○ is ready to eat."前者指"鹅准备好进食了",后者则是"鹅作为烹饪食品可以食用了"。如短语"Serian history teacher",不同的停顿可以得到如下两个表达方式:"Serian history ○ teacher"和"Serian ○ history teacher",前者指教授叙利亚历史的老师,后者则指叙利亚的历史老师。

同样,南京大屠杀中日本侵略者犯下的滔天罪行,可谓难以用言辞来形容,参观纪念馆的游客常常是一路默行无语,不是无话可说,而是找不到合适的言辞来描述,是元语言代码的缺失。同样的情况也出现在"米兰达警告"(Miranda Warning)中:

> You have the right to remain silent. Anything you say can and will be used against you in a court of law. You have the right to speak to an attorney, and to have an attorney present during any questioning. If you cannot afford a lawyer, one will be provided for you at government expense.[①]

"米兰达警告"中的"你有权保持沉默"正是对部分缺乏教育、不善言辞的人群的保护,尤其是在司法审判的特殊场合和气氛下,普通民众元语言代码的缺失成为突出问题。此时的沉默不是默认罪行,这是指称或意动功能的沉默,而是元语言功能中代码缺失的沉默。

(三)儿童语言功能习得

儿童在习得母语或第二语言时往往表现出一定的习得顺序,

---

① 中译为:你有权保持沉默,你所说的一切都将可能被作为法庭对你不利的证据。你有权利在接受警察询问之前委托律师,他(她)可以陪伴你受询问的全过程。如果你付不起律师费,法庭会为你免费提供律师。

·第七章 言语交际理论的当代价值和具体应用·

遵循由简到繁、由低级到高级的路径,这也符合人类语言发展的认知规律。同样,语言总是用于交际的,六因素、六功能在儿童语言习得过程中的表现特点和先后顺序也是一个值得探讨和验证的内容。

在雅各布森看来,婴幼儿语言发展的最初阶段是单字结构(single-word construction)或单词句(holophrase),在语言功能的表现上,单词句把诸多功能融合在一起,能够同时实现情感、意动和指称功能;伴随着单词句的发展,婴儿语言功能也逐渐得以分化,出现专门指称外部世界的单词句表达(holophrastic utterances)[①]。然而,在动物的交流中,脱离情感和意动功能,纯粹的指称功能尚未出现,除了驯兽师和动物之间的特殊交流。[②]

雅各布森指出,交际功能(phatic function)也是婴儿习得的第一个语言功能,早在他们能够接收或发送指称性信息之前,就已倾向于保持接触和交流[③]。婴儿和妈妈的深情对视以及通过发出稀奇古怪的声音以获取主要看护人的关注和陪护都是这一交际功能的表现。这一交际功能也是鸟类,尤其是鹦鹉,和人类共有的一项语言功能。

随着单词句的逐渐发展和分化,进入单一短语阶段(single phrase),部分(word)和整体(phrase)的分层概念也得以确

---

① JAKOBSON R. The fundamental and specific characteristics of human language [M] // JAKOBSON R. Selected Writings Ⅶ. Contributions to Comparative Mythology. Studies in Linguistics and Philology, 1972–1982. The Hague: Mouton Publishers, 1985: 93.

② JAKOBSON R. The fundamental and specific characteristics of human language [M] // JAKOBSON R. Selected Writings Ⅶ. Contributions to Comparative Mythology. Studies in Linguistics and Philology, 1972–1982. The Hague: Mouton Publishers, 1985: 93.

③ JAKOBSON R. Linguistics and poetics [M] // JAKOBSON R. Language in Literature. London: The Belknap Press, 1987: 69.

立，婴儿言语中的不同语言成分逐渐可以感知，尤其是在音素层面。[①] 随后的第三阶段，也是婴儿掌握语言的最重要阶段，是分句（clause）的出现，拥有明确的语法意义上的主语和谓语（grammatical subject and predicate）。在婴儿的单词句和单一短语阶段，其指称功能的实现上，严重依赖外部语境（immediate context），分句的发展则摆脱了这一束缚。[②] 拥有主谓成分的分句通过主语和谓语在各自聚合轴上的选择得以脱离当前语境的诸多组合，指称的内涵和外延不断扩大，语言代码（code）和信息（message）的区别得以凸显，孕育了元语言功能诞生的条件，有可能谈论不在可视范围之内的外部世界、语言自身甚至虚幻之物，也是人类言语体系的独有特征。

当信息指向自身时，诗性功能成为主导，这一功能可以通过音素来展现，如押头韵、准押韵和音节变化等手法。婴幼儿的语言接触就是从声音开始的，并通过对声音和节奏有意无意的把玩展现语言的诗性，这一特点尤其是通过婴幼儿入睡前在小床上独自一人的"自言自语"（crib talk）[③] 得以呈现。婴幼儿入睡前的这一古灵精怪的自言自语行为并不需要一个外部世界的受话者，外部世界的介入常会导致这一交谈行为的终止，然而，这一充满梦幻色彩的自言自语却将诗性功能中的对等平行原则从聚合轴向

---

[①] JAKOBSON R. The fundamental and specific characteristics of human language [M] // JAKOBSON R. Selected Writings VII. Contributions to Comparative Mythology. Studies in Linguistics and Philology, 1972－1982. The Hague: Mouton Publishers, 1985: 94.

[②] JAKOBSON R. The fundamental and specific characteristics of human language [M] // JAKOBSON R. Selected Writings VII. Contributions to Comparative Mythology. Studies in Linguistics and Philology, 1972－1982. The Hague: Mouton Publishers, 1985: 95.

[③] LINASK L. Differentiation of language functions during language acquisition based on Roman Jakobson's communication model [J]. Sign Systems Studies, 2018, 46 (4): 527.

组合轴的投射展现得淋漓尽致，元语言功能也得到一定程度的运用（如图7-2）①。

> —What color — What color blanket — What color mop — What color glass …. Not the yellow blanket — The white …. It's not black — It's yellow … Not yellow … Red …. Put on a blanket — White blanket — And yellow blanket — Where's yellow blanket …. Yellow blanket — Yellow light …. There is the light — Where is the light — Here is the light.
> 
> Anthony take the — Take the book … This is the — This is the — Book ….
> 
> That's a — That's a — That's a kitty — That a Fifi here …. Mommy get some — Mommy get some — Soap.

图7-2 婴儿的"自言自语"举例

言语交际六功能在婴幼儿语言习得中的发展顺序和表现特点需要更多实证研究的介入和验证，尤其是当代神经语言学的迅猛发展为此提供了深度探究的可能。

## 四、结语

从齐美尔的交际社会学理论到斯蒂芬森的游戏理论，共同宣扬的是人本主义的社会交往，传统的主客体二元对立关系消解了，将基于寒暄技术的交际功能从工具-目的性的桎梏中提升为拥有主体性的个人对交际本身的纯粹愉悦和享受，为人的价值和功能而辩，而非视个人为抽象的功能聚合体，赋予我们理解交际

---

① JAKOBSON R. Anthony's contributions to linguistic theory [M] // JAKOBSON R. Selected Writings II. Word and Language. The Hague: Mouton, 1971: 286-287.

功能本身的一个崭新的视角。

　　随之而来的弹幕文化也在一定程度上验证了游戏理论本身的理论阐释力，从二次元的小众社团发展为大众化的观影群体，弹幕行为本身能够带给人以快乐，以一种纯粹的忘我投入和快乐，表达了自我的自由符号主体，消解了传统的主客体二元划分，是深受后期现代性和孤立感困扰的个人在当代的重新部落化和虚拟客厅行为。从伴随文本理论来看，弹幕文本本身也是一个众多伴随文本的构成。

　　基于寒暄技术的微信文化将人与人之间的交际互动提升至一个前所未有的便利层面，消解了现代性视域下个体日益增加的原子化和孤立感，凸显了当代接触性为主导的时代特征。

　　运用言语交际理论六因素、六功能对网络时代礼物类型的划分和沉默本身展现的不同交际功能以及语言功能在婴幼儿语言习得中的具体呈现进行深度的分析，凸显了言语交际理论的理论阐释力和现实意义。

# 结 论

一、 主要发现

本书属于外国语言学及应用语言学专业中"诗学及文化符号学"方向的跨学科理论研究成果,在当代文化语境下,对雅各布森言语交际理论六因素六功能模式展开符指拓展和具体应用,从符号学视域下探讨其学术渊源、符指拓展、当代诠释力和现实意义,使这一语言学模式成为一个符号学模式,不仅是语言符号所独有的,而且是言语符号和非言语符号所共有的。

本书将言语交际理论的适用范围从语言学领域拓展至文化社会的大范畴,并对当代文化现状中的典型特征进行理论阐释,主要发现如下:

(一)语言研究不是孤立的,已不仅仅局限于语言本体和形式的研究,愈发重视社会要素介入下的语言多功能研究,雅各布森言语交际理论中对语言多功能性的强调反映了交际过程中社会因素的多样和复杂。雅各布森的言语交际理论不是横空出世的,而是基于几位先行者的研究,尤其是布拉格学派的语言功能研究和申农信息通讯理论的影响。具体来说,德国心理学家和语言学家比勒的语言三功能论、施佩特的语言三功能说、马泰修斯的语言功能说、穆卡洛夫斯基的美学功能、英国人类学家马林诺夫斯基的寒暄功能以及申农信息通讯理论中对代码和接触等通讯要素的强调，为雅各布森言语交际理论提供了前期铺垫和理论奠基。

雅各布森在1958年提出言语交际理论的六因素六功能模式，借鉴了申农的信息通讯理论，与比勒的语言三功能理论框架相比，新增加的两个因素是接触（contact）和代码（code），并强调对信息（message）本身的关注。在功能方面，除了比勒的语言三功能外，诗学功能已由布拉格学派的穆卡洛夫斯基提出，交际功能，又称寒暄功能（phatic function），是由英国人类学家马林诺夫斯基于1923年首次提出的，雅各布森增加的是元语言功能。和前人相比，雅各布森的六因素六功能模式在因素和功能方面的增加虽然有限，然而，这一基于主导因素的功能等级序列在其系统性、完备性方面达到了新的高度，直到现在依然具有较强的理论诠释力（参见第二章）。

（二）雅各布森的言语交际理论强调主导因素下的语言多功能性等级序列，代码连结着信息和语境，接触连接着符号发送者和接受者，情感性、意动性、指称性、诗性、元语言性和交际性之间交互关系复杂，同时，言语交际六因素大体可以组成三对互为消长的对立关系：某一因素上升为主导，不可避免地以与其对立的另一因素的重要性下降为代价。除了诗性与指称性的对立以外，强调接受者反应的意动性，与强调发出者表现意图的情感性相反；强调占领传播渠道与媒介的交际性，与强调符号与解释连接的元语言性相反。言语交际过程的六个因素，构成了一种复杂的动态平衡，决定着整个表意活动和言语功能的趋向。小至一段话语，大至整个文化，随着主导因素的更迭，交互关系的变动不居，两两对立的关系此消彼长，呈现出迷人的魅力（参见第三章）。

关于情感性和意动性，本书在阐释当代元情感和情感间性的基础上，尝试对意动性的研究进行了拓展，范围从言语行为理论的语力到意动类叙述，并以广告为例，说明意动构筑的路径。在当代文化背景下，情感性逐渐下降，意动性不断上升，进入了一个普遍意动性的时代（参见第四章）。

关于指称性和诗性，本书从语境、文本间性、跨文本和伴随文本的视角深入拓展了雅各布森指称功能的内涵，从文学性、陌生化、前推、双轴关系以及断面/刺点等维度展现了诗性功能实现的不同路径和手法，强调了当代社会诗性功能主导的特点，并从标出性理论探讨了当代社会的泛艺术化（参见第五章）。

关于元语言性和交际性，本书从逻辑学的元语言到语言学的元语言再到符号学视域下的元语言概念，强调了元语言的诠释功能，以及当代解释漩涡和评价漩涡所凸显的元语言体系的复杂和多元维度；关于交际性，本书从语言学的寒暄语到寒暄技术的发展，当代社会已经进入了一个超接触性的社会，接触性超越意动性和诗性，成为主导中的主导（参见第六章）。

（三）本书运用言语交际理论的六因素和六功能理论尝试对当代文化现象：弹幕、微信、礼物类型、雄辩的沉默以及婴幼儿语言功能习得顺序等方向进行诠释和分析，以凸显言语交际理论的当代阐释力和现实意义（参见第七章）。

值得强调的是，也是本书所秉持的一个观点是，雅各布森的言语交际理论虽然最初是作为语言学理论提出的，然而很快在诗学、文学、哲学和符号学等诸领域展开应用，引发学界强烈反响。时至今日，雅各布森言语交际理论的六因素六功能模式已不仅仅是一个语言学模式，更是一个符号学模式，为言语符号和非言语符号所共有，对当代文化现状具有较强的理论诠释力和现实意义。

## 二、启示意义

通过文献阅读、理论思辨和实例分析,本书尝试从符号学视角对雅各布森言语交际理论的六因素、六功能展开当代符指拓展和应用,属于理论探讨类,启示意义体现在如下几个方面:

(一)在学术思想上,言语交际理论的六因素六功能模式已不仅是一个语言学模式,而且是一个符号学模式,不仅仅为语言符号所独有,而且为言语符号和非言语符号所共有,适用范围从语言学领域拓展至社会文化的大范畴。只要在任一交际事件中存在意义的交流和互动,就可以适用六因素六功能模式。作为一个符号学模式,六因素、六功能的符指内涵在本书中得到较大拓展,如元情感和情感间性、意动类叙述的意动功能、伴随文本的指称功能、诗性功能的多元实现路径、寒暄技术的交际功能以及解释漩涡、评价漩涡中凸显的元语言功能等。

(二)在学术观点上,言语交际理论是一个基于主导因素的功能等级序列,强调语言的多功能性、主导因素的重要和交互关系的复杂,在当代社会文化语境下,意动性、诗性和交际性成为主导,超接触性成为主导中的主导。情感性、意动性、指称性、诗性、元语言性和交际性之间存在着复杂的交互关系——意动性为主导的文本,也离不开指称性、情感性和元语言性的协同,诗性为主导的文本,也伴随着一定的指称性、情感性以及元语言性;同时,六因素中的"接触"维系着符号发送者和接受者,"代码"联结着信息和语境,两者在六因素、六功能的复杂交互关系上发挥着桥梁和枢纽作用。在当代文化语境下,六因素、六功能在交际过程中更多的表现为诗性、意动性和交际性为主导,而超接触性成为主导中的主导,具有统领一切的特点。

(三)在研究成果的时效性方面,符号学模式下的言语交际理论对当代文化现状具有较强的理论阐释力和现实指导意义，凸显当代价值。随着当代媒介技术的发展，交际过程呈现前所未有的时代特征，如图像转向、多模态表情符、寒暄技术以及网红、群选经典等，均呼唤理论的阐释。作为一个符号学模式，雅各布森言语交际理论的六因素六功能模式能够对当代文化现状的典型特征，如弹幕和微信、多模态表情符、文化标出性和泛艺术化、解释漩涡和评价漩涡、意动性构筑路径等，进行符号学意义上的解读，具有现实意义和当代价值。

### 三、问题与展望

（一）实证研究方面，本书主要从理论思辨层面对雅各布森言语交际理论的六因素六功能模式展开学术溯源、符指拓展和当代价值的探讨，故未按严格的实证研究方法采集数据，但文中在进行理论阐释与符指拓展时，实例分析占据一定的篇幅。未来的研究如能借助神经语言学的部分研究方法，如运用眼动仪和行为学测量软件，同时利用事件相关电位技术从心理现实性层面采集脑电、眼动和行为学等参数，对诗性功能的陌生化效果、情感功能的唤起程度、陌生化程度与美感的动态关系以及儿童语言功能习得顺序等展开实证研究，必定会有效拓宽言语交际过程中六因素六功能模式的研究维度。

（二）理论研究方面，作为元语言功能主义的代表，雅各布森言语交际理论的核心价值在于，依据六因素六功能模式对言语交际事件进行了理论阐释，解释了交际发生过程和信息传递路径。"雅各布森的语言六功能理论作为元语言功能主义的核心思想对功能语言学产生了重大影响。语言的理解靠阐释，而阐释又使言语得以实现，这就是元语言功能观的真谛。"① 未来对雅各布森言语交际理论的研究如能增加现象学和诠释学的研究维度，关注意义的生成、理解与诠释，对言语交际事件的理论阐释必会提升至一个新的理论高度。

（三）当代价值方面，从诗性功能基于选择轴和组合轴的对等投射到蕴含功能等级序列的六因素、六功能，言语交际理论在二元对立的机制上发展成为一个跨学科的多元对话体系，将人文精神与科学思维融为一体，呈现出对世界的多元思考和跨学科融合趋势。而人工智能的核心是意向性和语义处理，今后的研究可从符号学视域下对言语交际理论六因素、六功能在人工智能中的符指拓展、主导与交互以及基于深度学习的交际行为分析开展研究，体现其跨学科多元特质，揭示人工智能交际行为的意义生成机制，为言语交际理论的符号学模式提供应用平台，更好地凸显其当代价值。

---

① 王铭玉.语言符号学［M］.北京:高等教育出版社，2004:361.

# 参考文献

ANDERSON H. Does the Past Have a Future? Reflections on the Jakobson Heritage [J]. Acta Linguistica Hafniensia: International Journal of Linguistics, 1997(1): 149-177.

ARMSTRONG D, VAN. SCHOONEVELD C H. Roman Jakobson: Echoes of His Scholarship [M]. Lisse, Holland: Peter de Ridder Press, 1977.

AUSTIN J L. How to Do Things with Words [M]. Oxford: Oxford University Press, 1962.

BERLINA A. Viktor Shklovsky: A Reader [M]. New York: Bloomsbury Publishing Inc. , 2017.

BRADFORD R. Roman Jakobson: Life, Language, Art [M]. London: Routledge, 1994.

BENVESNISTE E. Problems in General Linguistics [M]. Coral Gable: University of Miami Press, 1971.

BUHLER K. Theory of Language: The Representational Function of Language [M]. trans. GOODWIN D F. Amsterdam: John Benjamins Publishing Company, 1990.

CARNAP R. Logical Syntax of Language [M]. London:

Routledge, 1937.

CATON S. Contributions of Roman Jakobson [J]. Annual Review of Anthropology, 1985(16): 223—260.

CHANDLER D. Semiotics: The Basics [M]. London: Routledge, 2017.

CHOMSKY N. Syntactic Structures [M]. Hague: Mouton, 1957.

CHOMSKY N, HALLE M. The Sound Pattern of English [M]. New York: Harper & Row, 1968.

CULLER J. Structuralist Poetics: Structuralism, Linguistics and the Study of Literature [M]. London: Routledge & Kegan Paul, 1975.

CULLER J. Structuralist Poetics: Structuralism, Linguistics and the Study of Literature [M]. London: Routledge Classics, 2002.

CURETON R D. Jakobson Revisited [J]. Journal of English Linguistics, 2000(4): 354—392.

DANESI M. Marshall McLuhan: The Unwitting Semiotician [M]. Nanjing: Nanjing Normal University Press, 2018.

EPHRATT M. The Functions of Silence [J]. Journal of Pragmatics, 2008(11): 1909—1938.

ERLICH V. Russian Formalism: History-Doctrine [M]. The Hague: Mouton Publishers, 1980.

FISKE J. Television Culture: Popular Pleasures and Politics [M]. London: Methuen, 1987.

FOWLER R. Style and Structure in Literature: Essays in the New Stylistics [M]. Oxford: Basil Blackwell, 1975.

FREGE G. Translations from the Philosophical Writings of Gottlob Frege [M]. Oxford: Basil Blackwell, 1960.

GENETTE G. Paratexts: Thresholds of Interpretation [M]. trans. LEWIN J E. Cambridge: Cambridge University

Press, 1997.

GIDDENS A. The Consequences of Modernity [M]. Cambridge: Polity Press, 1990.

HALLE M. For Roman Jakobson: Essays on the Occasion of His Sixties Birthday [M]. Hague: Mouton, 1956.

HALLE M. Roman Jakobson: What He Taught Us [M]. Ohio: Slavica Publishers, 1983.

HALLIDAY M A K. Language as Social Semiotic: The Social Interpretation of Language and Meaning [M]. London: Edward Arnold, 1978.

HOLENSTEIN E. Roman Jakobson's Approach to Language: Phenomenological Structuralism [M]. Bloomington: Indiana University Press, 1976.

HOLENSTEIN E. A New Essay Concerning the Basic Relations of Language [J]. Semiotica, 1974(2): 97−128.

HUIZINGA J. Homo Ludens: A Study of the Play-Element in Culture [M]. London: Routledge & Kegan Paul, 1938.

JAKOBSON R. Two Aspects of Language and Two Types of Aphasic Disturbances [M]//JAKOBSON R, HALLE M. Fundamentals of Language. The Hague: Mouton Press, 1956: 76−82.

JAKOBSON R. Anthony's Contributions to Linguistic Theory [M]// JAKOBSON R. Selected Writings: Word and Language. The Hague: Mouton, 1971: 285−288.

JAKOBSON R. Nikolai Trubetzkoy's Letters and Notes [M]. The Hague: Mouton. 1975.

JAKOBSON R. Six Lectures on Sound and Meaning [M]. trans. MEPHAM J. Cambridge: The MIT Press, 1976.

JAKOBSON R. Verbal Art, Verbal Sign, Verbal Time

[M]. Minneapolis: University of Minnesota Press, 1985.

JAKOBSON R. Language in Literature [M]. London: The Belknap Press, 1987.

JAKOBSON R. Linguistics and Poetics [M]// JAKOBSON R. Language in Literature. London: The Belknap Press, 1987: 62-94.

JAKOBSON R. On Language [M]. Cambridge: Harvard University Press, 1990.

JAKOBSON R. My Futurist Years [M]. New York: Marsilio Publishers, 1997.

JAKOBSON R, FANT G, HALLE M. Preliminaries to Speech Analysis [M]. Cambridge: The MIT Press, 1952.

JAKOBSON R, HALLE M. Fundamentals of Language [M]. The Hague: Mouton Press, 1956.

JAKOBSON R, KITRON S. On Poetic Intentions and Linguistics Devices in Poetry: A Discussion with Professors and Students at the University of Cologne [J]. Poetics Today, 1980(1): 87-96.

JAKOBSON R, POMORSKA K. Dialogues [M]. Cambridge: The MIT Press, 1983.

KIPARSKY P. Roman Jakobson and the Grammar of Poetry [M]// GRAY P E, HALLE M. A Tribute to Roman Jakobson 1896-1982. Amsterdam: Mouton, 1983.

KOCK C. The Function of Poetry in Our Lives: Roman Jakobson's Legacy and Challenge to Poetics [J]. Acta Linguistica Hafniensia: International Journal of Linguistics, 1997(1): 305-319.

KOCKELMAN P. The Art of Interpretation in the Age of

Computation [M]. New York: Oxford University Press, 2017.

KULKARNI D. Exploring Jakobson's "phatic function" in Instant Messaging Interactions [J]. Discourse & Communication, 2014(2): 1−20.

LANIGAN R L. Communicology Chiasm: The Play of Tropic Logic in Bateson and Jakobson [J]. Language and Semiotic Studies, 2018(2): 67−92.

LAVER J. Communicative Functions of Phatic Communion [M]// ADOM K, HARRIS R M, KEY M R. Organization of Behavior in Face-to-Face Interaction. The Hague: Mouton Publishers, 1975: 215−238.

LEECH G. Language in Literature: Style and Foregrounding [M]. London: Routledge, 2013.

LINASK L. Differentiation of Language Functions During Language Acquisition Based on Roman Jakobson's Communication Model [J]. Sign Systems Studies, 2018(4): 517−537.

LJUNG M. Swearing: A Cross-Cultural Linguistic Study [M]. New York: Palgrave Macmillan, 2011.

LODGE D. The Modes of Modern Writing: Metaphor, Metonymy, and the Typology of Modern Literature [M]. London: Edward Arnold, 1977.

LOTMAN Y. Universe of the Mind: A Semiotic Theory of Culture [M]. trans. SHUKMAN A. London: I. B. Tauris & Co. Ltd., 1990.

LYONS J. Semantics, vol. 1 [M]. Cambridge: Cambridge University Press, 1977.

MACLEAN M. Pretexts and Paratexts: The Art of the Peripheral [J]. New Literary Theory, 1991(2): 273−279.

MALINOWSKI B. On Phatic Communion [M]// JAWORSKI A, COUPLAND N. The Discourse Reader. New York: Routledge, 2006: 296-298.

MATHESIUS V. On the Potentiality of the Phenomena of Language [M]// VACHEK J. A Prague School Reader in Linguistics. Bloomington: Indianan University Press, 1964: 1-24.

MATHESIUS V. A Functional Analysis of Present-Day English on a General Linguistic Basis [M]. trans. DUSKOVA L. The Hague: Mouton, 1975.

MATHESIUS V. Functional Linguistics [M]// ACHEK J V. Praguiana: Some Basic and Less Knows Aspects of the Prague Linguistic School. Prague: Academia, 1983.

MCLUHAN M. Understanding Media: The Extensions of Man [M]. London: Routledge and Kepan Paul,1964.

MUKAROVSKY J. Poetic Reference [M]// LADISLAV M, TITUNIK I R. Semiotics of Art: Prague School Contributions. London: The MIT Press, 1977.

MUKAROVSKY J. Standard Language and Poetic Language [M]// FREEDMAN D. Linguistics and Literary Style. New York: The MIT Press, 1970.

NUTTALL A D. On Roman Jakobson [J]. Rariton, 1993, (4): 143-147.

OGEDEN C K, RICHARDS I A. The Meaning of Meaning [M]. New York: A Harvest Book, 1923.

POMORSKA K, CHODAKOWSKA E, MCLEAN H. Language, Poetry and Poetics: The Generation of the 1890s, Jakobson, Trubetzkoy, Majakovskij [M]. New York: Mouton de Gruyter, 1987.

RICHARDS I. A. Practical Criticism: A Study of Literary Judgment [M]. London: Broadway House, 1930.

RICHARDS I A. Principles of Literary Criticism [M]. New York: Routledge, 1924.

RUDY S. Roman Jakobson, 1896 — 1982: A Complete Biography of His Writings [M]. New York: Mouton de Gruyter, 1990.

RUSSELL B. Introduction [M]. WITTGENSTEIN L. Tractatus Logico-Philosophicus. London: Kegan Paul, 1922: 7—19.

SADOCK J M. Toward a Linguistic Theory of Speech Acts [M]. New York: Academic Press, 1974.

SANSTER R B. Roman Jakobson and Beyond: Language as a System of Signs—The Quest for the Ultimate Invariants in Language [M]. Berlin: Mouton, 1982.

SEARLE J R. A Classification of Illocutionary Acts [J]. Language in Society, 1976(1): 1—23.

SEARLE J R. Expression and Meaning: Studies in the Theory of Speech Acts [M]. Cambridge: Cambridge University Press, 1979.

SERBAN S. The Conative Function of Language and Media Semiotics [J]. Contemporary Readings in Law and Social Justice, 2012(2): 838—847.

SHKLOVSKY V. Art, as Device [J]. Poetics Today, 2016(3): 151—174.

SIMMEL G, HUGHES E C. The Sociology of Sociability [J]. American Journal of Sociology, 1949(3): 254—261.

STEPHENSON W. The Ludenic Theory of Newsreading

[J]. Journalism & Mass Communication Quarterly, 1964(3): 367−374.

STRZETELSKI J. The English Sonnet: Syntax and Style [M]. Cracow: Jagiell University Press, 1970.

TARSKI A. Logic, Semantics, Metamathematics: Papers from 1923 to 1938 [M]. trans. WOODGER J H. Oxford: The Clarendon Press, 1956.

TOMAN J. Letters and Other Materials from the Moscow and Prague Linguistics Circle, 1912−1945 [M]. Ann Arbor: Michigan Slavic Publications, 1994.

TOMAN J. The Magic of a Common Language: Jakobson, Mathesius, Trubetzkoy, and the Prague Linguistic Circle [M]. Cambridge: The MIT Press, 1995.

UEXKULL J V. The Theory of Meaning [J]. Semiotica, 1940(1): 25−82.

WANG V, TUCKER J, RIHLL T E. On Phatic Technologies for Creating and Maintaining Human Relationships [J]. Technology in Society, 2011(3): 44−51.

WANG V, TUCKER J, HAINES K. Phatic Technologies in Modern Society [J]. Technology in Society, 2012(1): 84−93.

WANG V, TUCKER J. Phatic Systems in Digital Society [J]. Technology in Society, 2016(6): 140−148.

WAUGH L. Roman Jakobson's Science of Language [M]. Lisse, Holland: Peter de Ridder Press, 1976.

WAUGH L. The Poetic Function in the Theory of Roman Jakobson [J]. Poetics Today, 1980(1): 57−82.

WAUGH L. Roman Jakobson's Work as a Dialogue: The Dialogue as the Basis of Language, the Dialogue as the Basis of

Scientific Work [J]. Acta Linguistica Hafniensia: International Journal of Linguistics, 1997(1): 101-120.

WEBER J J. The Stylistic Reader: From Roman Jakobson to the Present [M]. London: Edward Arnold, 1996.

WHITE G. YOU ARE HERE. Reading and Representation in Christine Brooke-Rose's Thru [J]. Poetics Today, 2002(4): 611-631.

WITTGENSTEIN L. Philosophical Investigations [M]. trans. ANSCOMBE G E M, HACKER P M S, SCHULTE J. Oxford: Blackwell, 1953.

WYMAN S. The Poem in the Painting: Roman Jakobson and the Pictorial Language of Paul Klee [J]. Word & Image: A Journal of Verbal/Visual Enquiry, 2004(2): 138-154.

安华林. 元语言理论的形成和语言学的元语言观[J]. 内蒙古社会科学(汉文版),2005(1):104-108.

巴赫金. 巴赫金全集 [M]. 白春仁,晓河,李辉凡,等译. 石家庄:河北教育出版社,1998.

巴特. 明室:摄影纵横谈[M]. 赵克非,译. 北京:文化艺术出版社,2003.

白莹. 翻译的语言学问题——评雅各布森的翻译理论[J]. 长春理工大学学报(社会科学版),2005(1):77-78.

毕富生,刘爱河. 塔尔斯基的真理理论及其对语义学的贡献[J]. 山西大学学报(哲学社会科学版),2001(2):11-13.

步朝霞. 自我指涉性:从雅各布森到罗兰·巴特[J]. 外国文学,2006(6):73-79.

柏拉图. 柏拉图全集:第2卷[M]. 王晓朝,译. 北京:人民出版社,2003.

蔡新乐,徐艳利. 同一的神话与翻译的缺席:论想象力在翻译中的作用——雅各布森的结构主义翻译观的反思[J]. 东方翻译, 2009(2):25-31.

岑麒祥. 雅各布逊和他对语言学的贡献[J]. 国外语言学, 1983(2):55-59.

岑雪苇. 诗性功能理论的逻辑问题——罗曼·雅柯布森诗学指谬[J]. 浙江工业大学学报(社会科学版), 2011(4):373-378.

常巍. 雅各布森论诗歌翻译与符号美学[J]. 外语学刊, 2014(4):106-108.

陈本益. 雅各布森对结构主义文论的两个贡献[J]. 四川外语学院学报, 2002(3):8-10.

陈新儒. 反讽时代的符号狂欢:广义叙述学视域下的网络弹幕文化[J]. 符号与传媒, 2015(11):60-73.

陈益华. 罗曼·雅各布森翻译理论中的关联理论思想[J]. 长春师范学院学报(人文社会科学版), 2006(3):87-89.

陈勇. 过渡期的俄罗斯符号学研究概览——以雅各布森和巴赫金的研究为代表[J]. 解放军外国语学院学报, 2017(5):63-72.

厄利希. 俄国形式主义:历史与学说[M]. 张冰, 译. 北京:商务印书馆, 2017.

方汉泉, 何广铿. 布拉格学派对现代文体学发展的贡献[J]. 外语教学与研究, 2005(5):383-386.

方珊. 形式主义文论[M]. 济南:山东教育出版社, 1999.

封宗信. 语言学的元语言及其研究现状[J]. 外语教学与研究, 2005(6):403-410.

冯巍. 回到雅各布森:关于"文学性"范畴的语言学溯源[J]. 文艺理论研究, 2018(3):88-97.

傅丹莉. 罗曼·雅各布森"语言学诗学观"试论[D]. 福州:福建师范大学, 2007.

福柯. 词与物:人文科学考古学[M]. 莫伟民, 译. 上海:上海三联书店,1966.

谷文文.有关艺术象征的语言学阐释——索绪尔和雅各布森语言结构图示的启示[D].济南:山东师范大学,2008.

郭鸿.文化符号学评介——文化符号学的符号学分析[J].山东外语教学,2006(3):3−9.

韩巍.雅柯布逊和里法代尔——形式主义文本理论和语境主义读者理论的交锋[J].外语学刊,2014(4):145−148.

韩巍,赵晓彬.继承与超越:雅可布逊与霍普金斯——雅可布逊诗学范式的来源[J].西安外国语大学学报,2010(2):19−22.

韩巍,赵晓彬.雅可布逊诗学视野下的文本—语境关系论[J].解放军外国语学院学报,2011(5):113−117.

胡壮麟.语言系统与功能[M].北京:北京大学出版社,1990.

胡壮麟.对中国英语教育的若干思考[J].外语研究,2002(3):2−5.

黄玫.韵律与意义:20世纪俄罗斯诗学理论研究[M].北京:人民出版社,2005.

卡勒.结构主义诗学[M].盛宁,译.北京:中国社会科学出版社,1991.

康德.康德三大批判合集[M].李秋零,译.北京:中国人民大学出版社,2016.

克里斯蒂娃.词语、对话和小说[J].祝克懿,宋姝锦,译.当代修辞学,2012(4):33−48.

克里斯蒂娃.主体·互文·精神分析:克里斯蒂娃复旦大学演讲集[M].祝克懿,黄蓓,编译.北京:生活·读书·新知三联书店,2016.

柯泽.斯蒂芬逊传播游戏理论的思想史背景[J].新闻大学,2017(3):107−113.

蓝露怡.还原索绪尔——雅各布森诗学的复杂性[J].外国文

学,1998(3):45-49.

朗格.情感与形式[M].刘大基,傅志强,周发祥,译.北京:中国社会科学出版社,1986.

李葆嘉.汉语幼儿义元语言研究[J].南京师范大学文学院学报,2015(2):159-166.

李静.雅柯布森的符号学视角下语法翻译教学法的重释研究[D].南京:南京师范大学,2015.

李静,王永祥.表达的意义与意义的表达——雅柯布森的语符功能观[J].俄罗斯文艺,2015(3):133-139.

李曙光.巴赫金超语言学理论的重新语境化及其在书面新闻语篇分析中的应用[D].南京:南京师范大学,2007.

李伟荣,贺川生,曾凡桂.皮尔士对雅柯布森的影响[J].湖南大学学报(社会科学版),2007(2):109-113.

李玮,蒋晓丽.试对"伴随文本"理论进行修正与扩展[J].甘肃社会科学,2012(4):251-255.

李增.结构主义在美国的本土化过程研究[M].长春:东北师范大学出版社,2002.

梁国伟,王芳.蕴藏在网络动漫表情符号中的人类诗性思维[J].新闻界,2009(5):89-91.

刘博超.罗曼·雅各布森诗学与语言学关系探究[D].济南:山东大学,2015.

刘福长.语言学中的"对象语言"和"元语言"[J].现代外语,1989(3):19-21.

刘海龙.大众传播理论:范式与流派[M].北京:中国人民大学出版社,2008.

刘璐璐.雅各布森的语言符号学和诗学研究[D].南昌:江西师范大学,2013.

刘平.寒暄的语言游戏性质[J].外语学刊,2009(5):74-77.

刘润清.西方语言学流派[M].北京:外语教学与研究出版社,1995.

刘森林.元语用论概述[J].解放军外国语学院学报,2001(4):6-10.

刘月.从雅各布逊理论解读诗性文本的情感主观性[D].哈尔滨:哈尔滨师范大学,2016.

李幼蒸.理论符号学导论[M].北京:中国人民大学出版社,2007.

卢康.艺术片的感知结构——基于雅各布森诗性功能理论的探讨[J].天府新论,2017(6):104-111.

洛克.人类理解论[M].关文运,译.北京:商务印书馆,1959.

罗选民.传统与革新:语言学家罗曼·雅各布逊——纪念罗曼·雅各布逊诞辰100周年[J].湘潭师范学院学报(社会科学版),1997(1):3-8.

贾洪伟.雅可布森三重译域之翻译符号学剖析[J].解放军外国语学院学报,2016(5):11-18.

菅娜娜.罗曼·雅各布森的"主导"理论视野下的余秀华:一颗稗子提心吊胆的春天[J].重庆文理学院学报(社会科学版),2018(2):46-52.

江飞.雅各布森语言诗学与俄国先锋艺术[J].美育学刊,2013(2):56-62.

江飞."第四种符号":雅各布森审美文化符号学理论探析[J].符号与传媒,2014(2):172-182.

江飞.雅各布森诗性模式与巴赫金语境模式之比较[J].俄罗斯文艺,2015(2):28-35.

江飞.隐喻与转喻——雅各布森文化符号学的两种基本模式[J].俄罗斯文艺,2016(2):83-91.

江飞.诗歌语法的"深层语法"——雅各布森"对等"与"平行"

诗学思想论[J].石家庄学院学报,2016(2):93-100.

江飞.流动的"文学性"——雅各布森"主导"诗学思想论[J].北京第二外国语学院学报,2016(3):84-98.

江飞.文学意义的生成:重审雅各布森与里法泰尔、卡勒之争[J].文艺理论研究,2016(5):171-179.

江飞."文学性"的两副面孔——雅各布森与英美新批评的语言诗学比较[J].南京社会科学,2017(2):136-142

江久文.雅各布森传播思想探微[J].当代传播,2009(6):33-34.

江久文.雅各布森语言学诗学研究[D].成都:四川大学,2011.

陆正兰,赵毅衡."超接触性"时代到来:文本主导更替与文化变迁[J].文艺研究,2017(5):18-25.

梅琼林.克劳德·香农的信息论方法及其对传播学的贡献[J].九江学院学报,2007(6):1-5.

倪传斌.雅柯布逊对神经语言学的贡献[J].外国语文,2013,29(6):66-73.

彭佳.对话主义本体:皮尔斯和洛特曼符号学视域中的文化标出性理论[J].符号与传媒,2015(11):202-212.

邱惠丽.奥斯汀言语行为论的当代哲学意义[J].自然辩证法研究,2006(7):37-40.

冉永平.礼貌的关联论初探[J].现代外语,2002(2):387-395.

饶广祥,魏清露."趣我"与浅平化:网络表情符号的传播与反思[J].福建师范大学学报(哲学社会科学版),2018(2):161-168.

索绪尔.普通语言学教程[M].高名凯,译.北京:商务印书馆,1980.

皮尔斯.皮尔斯:论符号[M].赵星植,译.成都:四川大学出版社,2014.

钱冠连.语言:人类最后的家园[M].北京:商务印书馆,2005.

钱军.结构功能语言学——布拉格学派[M].长春:吉林教育出版社,1998.

钱军,王力.雅柯布森文集[M].长沙:湖南教育出版社,2001.

钱军.雅柯布森文集[M].北京:商务印书馆,2012.

热奈特.热奈特论文集[M].史忠义,译.天津:百花文艺出版社,2001.

史忠义.20世纪法国小说诗学:比较文学和诗学文选[M].开封:河南大学出版社,2008.

谭光辉.论幽默:制造判断差的反常规叙述[J].当代文坛,2016(6):23-28.

谭光辉.论元情感的要素和意义[J].中国语言文学研究,2018(2):17-24.

谭光辉.情感间性的符号学研究[J].符号与传媒,2018(2):138-150.

田星.罗曼·雅各布森诗性功能理论研究[D].南京:南京师范大学,2007.

田星.论雅各布森的语言艺术功能观[J].外语与外语教学,2007(6):13-16.

田星.论雅各布森功能观对索绪尔"对立"原则的继承与发展[J].四川外语学院学报,2007(2):98-102.

田星.雅各布森的"诗性功能"理论与中国古典诗歌[J].俄罗斯文艺,2009(3):88-94.

托多罗夫.对话与独白:巴赫金与雅各布森[J].史忠义,译.西安外国语大学学报,2007(4):1-5.

王加兴,王生滋,陈代文.俄罗斯文学修辞理论研究[M].哈尔滨:黑龙江人民出版社,2009.

王铭玉. 俄语学者对功能语言学的贡献[J]. 外语学刊,2001(3):42-53.

王铭玉. 语言符号学[M]. 北京:高等教育出版社,2004.

王铭玉. 现代语言符号学[M]. 北京:商务印书馆,2013.

王新朋,王永祥. 环境界与符号域探析[J]. 俄罗斯文艺,2017(4):144-151.

王新朋,王永祥. 施佩特和雅柯布森学术渊源之对比研究[J]. 俄罗斯文艺,2018(2):127-134.

王永祥. "语言"与"话语":两种语言哲学视角论略[J]. 外语学刊,2010(4):21-25.

王永祥,潘新宁. 语言符号学:从索绪尔到巴赫金[J]. 俄罗斯文艺,2011(3):109-115.

王永祥,潘新宁. 对话性:巴赫金超语言学的理论核心[J]. 当代修辞学,2012(3):40-46.

王正中. "元"的敞开——雅各布逊元语言理论视角下的元小说分析[J]. 温州大学学报(社会科学版),2011(6):75-79.

伍铁平. 雅可布逊:儿童语言、失语症和语音普遍现象[J]. 国外语言学,1981(3):56-59.

武建国. 从Jakobson的语言交际理论看文体分析的多维性[J]. 现代外语,2003(3):259-265.

谢春艳. 罗曼·雅各布逊诗性功能理论阐释[D]. 上海:华东师范大学,2009.

谢梅. 雅格布森"主导"理论与中国新闻娱乐化[J]. 西南民族大学学报(人文社科版),2008(4):105-109.

谢梅,何炬,冯宇乐. 大众传播游戏理论视角下的弹幕视频研究[J]. 广播电影与电视,2014(2):37-40.

谢小平. "元语言":外语教学分析的新视角[J]. 华东理工大学

学报(社会科学版),2009(2):167-170.

辛斌.巴赫金论语用:言语、对话、语境[J].外语研究,2002(4):6-9.

辛斌.互文性:非稳定意义和稳定意义[J].南京师大学报(社会科学版),2006(3):114-120.

辛斌.语义的相对性和批评的反思性[J].山东外语教学,2017(1):3-10.

熊晓庆,高尚.经典影视剧的沦陷:弹幕狂欢下的审美嬗变及伦理反思[J].电影文学,2018(22):67-69.

徐岚.略论符号学的翻译对等观[J].四川教育学院学报,2007(5):60-62.

许良."虚拟客厅":弹幕评论的心理分析——以电视剧《人民的名义》为例[J].当代电视,2018(7):81-82.

薛晨.弹幕视频的伴随文本构成及弹幕文本的传播特性研究[J].重庆广播电视大学学报,2016(6):23-29.

杨翕然,钱军.赵元任与罗曼·雅柯布森——变与恒[J].语言学研究,2015(2):55-68.

杨建国.审美现代性视野中的雅各布森诗学[D].南京:南京大学,2011.

杨向荣.诗学话语中的陌生化[M].湘潭:湘潭大学出版社,2009.

杨向荣.图像转向抑或图像霸权——读图时代的图文表征及其反思[J].中国文学批评,2015(1):100-109.

杨向荣.西方诗学话语中的陌生化[M].北京:中国社会科学出版社,2016.

杨燕.俄国形式主义诗学中人文主义与科学主义的双峰对峙——什克洛夫斯基与雅各布森诗学之比较[J].俄罗斯文艺,2014(2):57-63.

殷祯岑,祝克懿.克里斯蒂娃学术思想的发展流变[J].福建师范大学学报(哲学社会科学版),2015(4):54−65.

余红兵.导读[M]// DANESI M. Marshall McLuhan: The Unwitting Semiotician.南京：南京师范大学出版社,2018:12−20.

余晓冬,黄亚音.从"帝吧出征"看表情包在网络交流中的功能[J].传媒观察,2016(5):16−18.

云燕.刺点理论对诗性理论的扩展——以多多的诗歌为例[J].中国语言文学研究,2017(1):103−113.

查培德.诗歌文体的等价现象:雅各布逊的"投射说"与文体分析法述评[J].外国语,1988(4):32−39.

曾冬梅.从皮尔士符号学角度看雅克布森的翻译理论[J].邵阳学院学报（社会科学版),2005,4(6):128−129.

张冰.罗曼·雅各布逊和他的语言学诗学[J].文艺理论与批评,1997(5):130−139.

张冰.陌生化诗学:俄国形式主义研究[M].北京:北京师范大学出版社,2000.

张冰."语言学诗学"视野中的俄罗斯汉学民间文化问题[J].社会科学战线,2018(2):181−187.

张汉良."文学性"与"比较诗学"——一项知识的考掘[J].中国比较文学,2012(1):19−34.

张建梅.论诗性功能——从雅各布森的角度看诗歌[D].上海:复旦大学,2012.

张杰,汪介之.20世纪俄罗斯文学批评史[M].南京:译林出版社,2000.

张杰.20世纪俄苏文学批评理论史[M].北京:北京大学出版社,2017.

张进.雅各布森诗学的"他化"及其范式论意义[J].兰州学刊,

2017(9):5-12.

张歆,饶广祥.广告构筑意动性的两种路径[J].江西社会科学,2014(5):201-205.

张旭春.从语言结构到诗性结构——索绪尔语言理论及雅各布森结构主义诗学[J].四川外语学院学报,1993(3):102-108.

赵爱国.当代俄罗斯人类中心论范式语言学理论研究[M].北京:北京大学出版社,2015.

赵晓彬,韩巍.雅可布逊的神话诗学研究管窥[J].俄罗斯文艺,2010(4):86-89.

赵晓彬,韩巍.雅可布逊的美学符号学思想初探[J].外语与外语教学,2011(3):27-35.

赵晓彬.雅可布逊的诗学研究[M].北京:人民文学出版社,2014.

赵星植.礼物作为社会交流符号的诸种类型[J].江苏社会科学,2013(6):162-167.

赵星植.论元媒介时代的符号传播及其特性[J].四川大学学报(哲学社会科学版),2017(3):82-88.

赵毅衡.符号学文学论文集[M].天津:百花文艺出版社,2004.

赵毅衡.刺点:当代诗歌与符号双轴关系[J].西南民族大学学报(人文社会科学版),2012(10):178-182.

赵毅衡.广义叙述学[M].成都:四川大学出版社,2013.

赵毅衡.符号学:原理与推演[M].南京:南京大学出版社,2016.

赵毅衡.哲学符号学:意义世界的形成[M].成都:四川大学出版社,2017.

周流溪.谈语言研究和文学研究的结合——语言学巨匠雅柯布逊的治学一瞥[J].外语与外语教学,2003(1):28-30.

周启超.当代外国文论:在跨学科中发育.在跨文化中旅行[J].学习与探索,2012(3):124-127.

周瑞敏.诗歌含义生成的语言学研究[D].武汉:华中师范大学,2008.

周芝雨.比勒语言工具模型及其与《逻辑研究》的理论关联[D].南京:南京大学,2016.

祝克懿.互文性理论的多声构成:《武士》、张东荪、巴赫金与本维尼斯特、弗洛伊德[J].当代修辞学,2013(5):12-27.

朱伟华.对岑麒祥介绍雅各布逊一文的补充[J].国外语言学,1983(4):49.

朱永生.语言学中的多元论[M]//胡壮麟.语言系统与功能.北京:北京大学出版社,1990:43-52.

祝秀丽.解析故事构成要素:雅各布森的理论视角[J].民俗研究,2013(1):57-64.

宗益祥.游戏人,Q方法与传播学:威廉·斯蒂芬森的传播游戏理论研究[M].北京:中国政法大学出版社,2017.

# 后 记

博士论文的写作是持久、漫长的,也是一个烦躁而又需坚持、不断耕耘且结果未知的旅程。然而,我始终坚信,一旦破茧而出,未来必会因此而不同。

三年前喜获博士入学通知书时,对导师王永祥教授的感恩之心从未停止过。已入中年的我,仍然能够获得读博的机会,感谢导师"收留"了我。导师对弟子的关心是全方位、无微不至且不携一点私心的。从学业、工作乃至生活,老师的关切在让我感动之余,更增感激之情。

导师平时为人随和,平易近人中时而吐出一两句俏皮话,令人喜笑颜开。然而,导师做事又是十分严谨细致的,细致到令人惊讶的程度。我不会忘记恩师多次为我修改论文的情形,从框架的确立到逻辑的通顺、语句的斟酌、标点符号的运用(其中出现的一些错误令人惊讶,我自己虽多次审看仍未发现),其中的疏误都在恩师的"火眼金睛"下显露无遗。

导师的胸怀是博大宽广的,不仅在学术研究上对我予以点拨、指导,在为人处世的点点滴滴上也经常给我以引导——不畏浮云遮望眼,风物长宜放眼量。恩师在我心中,犹如高山景行,虽不能至,然心向往之。

衷心感谢外国语学院各位师长给我提供一个学术研究的平台和诸多学术交流的机会。感谢师祖辛斌教授对我自始至终的关心和指导，感谢张杰教授、倪传斌教授、张辉教授、马广惠教授、汪少华教授、康澄教授、余红兵博士，在你们的课上，我受益颇多，习得的不仅仅是知识和能力，更多的是学术大家应有的风度、眼界和胸怀，谢谢你们！

感谢我的各位同学，课堂上的争锋、生活上的互助、郁闷时的"吐槽"、终有一"得"时的喜悦，相处时日虽不多，但值得回味，愿友谊之花常开！

感谢我的妻、子。读博之时，恰逢儿子出生，读博三年，正是儿子从懵懂无知的襁褓，到蹒跚学步，及至牙牙学语，再到现在的个性十足。妻子的累和苦，非言语所能表述，谢谢你，也谢谢儿子，论文写作最痛苦的时候，儿子充满童真的笑脸和稚气的话语是我最好的放松礼物，有幸和你一起"成长"，感恩生活！

感谢我的岳父岳母，你们是世上最好的亲人！谨愿天堂的父亲、母亲快乐！

在本书出版的过程中，四川大学出版社的各位编辑，尤其是宋颖老师，给予了大力支持和精心指导，谨致谢忱！

最后需要说明的是，书中若存在任何谬误与不足，请诸君不吝赐教。